全国交通运输行业职业技能鉴定系列教材

城市轨道交通列车司机

（技师·高级技师）

交通运输部职业资格中心
（交通运输部职业技能鉴定指导中心） 编审

CHENGSHI GUIDAO JIAOTONG LIECHE SIJI
（JISHI·GAOJI JISHI）

人民交通出版社股份有限公司
北京

内 容 提 要

本教材依据《轨道列车司机国家职业技能标准》要求进行编写，与《城市轨道交通列车司机（初级·中级·高级）》共同构成轨道列车司机职业技能鉴定系列教材。本教材内容涵盖职业功能、技能要求和专业知识要求。

本教材是城市轨道交通列车司机职业技能鉴定的辅导用书，也可作为职业院校相关专业的教学参考书，还可以供相关从业人员继续教育和自学使用。

图书在版编目（CIP）数据

城市轨道交通列车司机：技师·高级技师 / 交通运输部职业资格中心（交通运输部职业技能鉴定指导中心）编审 . —北京：人民交通出版社股份有限公司，2022.8
全国交通运输行业职业技能鉴定系列教材
ISBN 978-7-114-18132-0

Ⅰ . ①城… Ⅱ . ①交… Ⅲ . ①城市铁路—轨道交通—列车—驾驶员—职业技能—鉴定—教材 Ⅳ . ① U239.5

中国版本图书馆 CIP 数据核字（2022）第 136985 号

全国交通运输行业职业技能鉴定系列教材
书　　名：**城市轨道交通列车司机（技师·高级技师）**
著 作 者：交通运输部职业资格中心
　　　　　（交通运输部职业技能鉴定指导中心）
责任编辑：姚　旭　杨丽改
责任校对：赵媛媛
责任印制：刘高彤
出版发行：人民交通出版社股份有限公司
地　　址：（100011）北京市朝阳区安定门外外馆斜街3号
网　　址：http://www.ccpcl.com.cn
销售电话：（010）59757973
总 经 销：人民交通出版社股份有限公司发行部
经　　销：各地新华书店
印　　刷：北京交通印务有限公司
开　　本：787×1092　1/16
印　　张：16.25
字　　数：386千
版　　次：2022年8月　第1版
印　　次：2022年8月　第1次印刷
书　　号：ISBN 978-7-114-18132-0
定　　价：80.00元

（有印刷、装订质量问题的图书由本公司负责调换）

全国交通运输行业职业技能鉴定系列教材
城市轨道交通列车司机（技师·高级技师）

审定人员

肖英晖　姚　军　张玉成　谢东田　贾拴航
陈扶昆　陶　艳　蔡海云　唐春林

编写人员

主　编：林　宏
参　编：申　莉　朱迪堃　沈艳丽　郁文斌
　　　　王立新　林汉荣　华彤天　李　佩
　　　　刘汉强　林志生　曾庆生

前言

交通运输是国民经济中具有基础性、先导性、战略性的产业，是重要的服务性行业和现代化经济体系的重要组成部分。城市轨道交通是交通强国建设和城市现代建设的重要基础，是推动环保出行的现代化基础产业，是便民惠民的重大民生工程。在支撑和引领城市发展、满足人民群众出行、缓解交通拥堵、减少环境污染等方面发挥着重要作用，城市轨道交通列车司机是城市轨道交通运输安全的保障者、服务质量的提供者和运营环境的维护者，在保证城市轨道交通运输的安全、高效、便捷运行等方面具有不可替代的重要作用。

2020年1月，交通运输部、人力资源和社会保障部共同颁布了《轨道列车司机国家职业技能标准》（以下简称《标准》）。轨道列车司机是《国家职业资格》目录中准入类职业资格，是关系到公共安全和人身健康的重要职业。本套教材依据《标准》要求进行编写，共2本，分别为《城市轨道交通列车司机（初级·中级·高级）》与《城市轨道交通列车司机（技师·高级技师）》。教材在内容方面，以职业活动为导向、职业能力为核心，涵盖该职业的职业功能、技能要求和专业知识要求，并结合实际工作岗位和技能人才培养的需求，充分反映了当前从事职业活动所需要的核心知识与技能，具有较强的实用性、针对性和可操作性，力求为加快培养高素质专业化技能人才提供依据。

本套教材是城市轨道交通列车司机职业技能鉴定的辅导用书，也可作为职业院校相关专业的教学参考书，还可以供相关从业人员继续教育和自学使用。

本教材在编写和审定的过程中，得到了交通运输行业有关专家、学者和交通运输行业主管部门、部分城市轨道交通集团、交通运输职业院校等单位的大力支持，在此一并

致谢！交通运输部职业资格中心主任申少君，副主任、纪委书记李好明亲自策划、审定，保证了此书的顺利出版。

由于编写时间紧，内容多，教材中不足之处恳请广大读者批评指正。

交通运输部职业资格中心
（交通运输部职业技能鉴定指导中心）
2022 年 4 月

目录

第一章 城市轨道交通职业素养、相关法规与安全管理 1
 第一节 职业道德 1
 第二节 法律法规及规章标准 5
 第三节 安全管理 13
 第四节 职业健康 17

第二章 列车操纵与调试 23
 第一节 列车调试管理规则 23
 第二节 新车调试作业 27
 第三节 改造后列车调试作业流程 39
 第四节 城市轨道交通联合调试与风险防控 58
 思考题 70

第三章 列车故障分析与处理 71
 第一节 常规故障分析与处理 71
 第二节 列车疑难故障分析与处理 107
 第三节 列车故障处理方案的编制 117
 第四节 列车故障处理流程的制定原则 119
 第五节 列车检修修程的编制 123
 思考题 129

第四章 非正常行车与突发事件应急处置 131
 第一节 非正常情况下的行车组织 131
 第二节 突发事件应急处置 139
 第三节 应急演练的方案编制与组织 146

  第四节 应急演练方案编制案例 …………………………………… 150
  第五节 应急演练组织与总结 ……………………………………… 157
  思考题 ………………………………………………………………… 169

第五章 技术管理与技能培训 ……………………………………… 170
  第一节 城市轨道交通发展趋势 …………………………………… 170
  第二节 乘务管理 …………………………………………………… 184
  第三节 乘务演练方案编制与评估分析 ………………………… 194
  第四节 运营事故分析报告的编写 ……………………………… 203
  第五节 技术总结和技术论文的撰写 …………………………… 209
  第六节 列车司机技能培训 ……………………………………… 221
  思考题 ………………………………………………………………… 242

附录1 常用术语对照表 ……………………………………………… 243

附录2 思考题参考答案 ……………………………………………… 246

参考文献 ………………………………………………………………… 251

第一章
城市轨道交通职业素养、相关法规与安全管理

第一节 职业道德

知识目标

1. 了解《新时代公民道德建设实施纲要》的主要内容；
2. 掌握企业员工职业道德的要求；
3. 掌握列车司机职业守则的内涵。

一、《新时代公民道德建设实施纲要》

2019年10月27日，中共中央、国务院印发《新时代公民道德建设实施纲要》（以下简称《纲要》）。《纲要》坚持以习近平新时代中国特色社会主义思想为指导，全面总结了《公民道德建设实施纲要》2001年颁布以来的工作实践，客观看待成绩和经验，准确把握道德建设领域存在的不足和问题，科学分析了新时代对公民道德建设提出的新要求，进一步明确新时代公民道德建设的任务，对于推动全民道德素质和社会文明程度达到一个新高度，决胜全面建成小康社会、开启全面建设社会主义现代化国家新征程，具有十分重要的意义。

《纲要》提出："要以习近平新时代中国特色社会主义思想为指导，紧紧围绕进行伟大斗争、建设伟大工程、推进伟大事业、实现伟大梦想，着眼构筑中国精神、中国价值、中国力量，促进全体人民在理想信念、价值理念、道德观念上紧密团结在一起，在全民族牢固树立中国特色社会主义共同理想，在全社会大力弘扬社会主义核心价值观，积极倡导富强民主文明和谐、自由平等公正法治、爱国敬业诚信友善，全面推进社会公德、职业道德、家庭美德、个人品德建设，持续强化教育引导、实践养成、制度保障，不断提升公民道德素质，促进人的全面发展，培养和造就担当民族复兴大任的时代新人。"

明确将职业道德列为公民道德素质的重要组成部分。

《纲要》明确："要把社会公德、职业道德、家庭美德、个人品德建设作为着力点。推动践行以文明礼貌、助人为乐、爱护公物、保护环境、遵纪守法为主要内容的社会公德，鼓励人们在社会上做一个好公民；推动践行以爱岗敬业、诚实守信、办事公道、热情服务、奉献社会为主要内容的职业道德，鼓励人们在工作中做一个好建设者；推动践行以尊老爱幼、男女平等、夫妻和睦、勤俭持家、邻里互助为主要内容的家庭美德，鼓励人们在家庭里做一个好成员；推动践行以爱国奉献、明礼遵规、勤劳善良、宽厚正直、自强自律为主要内容的个人品德，鼓励人们在日常生活中养成好品行。"《纲要》清晰阐明了职业道德包括"爱岗敬业、诚实守信、办事公道、热情服务、奉献社会"五方面的内容。

职业道德是所有从业人员在职业活动中应该遵循的行为准则，涵盖了从业人员与服务对象、职业与职工、职业与职业之间的关系。随着现代社会分工的发展和专业化程度的增强，市场竞争日趋激烈，整个社会对从业人员职业观念、职业态度、职业技能、职业纪律和职业作风的要求越来越高。任何一名优秀的企业员工都应具备良好的职业修养，也只有具备良好职业修养的企业员工才能成为优秀员工。职业道德是企业对员工最基本的规范要求，也是员工负起工作职责的必备素质。

二、员工职业道德

1. 提高认识，养成良好的职业道德品质

提高职业道德修养，首先要对职业道德有清晰深入的认识，要明白作为企业员工，职业道德就是最基本的行为规范，是每一个员工必须养成的职业品质。懂得这一点，员工就会自动自发地提高职业道德修养，恪守职业道德底线，积极努力工作，当好企业的人。

2. 遵纪守法，恪守职业道德的基本准则

遵纪守法，是最基本的职业道德。任何一个社会公民，都有遵纪守法的责任和义务，企业员工更应当遵纪守法，强化法律意识，敬畏职业纪律，令行禁止，脚踏实地，不弄虚作假。

3. 忠诚敬业，勤勤恳恳干好本职工作

一名员工，最基本的职责就是做好本职工作，忠于职守，敬畏职业，兢兢业业，勤勤恳恳。干一行爱一行，做一行成一行。忠诚敬业是企业员工最基本的职业道德要求。

4. 文明礼貌，遵守职场交际的道德规范

身在职场，应时刻注意自己的仪容，做到着装得体，举止端庄，行为规范，彬彬有礼。遵守职场交际的道德规范，是一种体现企业风貌的职业素养，也是保证企业员工能在职场获得成功的重要前提。

5. 诚实守信，树立正确的职业道德观念

人无信不立，商无信不兴。诚实守信是企业员工最基本的职业道德。失信于人，就会失去一切。践行承诺，真诚待人，踏实做事，才是一个有职业道德修养、受欢迎的员工。

6. 敢于担当，勇于挑起工作中的重担

加强职业道德修养还要勇于担当，勇于接受急难险重的任务，勇挑重担，敢打硬仗，敢为别人不敢为之事；有功时能谦让、有过时敢揽责、有错时善纠正、有难时敢出头，为企业解决困难，为企业处理难题，为企业多创造价值；把工作做细，把事情想全，一切为企业发展而努力。

7. 秉公办事，公平、公正地处理问题

"办事公道"是职业道德的主要内容之一。公道是指公正地评价企业、公平地处理问题，分清公私。公私不能混淆，更不能以公谋私。任何不公正、不公平的行为都是与职业道德相违背的错误行为。

8. 勤俭节约，培养艰苦朴素的作风

成由勤俭败由奢，企业再怎么发展，勤俭节约、艰苦奋斗的优良作风依然有用。为企业节约每一分钱，不浪费一点一滴，是职业道德的要求，也是一个优秀员工的基本素养。

9. 团结友善，与团队成员相互扶持

互帮互助、与人为善，是企业员工素质的体现，也是职业道德的要求之一。特别是在当今需要团队合作的社会环境中，不懂得合作的员工是没有前途的，也不受企业欢迎的。只有员工齐心协力、互相扶持，才能共享资源、共赢事业。

10. 乐于奉献，用感恩之心回馈企业和社会

企业员工最重要的责任和义务，就是为企业的发展和壮大贡献自己的力量。奉献企业是每个员工的义务，奉献社会是每个公民的义务。企业员工是社会公民，所以奉献企业就是奉献社会。要把感恩之心放到工作中去，在岗位上感恩企业，在细微处回报社会。

三、列车司机职业守则

职业道德是每一个职业人必备的基本素质，城市轨道交通运营企业为大众的出行提供便利，为保证列车安全平稳有序运行，其员工的职业道德还有自身的特点。

《城市轨道交通列车司机国家职业技能标准（2019年版）》将列车司机职业守则归纳提炼为：

（1）遵纪守法，爱岗敬业；

（2）服从命令，规范操作；

（3）安全正点，钻研业务；

（4）节能降耗，团结协作。

技师、高级技师是高级技术工人中的技术职务，是选拔高技能人才的一种制度，对促进技术工人钻研技术，改善企业技术工人队伍结构，以及提高技术工人的社会地位有着重要意义。技师、高级技师不仅要对企业做出突出贡献，还须对企业技术进步与发展起到重要的促进作用。技师、高级技师应做到德才兼备，做遵守职业道德规范的楷模，这就进一步丰富了列车司机职业守则的内涵，并对技师、高级技师提出了更高的道德要求。

"遵纪守法"要求列车司机遵守相关法律、法规、部门规章及规范性文件和标准，

任何行为不得超出法律、法规、部门规章及规范性文件和标准允许的范围，列车司机必须严格遵守行车组织规则和车辆基地管理规则的各项要求，确保运营安全。技师、高级技师在进行职工技术培训过程中要严格遵守师德规范，廉洁公正，不得利用手中的考评权力谋取个人私利。职工技术培训必须严格遵守教学大纲的要求，理论教学与实操教学相结合，确保教学效果。

"爱岗敬业"要求列车司机热爱本职工作，维护职业尊严，抵制不良思想的诱惑，保持热情的服务意识、认真的服务态度以及良好的服务作风。技师在培训中要关爱每个学员，言传身教，毫无保留，做到全心全意为学员服务，使每个学员的技术业务水平都有较大提升。爱岗敬业不仅是个人生存和发展的需要，也是社会存在和发展的需要。无论处于何种岗位，只要勤恳努力，甘愿为自己的工作奉献，就是爱岗敬业。

"服从命令"要求列车司机严格服从上级的工作安排，列车运行中要绝对服从调度员的行车命令，确保运营秩序正常有序。在服从命令，顾全大局方面，技师要起到模范带头作用。如果企业成员缺乏服从意识，企业将会出现各自为政的局面，整个团队也就成为一盘散沙。服从是一种责任，也是优秀员工必备的品质，是一个人做事时所表现出来的敬业精神。服从背后所表现的是对企业的忠诚，是一种美德，是事业成功的基石。

"规范操作"要求列车司机严格按照岗位作业标准操纵列车，按照故障处理指南进行应急处置，确保列车运行安全。

"安全正点"要求城市轨道交通在安全的前提下正点运行，安全是城市轨道交通永恒的主题，正点运行是企业社会声誉的保证，列车司机是列车运行安全正点的直接责任人。

"钻研业务"要求城市轨道交通企业在不断使用新技术、新设备的大环境下，列车司机要不断学习，提高技术业务水平。勇于创新是企业活力的源泉，列车司机在列车操作过程中要注重总结归纳，创新作业流程和故障处置方法。技师、高级技师应具有全面的理论知识，必须具备丰富的实践经验和解决技术难题的综合能力，并同时具备理论与实操教学培训的能力，是高级技能人才。技师、高级技师还应掌握高新技术设备的操作方法，具备高水平的心智技能和管理技能。技师、高级技师必须钻研技术、不断创新，才能成为既有实际操作能力，又懂高新技术和生产管理的技能技术（管理）复合型人才。

"节能降耗"要求列车司机要合理操纵列车，避免频繁加速和制动，充分利用线路纵断面合理控制速度，节约能源，绿色发展。技师、高级技师须不断总结工作经验，完善岗位作业标准和操作指导教材，为节能降耗、保护环境做出应有的贡献。

"团结协作"要求列车司机与其他运行岗位工作人员共同完成运送旅客的任务。城市轨道交通列车安全运行是由行车调度员、车站值班员、列车司机以及行车设备维护人员共同劳动实现的，各岗位人员必须紧密配合，相互合作。在非正常情况下，列车司机必须客观诚实地反映现场情况，为上级部门分析处理提供可靠翔实的现场信息，不能为了推脱责任虚报或瞒报，使上级部门对现场情况发生误判，造成不必要的损失。技师、高级技师是专业技术人员和现场操作人员之间的桥梁，在工作中要做到团结协作、诚实守信，保证城市轨道交通企业有序运行。

第二节　法律法规及规章标准

知识目标

1. 了解相关法律法规；
2. 掌握城市轨道交通相关的法规与规章制度；
3. 掌握城市轨道交通规范性文件与标准。

一、法律法规

1.《中华人民共和国劳动法》

《中华人民共和国劳动法》是为了保护劳动者的合法权益，调整劳动关系，建立和维护适应社会主义市场经济的劳动制度，促进经济发展和社会进步，根据宪法而制定颁布的法律。

《中华人民共和国劳动法》是调整劳动关系以及与劳动关系密切联系的社会关系的法律规范总称，内容主要包括：劳动者的主要权利和义务；劳动就业方针政策及录用职工的规定；劳动合同的订立、变更与解除程序的规定；集体合同的签订与执行办法；工作时间与休息时间制度；劳动报酬制度；劳动卫生和安全技术规程等。

2.《中华人民共和国劳动合同法》

《中华人民共和国劳动合同法》是为了完善劳动合同制度，明确劳动合同双方当事人的权利和义务，保护劳动者的合法权益，构建和发展和谐稳定的劳动关系所制定颁布的法律。

《中华人民共和国劳动合同法》突出了以下内容：一是立法宗旨非常明确，就是为了保护劳动者的合法权益，强化劳动关系，构建和发展和谐稳定的劳动关系；二是解决目前比较突出的用人单位与劳动者不订立劳动合同的问题；三是解决合同短期化问题。

《中华人民共和国劳动合同法》规定：国家确定职业分类，对规定的职业制定职业技能标准，实行职业资格证书制度，由经备案的考核鉴定机构负责对劳动者实施职业技能考核鉴定。从事技术工种的劳动者，上岗前必须经过培训。

3.《中华人民共和国安全生产法》

《中华人民共和国安全生产法》是为了加强安全生产工作，防止和减少生产安全事故，保障人民群众生命和财产安全，促进经济社会持续健康发展所制定颁布的法律。

《中华人民共和国安全生产法》包括：总则、生产经营单位的安全生产保障、从业人员的安全生产权利义务、安全生产的监督管理、生产安全事故的应急救援与调查处理、法律责任等内容。

4.《中华人民共和国突发事件应对法》

《中华人民共和国突发事件应对法》包括：总则、预防与应急准备、监测与预警、应急处置与救援、事后恢复与重建、法律责任、附则。

《中华人民共和国突发事件应对法》第二十四条规定：公共交通工具、公共场所和其他人员密集场所的经营单位或者管理单位应当制定具体应急预案，为交通工具和有关场所配备报警装置和必要的应急救援设备、设施，注明其使用方法，并显著标明安全撤离的通道、路线，保证安全通道、出口的畅通。

5.《中华人民共和国消防法》

《中华人民共和国消防法》是为预防火灾和减少火灾危害，加强应急救援工作，保护人身、财产安全，维护公共安全的法律文件，包括：总则、火灾预防、消防组织、灭火救援、监督检查、法律责任、附则。《消防法》明确要求任何单位和个人都有维护消防安全、保护消防设施、预防火灾、报告火警的义务，任何单位和成年人都有参加有组织的灭火工作的义务。

《中华人民共和国消防法》规定：赶赴火灾现场或者应急救援现场的消防人员和调集的消防装备、物资，需要铁路、水路或者航空运输的，有关单位应当优先运输；非法携带易燃易爆危险品进入公共场所或者乘坐公共交通工具的，依照《中华人民共和国治安管理处罚法》的规定给予处罚。

6.《中华人民共和国特种设备安全法》

《中华人民共和国特种设备安全法》是为加强特种设备安全工作，预防特种设备事故，保障人身和财产安全，促进经济社会发展的法律文件，包括：总则，生产、经营、使用，检验、检测，监督管理，事故应急救援与调查处理，法律责任，附则。

《中华人民共和国特种设备安全法》所称特种设备，是指对人身和财产安全有较大危险性的锅炉、压力容器（含气瓶）、压力管道、电梯、起重机械、客运索道、大型游乐设施、场（厂）内专用机动车辆，以及法律、行政法规规定适用本法的其他特种设备。

7.《中华人民共和国反恐怖主义法》

《中华人民共和国反恐怖主义法》是为了防范和惩治恐怖活动，加强反恐怖主义工作，维护国家安全、公共安全和人民生命财产安全，根据宪法所制定。

本法第三十四条规定：大型活动承办单位以及重点目标的管理单位应当依照规定，对进入大型活动场所、机场、火车站、码头、城市轨道交通站、公路长途客运站、口岸等重点目标的人员、物品和交通工具进行安全检查。

本法第三十五条规定：对航空器、列车、船舶、城市轨道车辆、公共电汽车等公共交通运输工具，营运单位应当依照规定配备安保人员和相应设备、设施，加强安全检查和保卫工作。

本法第五十三条规定：公安机关调查恐怖活动嫌疑人员，经县级以上公安机关负责人批准，可以根据其危险程度，责令恐怖活动嫌疑人员，未经公安机关批准不得乘坐公共交通工具或者进入特定的场所。

8.《生产安全事故报告和调查处理条例》

本条例是为了规范生产安全事故的报告和调查处理、落实生产安全事故责任追究制度，防止和减少生产安全事故，根据《中华人民共和国安全生产法》和有关法律而制定。

本条例将事故划分为特别重大事故、重大事故、较大事故和一般事故四个等级，指明了事故调查报告的批复主体和批复的期限，对落实事故责任追究作了规定，明确了防范和整改措施的落实及其监督检查，确立了事故处理情况的公布制度。

9. 其他相关法律法规

为强化安全生产管理，国家相关部门还陆续出台了《生产经营单位安全培训规定》《特种设备安全监察条例》《用人单位劳动防护用品管理规范》等文件，确保安全管理工作细化落实。

二、规章和标准

1.《国务院办公厅关于保障城市轨道交通安全运行的意见》（国办发〔2018〕13号）

随着近年来运营里程迅速增加、线网规模不断扩大，城市轨道交通安全运行压力日趋加大。为切实保障城市轨道交通安全运行，国务院办公厅于2018年3月7日印发了《国务院办公厅关于保障城市轨道交通安全运行的意见》。该意见是国家层面构建城市轨道交通安全运行工作顶层设计的重要举措，对完善城市轨道交通安全运行综合治理体系，切实保障人民群众生命财产安全具有重要的现实意义和影响。

该意见坚持"以人为本、安全第一、统筹协调、改革创新，预防为先、防处并举，属地管理、综合治理"的基本原则。主要任务有：一是构建综合治理体系，二是有序统筹规划建设运营，三是加强运营安全管理，四是强化公共安全防范，五是提升应急处置能力，六是完善保障措施。

2.《城市轨道交通运营管理规定》（交通运输部令2018年第8号）

《城市轨道交通运营管理规定》经交通运输部第7次部务会议通过，于2018年7月1日起实施。

近年来，随着新开通轨道交通运营的城市增多、运营规模快速增长、客运量不断攀升，城市轨道交通的安全保障难度越来越大，乘客的服务需求和期望也越来越高，对提升行业管理水平提出了新的要求。国务院办公厅印发的《关于保障城市轨道交通安全运行的意见》明确提出要根据实际需要及时制修订城市轨道交通法规规章。

为贯彻落实《国务院办公厅关于保障城市轨道交通安全运行的意见》要求，适应新的发展形势和需要，更好履行指导城市轨道交通运营职责，交通运输部起草制定了本规定。本规定坚持"以人民为中心、安全可靠、便捷高效、经济舒适"的基本原则，明确了城市轨道交通运营管理的各项政策措施，对进一步规范城市轨道交通运营管理，切实保障运营安全，统筹协调各方关系具有重要意义。

本规定共七章、五十六条，包括总则、运营基础要求、运营服务、安全支持保障、

应急处置、法律责任和附则。

3.《城市轨道交通初期运营前安全评估管理暂行办法》（交运规〔2019〕1号）

《城市轨道交通初期运营前安全评估管理暂行办法》由交通运输部印发，于2019年7月1日起实施。

《国务院办公厅关于保障城市轨道交通安全运行的意见》明确提出"城市轨道交通建设工程未通过运营前安全评估的，不得投入运营"；《城市轨道交通运营管理规定》也明确要求"城市轨道交通工程项目验收合格后，由城市轨道交通运营主管部门组织初期运营前安全评估。通过初期运营前安全评估的，方可依法办理初期运营手续"。为贯彻落实《国务院办公厅关于保障城市轨道交通安全运行的意见》和《城市轨道交通运营管理规定》的有关要求，指导各地做好城市轨道交通运营安全评估工作，交通运输部印发本暂行办法。

本暂行办法共六章二十八条，包括总则、前提条件、实施要求、第三方安全评估机构、运营安全专家、附则等章节以及附件（初期运营前安全评估报告的要求）。

4.《城市轨道交通初期运营前安全评估技术规范 第1部分：地铁和轻轨》

《城市轨道交通初期运营前安全评估技术规范 第1部分：地铁和轻轨》（交办运〔2019〕17号）由交通运输部办公厅印发，于2019年7月1日起实施。

随着城市轨道交通运营里程和客流的快速增长，城市轨道交通安全运行压力和挑战也日益加大。初期运营前安全评估作为新线投入运营的第一道安全关口，对于保证城市轨道交通安全运行具有重要作用。

本技术规范共六章，主要从前提条件、系统功能核验、系统联动功能测试、运营准备等方面对轨道交通和轻轨工程项目初期运营前安全评估内容进行了规定。

5.《城市轨道交通运营安全风险分级管控和隐患排查治理管理办法》（交运规〔2019〕10号）

《城市轨道交通运营安全风险分级管控和隐患排查治理管理办法》由交通运输部印发，于2019年11月1日起实施。

《国务院办公厅关于保障城市轨道交通安全运行的意见》要求"建立健全运营安全风险分级管控和隐患排查治理双重预防制度"。交通运输部印发的《城市轨道交通运营管理规定》也明确"运营单位应当按照有关规定，完善风险分级管控和隐患排查治理双重预防制度，建立风险数据库和隐患排查手册，对于可能影响安全运营的风险隐患及时整改"。

为贯彻落实《国务院办公厅关于保障城市轨道交通安全运行的意见》和《城市轨道交通运营管理规定》有关要求，指导运营单位做好风险分级管控和隐患排查治理双重预防工作，提升安全管理水平，防范事故发生，保障人民群众生命财产安全，交通运输部特制定本办法。

《办法》共五章二十六条，包括总则、风险分级管控、隐患排查治理、综合要求、附则等内容。

第一章 城市轨道交通职业素养、相关法规与安全管理

6.《城市轨道交通设施设备运行维护管理办法》（交运规〔2019〕8号）

《城市轨道交通设施设备运行维护管理办法》由交通运输部印发，于2019年11月1日起实施。

作为多专业复杂集成的联动系统，城市轨道交通设施设备的安全可靠是系统正常运行的基础，对于保障城市轨道交通运营安全至关重要。《国务院办公厅关于保障城市轨道交通安全运行的意见》明确要求"强化关键设施设备管理""建立健全设施设备维修技术规范和检测评估、维修保养制度"；《城市轨道交通运营管理规定》也对城市轨道交通运营设施设备定期检查、检测评估、养护维修、更新改造等方面提出了相关要求。

为贯彻落实《国务院办公厅关于保障城市轨道交通安全运行的意见》和《城市轨道交通运营管理规定》有关要求，规范城市轨道交通设施设备运行维护工作，更好地保障城市轨道交通安全运行，交通运输部特制定本办法。

本办法共六章三十条，包括总则、设施设备运行监测、设施设备维护、更新改造管理、监督管理、附则等内容。

7.《国家城市轨道交通运营突发事件应急预案》（国办函〔2015〕32号）

为适应我国城市轨道交通行业快速发展的新形势和应对突发事件的实际需要，建立健全城市轨道交通运营突发事件处置工作机制，科学有序高效应对运营突发事件，最大程度减少人员伤亡和财产损失，维护社会正常秩序，国务院办公厅于2015年4月30日印发《国家城市轨道交通运营突发事件应急预案》。

本预案分总则、组织指挥体系、监测预警和信息报告、应急响应、后期处置、保障措施、附则。根据本预案，按照事件严重性和受影响程度，运营突发事件分为特别重大、重大、较大和一般四级。

8.《城市轨道交通运营突发事件应急演练管理办法》（交运规〔2019〕9号）

《城市轨道交通运营突发事件应急演练管理办法》由交通运输部印发，于2019年11月1日起实施。

面对运营过程中发生的各类突发事件，需要及时、妥善应对，防止事态扩大升级，积极保障人民群众生命财产安全。《国务院办公厅关于保障城市轨道交通安全运行的意见》明确要"加强应急演练和救援力量建设，完善应急预案体系，提升应急处置能力"；《城市轨道交通运营管理规定》也对城市轨道交通运营主管部门和运营单位定期组织应急演练提出了相关要求。

为贯彻落实《国务院办公厅关于保障城市轨道交通安全运行的意见》和《城市轨道交通运营管理规定》要求，指导各地做好城市轨道交通应急演练工作，提升安全运营水平和应急处置能力，交通运输部印发了本办法。

本办法共二十二条，主要包括四个方面内容：一是明确办法适用范围；二是明确演练内容、方式和频率要求；三是强化公众参与演练；四是明确演练评估与改进要求。

9.《城市轨道交通运营险性事件信息报告与分析管理办法》（交运规〔2019〕10号）

《城市轨道交通运营险性事件信息报告与分析管理办法》由交通运输部印发，于

2019 年 8 月 1 日起实施。

我国城市轨道交通快速发展，对于城市轨道交通运营过程中发生的各类险性事件，需要指导督促各地及时、准确报送事件信息，为综合研判、妥善应对处置争取宝贵时间。同时，鉴于险性事件具有一定行业共性，对已发生险性事件开展分析和总结评估，可更好地提升行业安全管理水平，防止同类事件再次发生或酿成更大事故。《国务院办公厅关于保障城市轨道交通安全运行的意见》明确要求"制定城市轨道交通运营安全事故报告和调查处理办法"；《城市轨道交通运营管理规定》也对城市轨道交通运营主管部门和运营单位建立重大故障和事故报送制度，定期组织原因分析等提出具体要求。

为贯彻落实《国务院办公厅关于保障城市轨道交通安全运行的意见》和《城市轨道交通运营管理规定》要求，进一步规范城市轨道交通运营险性事件信息报告与分析工作，提升运营安全管理水平，交通运输部印发了本办法。

本办法正文共十四条，并在附件列出了主要运营险性事件清单。主要内容包括五个方面：一是明确运营险性事件的定义与内涵；二是明确信息报告要求；三是明确技术分析工作要求；四是明确总结评估和提升要求；五是列明主要运营险性事件。

10.《城市轨道交通行车组织管理办法》（交运规〔2019〕14 号）

《城市轨道交通行车组织管理办法》由交通运输部印发，于 2020 年 4 月 1 日起实施。

行车组织作为运营组织的中枢环节，是保障运营安全和运营秩序的重要基础。出台城市轨道交通行车组织的管理制度，统一行业行车组织的基本规则，对于严守安全底线，进一步夯实运营安全管理基础，具有重要作用。

为贯彻落实《国务院办公厅关于保障城市轨道交通安全运行的意见》和《城市轨道交通运营管理规定》的有关要求，进一步规范城市轨道交通行车组织工作，更好地保障城市轨道交通安全运行，交通运输部印发了本办法。

本办法共六章三十八条，包括总则、行车组织基础、正常行车、非正常行车、施工行车、附则等章节。

11.《城市轨道交通客运组织与服务管理办法》（交运规〔2019〕15 号）

《城市轨道交通客运组织与服务管理办法》由交通运输部印发，于 2020 年 4 月 1 日起实施。

为深入贯彻落实《国务院办公厅关于保障城市轨道交通安全运行的意见》和《城市轨道交通运营管理规定》关于加强服务质量监管的有关要求，进一步规范城市轨道交通客运组织工作，保障城市轨道交通安全运行，不断提升城市轨道交通服务质量，提升广大乘客出行满意度、获得感，交通运输部特制定印发了本办法。

本办法共七章四十三条，包括总则、基础管理、客运组织、客运服务、乘客行为规范、服务监督与提升、附则等章节。

12.《城市轨道交通正式运营前和运营期间安全评估管理暂行办法》（交运规〔2019〕16 号）

《城市轨道交通正式运营前和运营期间安全评估管理暂行办法》由交通运输部印发，

于 2020 年 4 月 1 日起实施。同时，为明确安全评估的有关技术要求，以交通运输部办公厅文件形式同步出台了《城市轨道交通正式运营前安全评估规范　第 1 部分：地铁和轻轨》（交办运〔2019〕83 号）和《城市轨道交通运营期间安全评估规范》（交办运〔2019〕84 号）。

《国务院办公厅关于保障城市轨道交通安全运行的意见》明确提出要"建立城市轨道交通运营安全第三方评估制度""城市轨道交通建设工程未通过运营前安全评估的，不得投入运营"；《城市轨道交通运营管理规定》也明确要求，"通过正式运营前安全评估的，方可依法办理正式运营手续""城市轨道交通运营主管部门应当对运营单位运营安全管理工作进行监督检查，定期委托第三方机构组织专家开展运营期间安全评估工作"。

为深入贯彻落实《国务院办公厅关于保障城市轨道交通安全运行的意见》和《城市轨道交通运营管理规定》要求，指导各地做好城市轨道交通运营安全评估工作，提升城市轨道交通安全管理水平，交通运输部在已发布实施《城市轨道交通初期运营前安全评估管理暂行办法》的基础上，印发本暂行办法，形成完整的城市轨道交通运营安全评估制度体系。

本暂行办法共五章二十七条，包括总则、正式运营前安全评估、运营期间安全评估、相关要求、附则等章节以及附件（正式运营前和运营期间安全评估报告的基本格式要求）。

13. **《城市轨道交通正式运营前安全评估规范　第 1 部分：地铁和轻轨》（交办运〔2019〕83 号）**

《城市轨道交通正式运营前安全评估规范　第 1 部分：地铁和轻轨》由交通运输部印发，于 2020 年 4 月 1 日起实施。

《城市轨道交通正式运营前安全评估规范　第 1 部分：地铁和轻轨》共九章九十条，主要规定了开展正式运营前安全评估的前提条件、安全风险分级管控和隐患排查治理情况的评估要求和方法、行车组织的评估要求和方法、客运组织的评估要求和方法、设施设备运行维护评估要求和方法、人员管理评估要求和方法、应急管理评估要求和方法等技术要求。

14. **《城市轨道交通运营期间安全评估规范》（交办运〔2019〕84 号）**

《城市轨道交通运营期间安全评估规范》由交通运输部印发，于 2020 年 4 月 1 日起实施。

《城市轨道交通运营期间安全评估规范》共五章十六条，主要规定了运营期间安全评估工作的基本要求、网络化运营的评估要求和方法、运营安全隐患排查治理的评估要求和方法、运营险性事件的评估要求和方法等技术要求。

15. **其他规范与标准**

为进一步推动城市轨道交通行业的规范化发展，促进行业的整体进步，国家相关部门还陆续出台了《城市轨道交通接驳设施技术要求》（JT/T 1410—2022）、《城市轨道交通运营技术规范》（GB/T 38707—2020）、《城市轨道交通运营指标体系》（GB/T 38374—2019）、《城市轨道交通运营技术规范》（GB/T 38707—2020）、《城市轨道交通信号系统运营技术规范试行》（交办运〔2022〕1号）、《地铁设计规范》（GB 50157—2013）、《城市轨道交通技术规范》（GB 50490—2009）、《机车车辆动力学性能评定及试验鉴定规范》（GB/T 5599—2019）、《机车、车辆、动车组和带控制台拖车的司机室布置》（UIC 651—2002）、《城市轨道交通线网规划标准》（GB/T 50546—2018）、《地铁安全疏散规范》（GB/T 33668—2017）；《城市轨道交通车辆组装后的检查与试验规则》（GB/T 14894—2005）、《地铁车辆通用技术条件》（GB/T 7928—2003）、《城市轨道交通列车驾驶员技能和素质要求》（JT/T 1003.1—2015）、《城市公共交通分类标准及条文说明》（CJJ/T 114—2007）、《城市轨道交通站台屏蔽门系统技术规范》（CJJ 183—2012）等文件，为城市轨道交通主管部门、建设单位、运营单位提供科学的理论指导。

三、运营单位行车规章制度

城市轨道交通是技术高度密集的大容量客运交通系统，具有高度集中、统一指挥、紧密联系和协同配合的系统运作特点。为确保城市轨道交通运营安全整点、方便快捷、高速高效，必须建立一套规范、统一、科学的行车规章体系。

行车组织类规章制度是城市轨道交通企业技术管理的核心，它是规范行车组织运行秩序、约束行车工作人员生产活动的行为准则。它规定了各单位、各部门、各工种在从事轨道交通运输生产时，必须遵守的基本原则、责任范围、工作方法、作业程序和标准。

1. 行车组织规则类制度

行车组织规则类制度是行车组织各项规章制度制定的基本依据，是城市轨道交通行车组织工作的技术标准。它具体规定了行车作业中必须遵循的运行规则，界定了行车过程中的所有作业程序和各工种的相互关系，明确了各工种在行车作业过程中必须遵守的作业方法和标准。一般城市轨道交通运输企业习惯性地将该制度命名为《××行车组织规程》（简称《行规》）。

2. 行车组织方法类制度

行车组织方法类制度是在行车组织规则的基础上，根据设备具体技术特点，按线路分别编写的。它一般分为《行车组织管理办法》、《行车调度工作细则》（简称《调细》）、《车站工作细则》（简称《站细》）和《车场行车工作细则》（简称《场细》）等。

《行车组织管理办法》具体规定了在具体设备条件下，特别是在信号系统功能一定的条件下，线路行车所遵循的行车方法。《行车组织管理办法》具体描述了各作业程序的具体作业方法，确定了各工种的作业职责。因此，一般当影响行车的设备条件发生变化时，必须对《行车组织管理办法》进行相应的修订。

《调细》《站细》《场细》则是在《行车组织管理办法》的基础上按工种分别编写的。它们分别具体针对调度中心、车站、车辆基地这三个行车场所的各工种，对各种行车场景下作业过程中的作业程序、作业职责、作业关系进行了规定。

有些城市轨道交通运输企业会将正常和非正常行车场景下的行车方法独立，分别对不同行车场景下的行车方法、作业方法、作业程序等进行具体规定或制定专项处置预案。

3. 行车设备使用类制度

行车设备使用类制度是根据行车组织方法类制度，结合行车设备的具体功能进行编写。它具体规定了在各种行车场景、各种作业程序中使用此类行车设备的各种功能。一般情况下，该类制度根据设备类别单独制定。如果不同线路设备类型相同，但功能不同，则必须单独编制具体规定，如站台门、列车自动监控（Automatic Train Supervision,ATS）等行车设备的使用管理办法等。

4. 行车作业类规范、标准

行车作业类规范、标准是在行车组织方法类制度、行车设备使用类制度相关规定的基础上，对各工种在执行作业程序时所进行的作业行为进行描述和规定，如行车值班员作业规范、行车调度员作业规范等；或者对某些特殊作业场景时的作业程序、作业行为进行具体描述和规定，如手摇道岔作业标准等。

5. 行车设备类操作技术手册

行车设备类操作技术手册是行车作业各工种操作行车设备时必须遵循的指导性文件。它是设备部门配合行车部门，描述如何正确操作设备以实现设备设计功能的技术性文件；是描述如何判断故障原因、排除故障，使设备恢复正常功能或功能降级的技术性文件，如电动列车操作手册、车载设备操作手册、电动列车故障排除手册、车载设备故障排除手册等。

第三节　安 全 管 理

知识目标

1. 了解城市轨道交通企业安全管理方针；
2. 了解城市轨道交通企业安全管理制度；
3. 掌握城市轨道交通企业安全管理方法。

一、安全管理方针

安全生产工作应当以人为本，坚持安全发展，坚持"安全第一、预防为主、综合治理"的方针，强化和落实生产经营单位的主体责任，建立生产经营单位负责、职工参与、政府监管、行业自律和社会监督的机制。

1. 安全第一

在生产过程中，要把安全放在第一重要的位置上，切实保护劳动者的生命安全和身体健康。

2. 预防为主

要把安全生产工作的关口前移，超前防范，建立预教、预测、预想、预报、预警、预防的递进式、立体化事故隐患预防体系，改善安全状况，预防安全事故。在新时期，预防为主就是通过建设安全文化、健全安全法制、提高安全科技水平、落实安全责任、加大安全投入，构筑坚固的安全防线。

3. 综合治理

综合治理是指为适应我国安全生产形势的要求，自觉遵循安全生产规律，正视安全生产工作的长期性、艰巨性和复杂性，抓住安全生产工作中的主要矛盾和关键环节，综合运用经济、法律、行政等方法，人管、法治、技防多管齐下，并充分发挥社会、职工、舆论的监督作用，有效解决安全生产领域的问题。

二、安全管理制度

运输安全管理制度是运输安全管理体制不可缺少的组成部分，是把运输安全法律法规和作业标准落到实处的重要保证，是使安全管理行为规范化、高效化、科学化的集中体现，建立健全相应的运输安全管理制度，对加大运输安全管理力度，扭转安全不稳的被动局面具有十分重要的意义。

1. 安全生产教育制度

安全教育是增强职工安全素质的最佳途径，也是市民了解城市轨道交通安全常识、强化安全意识的重要方法。

安全生产教育制度是对安全生产教育的内容、对象、形式和方法所做的具体规定。城市轨道交通企业各级管理人员，根据工作需要和规定要求，分期分批地接受不同类型的安全教育或培训。通过安全思想、安全知识和安全技能等方面的学习和教育，牢固树立"安全第一、预防为主、综合治理"的思想，掌握必需的安全生产技术知识和安全管理知识，提高遵章守纪的自觉性和标准化作业技能，并定期进行考核，实行持证上岗，是安全生产的必要条件。行车有关人员，在任职、提职、改职前，必须熟悉《行规》有关内容、本职基本知识技能和技术安全规则，并经考试合格。属于有技术等级标准的人员，还须按其等级标准考试合格。在任职期间，还应定期进行技术考试和鉴定，不合格者，应调整其工作。

2. 安全生产检查制度

安全生产检查制度是对安全生产检查的内容、形式和整改要求所作出的切合实际的规定。按照工作需要进行的定期性、专业性、季节性和经常性安全检查，不仅要大兴调查研究之风，增强为现场服务的观念，而且应与企业相关责任人考核挂钩，使安全检查真正起到鉴别、诊断和预防作用，使检查结果成为领导决策的重要参考依据。

运输安全生产检查是以各种运输法律法规为准绳，通过有计划、有目的、有步骤地查思想、查管理、查设备、查现场作业，发现和消除隐患及危险因素，总结交流安全生产经验，推动运输安全工作深入开展。

检查是方法，整改才是目的。对安全检查中出现的好经验要及时总结推广，对暴露出来的矛盾，特别是领导不重视、制度不健全、设备不可靠及安全意识淡薄等问题，要定措施、定人员、定期限整改，并做到条条有交代、件件有着落。

3. 分层管理、逐级负责制度

运输安全是一个系统工程，运输安全管理体系实行"分层管理、逐级负责"的制度，是提高安全管理科学性和有效性的重要举措。强化这项制度，要注意把握管理范围和职责、学标、对标、达标和建立健全安全落实机制三个重要环节。

分层管理、逐级负责，就要界定管理范围，立标明责，建立安全管理责任制，即界定各部门以及各部门的各个职位安全管理的职责和权限，订立管理标准和考核办法。在管理范围界定、责任标准明确的基础上，各部门组织广大管理人员认真学习职责、标准，对照职责、标准进行有效管理，并努力达到职责、标准的要求（即学标、对标、达标）。同时，建立健全安全管理落实机制，促进各级管理人员尽心尽责使运输安全的各个环节、关键岗点处于有效的监控之中。

安全管理的制度建设要与时俱进，适应新形势新情况的要求。新冠肺炎疫情发生后，习近平总书记在中央全面深化改革委员会第十二次会议上强调："要从保护人民健康、保障国家安全、维护国家长治久安的高度，把生物安全纳入国家安全体系，系统规划国家生物安全风险防控和治理体系建设，全面提高国家生物安全治理能力。"❶公共卫生安全是生物安全的一部分，把生物安全纳入国家安全体系，就是把新冠肺炎疫情这一公共卫生安全事件上升到生物安全、国家安全的高度。城市轨道交通系统空间小、人员密度大、通风条件不佳，因此是疫情防控的重点。企业要及时完善相关规章制度，制定相关的应急预案，以应对此类突发事件。如：要根据客流的情况合理组织运力；尽量使乘客分散或者隔位入座；要减少聚集，加强通风换气，做好车内的清洁消毒工作；要加强工作人员和乘客的健康监测，做好防控知识的宣传。

三、安全管理方法

在运输安全中，人是决定因素。运输安全管理的根本任务就在于依靠科学技术和科学管理，有效地保护和调动人的主观能动性和积极性，预防事故发生，确保运输安全。安全管理方法主要有经济方法、行政方法、思想工作方法和法律方法。

1. 经济方法

经济方法是当社会生产力发展水平不高、人们的思想觉悟和道德水准尚未达到高标准要求时，普遍用来协调平衡社会关系的一种重要方法。它是通过经济杠杆的作用，即利益分配和实行奖惩来调节的。在运输生产中，每一个人对完成生产任务和实现安全目标所付出的劳动、做出的贡献是不同的，一旦人为事故发生，造成损失或影响生产任务完成时，这种差异更有质的区别。对于在运输安全生产中，成绩显著或防止事故有功的人员，以及违章、或因违章导致事故和事故苗头发生的人员，均应按照相关规定，或给

---

❶ 引自《人民日报》（2020年2月15日01版）。

予精神和物质奖励，或给予经济上的处罚。运营企业应通过建章立制来确保和落实安全管理资金，做到专款专用。

2. 行政方法

行政方法是通过一定的行政隶属关系，自上而下地对运输生产活动中的个人、群体和管理行为表示肯定（应该做什么、怎么做、做好怎么办）和否定（不该做什么、做了怎么办）的认可，以作为协调人们之间的关系，保持相对平衡的一种重要的调节方法。它主要依靠行政领导机关的职能和权力，采取行政命令、指示、规定、决定（表彰或处分等），规范人的行为，指导和干预城市轨道交通运输安全生产。城市轨道交通运输是在全运程和全过程中进行的，因此，在时间和空间上必须有严格的规定和统一的标准。有关行车组织的命令和指示、运输安全管理条例、规章制度及政策性指令等，因事关运输安全正点和任务完成，广大职工必须无条件服从。行政方法有明显的强制性和权威性。

3. 思想工作方法

思想工作方法是运输安全管理中最常运用的工作方法。在城市轨道交通行车安全工作中，出现过许多先进的安全典型，他们十年如一日地坚持安全生产，未发生过责任行车重大、大事故。在他们成功的经验中有一个共同的特点是：领导班子团结过硬，思想工作深入细致，从而带出了一批又一批觉悟高、作风硬、技术精、干劲足的职工队伍。然而，由事故分析也得知，除自然灾害和故意破坏外，大多数事故都是由于少数人违章操作造成的。究其原因，主要是认识上的模糊和思想上的松懈，而这与思想工作削弱密切相关。

4. 法律方法

法律用来规定人们必须遵循的行为准则，具有明显的规范性、相对的稳定性和严格的强制性。法律方法是法治社会中普遍用来调整社会关系的一种刚性方法。它通过法定的行为准则来判定是非并强制执行裁决，以使社会关系趋于平衡，保证社会安定。

城市轨道交通安全管理的法律方法是在其他调节方法已不起作用或无法取代的情况下，用来解决比较复杂的关系和矛盾的。它是通过贯彻执行有关法律条文，规范人们安全生产和保护运输安全的行为，以达到维护法律尊严、保证生产安全的目的。

5. 各种方法的综合运用

综上所述，运输安全管理方法可分为两类：一是柔性调节方法，如思想工作方法（包括情感方法、心理方法、奖励、表彰、晋级、提升等）；二是刚性调节方法，如经济处罚、行政规定和处分、追究刑事责任等。经济、行政、思想工作和法律等方法有各自的功能和作用，但也有使用上的局限性。以经济方法为例，它是通过让职工在经济上得到实惠或受到损失，以激励他们关心并做到安全生产。但这只对那些有较高物质利益要求的人起作用，对一些期望值超过奖励数额较多及对物质利益不太关心的人来说，就起不到应有的鞭策和激励作用，且操作不当还会使一些人只顾眼前利益而忽视长远利益，这就需要其他调节方法相配合。从调节的作用看，各种管理方法都不是孤立的，更不是互相排斥的，而是紧密联系、相辅相成的。因此，在运输安全管理工作中，应做到实事求是，综合运用好各种管理方法，理顺各种复杂关系，化消极因素为积极因素，让员工的安全生产积极性和创造性得到更充分的发挥。

第四节　职业健康

知识目标

1. 了解职业健康的基础知识；
2. 了解人机工程学与驾驶空间要求的相关知识；
3. 了解列车司机职业健康检查的知识；
4. 掌握列车司机职业健康危害的相关知识。

一、职业健康基础知识

国家经济的兴旺有赖于企业的发展，健康而有创造力的员工既是企业的宝贵财富，更是国家富强、社会和谐的基础。

党和政府历来十分关心广大职业人群的身心健康，把职业病防治作为我国疾病预防和控制的重要内容之一。《中华人民共和国职业病防治法》的颁布实施，标志着我国职业病防治工作跨入了一个全新的阶段。

劳动者在从事职业活动中接触职业危害因素而引起的与特定职业有关的疾病就是职业病，在生产劳动或工作中可引起职业病的危害因素有化学因素、物理因素、生物因素、社会经济与作业环境因素、与劳动过程有关的有害因素等。法定职业病的范围不是一成不变的，随着国家经济的发展、对疾病认识水平的提高和诊断技术的进步，今后还可能把一些原本列为与工作有关的疾病定为法定职业病。

与工作有关的疾病亦称为职业多发病，在这类疾病的病因中，职业危害因素只是诸多发病因素之一，或者只是诱因或加重因素，大部分人在调离或改善工作环境后，疾病可以治愈或缓解。常见的与工作有关的疾病有心理精神障碍、心血管疾病、消化系统疾病、肌肉骨骼系统疾病、呼吸系统慢性阻塞性疾病等。

与工作有关的疾病和职业病的相同点是二者均与职业活动有关；二者的最大不同点是，职业病中职业危害因素是主导因素，与工作有关的疾病的病因中职业危害是诸多发病因素之一。

《城市轨道交通运营突发事件应急演练管理办法》（交运规〔2019〕9号）中有关突发事件应急演练的要求，在城市轨道交通运营中或者应急演练时车站工作人员也应正确掌握自动体外除颤器（Automated External Defibrillator，AED）的使用方法。扫描二维码可以观看心肺复苏的操作步骤。

心肺复苏

二、列车司机职业健康危害

《轨道列车司机国家职业技能标准》将轨道列车司机职业环境定义为：地下线、地面线、高架线、噪声、磁场、振动、室内（外）、光线变化。加上夜间工作，这些因素会对列车司机造成一定的身心伤害（列车司机心理健康问题在《城市轨道交通列车司机（初级·中级·高级）》教材中已经阐述）。

1. 噪声

影响人们工作学习休息的声音都称为噪声，对噪声的感受因人而异，因此噪声是一个主观的感受。噪声对人体的伤害包括听觉系统、自主神经系统、心血管系统、消化系统、内分泌系统、免疫系统等。人们在噪声环境中会感觉难受、心烦意乱、注意力不集中，严重时会引起听力下降，甚至噪声性耳聋。如果长时间接触 90dB 以上的噪声，会造成听力下降，最终发展为噪声性耳聋。噪声性耳聋不同于全聋，它仅影响患者某一频率范围内的听力。

城市轨道交通车辆在运行中噪声的来源较多，轮轨相互作用会发出噪声，基础制动装置的相互作用会发出噪声，牵引电机运转时会发出噪声，辅助系统运行时会发出噪声，制动电流流过制动电阻时会引起啸叫，通信设备品质不良时会产生啸叫，随着列车运行速度提高，风噪的影响也会越发突出。

由于列车交会及通过隧道等原因，列车外部会产生较强的压力波，影响车内人员，使其耳膜压力快速变化，引起耳胀和失去听觉，通过改善车辆的密封性能及采用平滑的车体表面设计，既可以提高列车司机工作时的舒适度，也可降低环境噪声。

为预防噪声对列车司机的危害，在上岗前要对员工进行体检。患有明显听觉器官、心血管及神经系统器质性疾病者不得从事列车司机工作。企业应进行技术革新，降低列车司机室噪声，改善列车司机工作条件，完善乘务制度，合理安排劳动与休息，做到劳逸结合。当发现员工患有严重的听力减退后，不能让其继续从事列车司机工作。

2. 磁场与振动

磁场是指由交变电场产生的电磁辐射，会造成人体的不愉快效应和头晕、头痛、失眠、乏力等症状，通过对电气设备采取有效的电磁防护措施，可以减轻对周围环境的实际影响。

振动病是长期接触强烈振动而引起的手、脚血管痉挛，上肢周围神经末梢感觉障碍及骨质改变为主要表现的职业病。主要症状为手麻、手痛、手凉、手掌多汗、手僵、手颤、手无力，也可有头昏、失眠、心悸、乏力等神经衰弱综合征，严重者有肌肉萎缩。

振动病的预防要做到改善工作条件，减轻振动强度，加强个人防护及定期体检，当发现员工患有明显的中枢或周围神经系统疾病、严重的心血管疾病及明显的内分泌失调后，不能让其继续从事列车司机工作。

城市轨道交通车辆是一个多自由度的振动系统，作用于这个系统的各种激扰力使其产生复杂的振动。引起各种激扰力的因素有线路的构造和状态、轮对的构造和状态、高压动力设备及中压辅助机组的构造和状态。因为这些激扰是随着运行速度的提高而加剧的，所以高速运行的城市轨道交通车辆的振动问题更加突出。为保证城市轨道交通车辆运行的平稳舒适，需用理论分析和试验相结合的方法，研究车辆在运行中的受力情况，掌握车体、转向架的振动规律，以便合理设计车辆的有关部件结构，正确选择弹簧装置、轴箱定位装置、横动装置、减振器等的参数。轨道线路和车辆是一个统一体，二者相互依存、相互影响，研究车辆振动必须结合线路条件，并为线路结构、强度和养护标准提供依据。

车辆的振动分为垂向振动、横向振动和纵向振动，其中垂向振动和横向振动影响较大。

对于垂向振动，当激扰力的频率与车辆固有振动的频率一致时，就会发生共振，如果液压减振器的阻尼系数不足，共振的振幅就会很大，必须防止在列车运行中发生垂向共振。对于横向振动，通过合理选定走行部结构参数、采用抗蛇形减振器等措施，提高车辆的蛇形稳定性。

城市轨道交通车辆运行平稳性是人对车辆运行品质的感觉，评价车辆平稳性最常用的是平稳性指数 W，其公式为：

$$W = 2.7\sqrt[10]{Z^3 f^5 F(f)} = 0.896\sqrt[10]{\frac{b^3}{f}F(f)}$$

式中：Z——振幅（cm）；

f——振动频率（Hz）；

b——振动加速度（cm/s²），$b=(2\pi f)2Z$；

$F(f)$——频率修正系数。

平稳性指数与振动感觉和疲劳时间的关系见表1-1。

平稳性指数与振动感觉和疲劳时间的关系　　　　　表1-1

平稳性指数（W）	评　价	疲劳时间（h）
1	很好	—
2	良好	24
2.5	还好	12
3	可以	6
3.25	可以	4
3.5	还可以	3
4	允许	1.5
4.5	不允许	1
5	危险	0.5

3. 其他影响因素

城市轨道交通车辆运行于地下、地面或高架线路上，列车司机不断进出司机室开关车门，环境光线变化大，比如雪地环境的眩目效应、进出隧道环境明暗变化剧烈会短暂致盲，列车司机还必须时刻注视线路、信号、仪表、乘客乘降，特别是在夜间照明不足的情况下，易导致视力疲劳综合征。

受到工作条件限制，列车司机经常憋尿，易导致前列腺炎、膀胱炎、泌尿系统感染及功能性排尿障碍等疾病，饮食不规律易引起胃病的发生。列车司机固定的坐姿，对颈椎、腰椎及骨关节都会造成损伤。随着年龄的增长，还会出现头晕、腰背疼痛、全身乏力、四肢麻木等一系列运动神经系统、骨骼肌肉系统的症状。这些症状可通过改变不良的工作体位加以改善，尽量把屈曲、倾斜的体位改为端正的体位；坐姿舒适端正，高矮适合，操纵台和座椅的高矮和距离要根据人的身高和臂展适当调节。

列车司机轮班工作会影响人正常的生物钟节律，导致睡眠障碍、情绪紊乱等不良生理影响；会影响家庭及社交生活，给人际关系带来不良的后果；也会影响睡眠及饮食，继而影响身体健康，导致一些疾病的发生，如胃肠道不适、神经系统障碍、心血管疾病等；加之列车司机持续工作时间长，更易引起疲劳，导致工作失误及意外，甚至可能导致职业病的发生。

夜班工作者除要保证白天休息外，还必须重视饮食营养，通过提升自身的健康素养，养成健康的生活方式，改善自身的健康状况。要根据作业的性质补充机体夜间劳动能量的额外消耗，并选用易于消化吸收和能增进食欲的膳食；适当增加蛋白质的供应量，控制动物性脂肪和食盐的摄入量，在食谱中应妥善安排乳制品、蛋、鱼、豆制品、新鲜的水果和蔬菜，以满足夜班人员所需要的多种营养；晚餐热能可比白班工作人员增加10%左右，早餐量不宜过大，可吃些清淡和容易消化吸收的食物，午餐和晚餐的进食时间可比白班人员适当推迟。不同的作业劳动强度及作息时间不完全相同，加之劳动者的个体差异，具体情况应从实际出发。

完善乘务制度，做到劳逸结合。在工作日内，按照劳动性质和强度与劳动者的个体差异来合理分配组织劳动。应针对作业的种类来严格控制劳动强度及其持续时间。列车司机在折返点的工间休息有利于人体机能从疲劳恢复到正常状态。这种时间短、次数多的工间休息既可降低应激程度、预防疲劳发生，又可提高作业能力。

三、列车司机职业健康检查

城市轨道交通列车司机的工作环境具有特殊性，因此对其健康要求较高，应按规定进行职业健康检查。

职业健康检查是应用医学临床检查和相关实验室检查对接触职业病危害的劳动者进行筛查的医学健康检查，其目的是尽早发现劳动者与接触的职业病危害因素有关的健康损害和职业病，以便及时采取干预措施。

职业健康检查是我国为保护劳动者健康权益而规定的，具有一定的强制性。职业健康检查应按照现行《职业健康监护技术规范》（GBZ188）的规定确定检查项目和检查周期，需复查时可根据复查要求增加必要的检查项目。

职业健康检查针对性强、特殊性强、政策性强且具有法律效力。职业健康检查分为：上岗前职业健康检查、在岗期间职业健康检查、离岗时职业健康检查。

开展职业健康检查的医疗卫生机构，应当经省级卫生计生行政部门批准，具有职业健康检查资质。在选择职业健康检查机构时，城市轨道交通企业应注意该机构批准的职业健康检查类别和项目范围是否可以满足本企业职业健康检查的需求。职业健康检查机构发现疑似职业病人或发现职业禁忌者时，应当告知劳动者本人并及时通知用人单位。

四、人机工程学与驾驶空间要求

1. 人机工程学

人机工程学的显著特点是，在认真研究人、机、环境三要素自身特性的基础上，不单纯着眼于单一要素的优化与否，而是将使用机器的人、所设计的机器以及人与机器所共处的环境作为一个人—机—环境系统来研究，其目的就是科学地利用三要素之间的互相作用、互相依存的有机联系来寻求系统的优化。

轨道交通车辆设计中的人机工程学要求在设计中从人的生理和心理特性出发，研究与解决人—机—环境系统协调统一的有机联系，使车辆设施、设备满足人的生理与心理要求，从而使乘坐及作业环境更加安全与舒适。

人机工程学经历了经验人机工程学、科学人机工程学和现代人机工程学三个发展阶段，研究的内容包括人的因素、机的因素、环境因素和人机系统的综合研究，研究方法包括自然观察法、实测法、实验法、分析法及计算机仿真辅助研究。

现代人机工程学在工业设计领域中得到了广泛的应用，人机工程的基本理论是"产品设计要适合人的生理、心理因素"。人机工程学利用人体测量学、人体力学、生理学、心理学等学科的研究方法，分析人在劳动时的生理变化、能量消耗、疲劳程度以及对各种劳动负荷的适应能力，探讨人在工作中影响心理状态的因素及心理因素对工作效率的影响等。人机工程学的研究为工业设计中产品的功能合理性提供了科学依据。人机工程学通过研究人体对环境中各种物理因素的反应和适应能力，分析声、光、热、振动、尘埃及有毒气体等因素对人的生理、心理以及工作效率的影响，确定了人在生产和生活活动中所处的各种环境的舒适范围和安全限度，从保证人体的健康、安全、舒适和高效出发，为工业设计中考虑环境因素提供了设计方法和设计准则。

2. 驾驶空间要求

列车司机室是列车司机获取与城市轨道交通列车运行相关的数据、指标与信息，并进行正确、安全驾驶操作的特定作业场所。驾驶空间设计的合理与否关系到驾驶安全性、操作有效性以及列车司机的职业健康等问题。

1）列车司机室设备布局

列车司机室设备主要是与列车运行操纵相关的人机界面，列车司机室的设置是否科学合理，对司机能否全面、准确地完成驾驶职能具有很大的影响。列车司机室驾驶界面设计应综合考虑以下人机工程学原则：

（1）重要性原则。

重要性原则是指最重要的器件布置在最佳的位置上。

（2）频次性原则。

频次性原则是指使用频率最高的器件布置在最佳的位置上。

（3）可达性原则。

可达性原则是指各种器件应该在人体手或脚的可达范围内。

（4）功能性原则。

功能性原则是指将功能上相关的控制器或显示器布置在邻近位置上。

（5）顺序性原则。

顺序性原则是指器件的布置应与操纵的逻辑顺序保证一致。

（6）继承性原则。

继承性原则是指不同型号的列车控制器的外形、操作方式应尽量保持一致。

（7）相关性原则。

相关性原则是指控制器应邻近相关的显示器。

2）视觉环境设计

列车司机主要通过视觉从列车司机室人机界面上获取信息，列车司机的视觉认知特性是驾驶界面设计的重要依据。

水平视野是确定界面布局设计的重要依据，操作面板上的多个仪表应根据其功能和重要程度分区布置。为使信息能最有效地传达，每个仪表面板都应处于最佳观察范围内，并做到等视距。当列车司机正前方需布置较多仪表时，可把仪表板设计成圆弧形或梯形。根据人机工程学的研究，水平视野范围 24° 为最佳水平视觉范围。

仪表在垂直面上的布置也要符合人机工程学的原理，从水平视线到向下视野 30° 为垂直方向最佳观察范围，视觉工作效率高，可布置需经常观察的各类显示和记录仪表。

物体与背景有一定的对比度时，人眼才能看清其形状。这种对比可以是颜色，也可以是亮度。列车司机室显示器上的信息颜色应对比鲜明，以利于列车司机的识读。

3）列车司机室的总体设计

列车司机的作业空间由人和设备、人和侧墙之间的关系决定，操纵台与列车司机座椅尺寸设计是否合适，直接影响列车司机能否有一个舒适而稳定的坐姿及合适的操作位置。

由于列车司机需要长时间面对操纵台进行作业，因而要求操纵台应具有合理的形状和尺寸，以避免列车司机的肌肉、颈、背、腕关节因坐姿不良而导致的疼痛等。

腿部空间须满足列车司机在工时活动的需要，这需要在操纵台下沿高度和面板深度设计中加以考虑。

列车司机座椅尺寸包括座面宽度及倾角、座深、座高、靠背倾角，这些尺寸均应符合人机工程学原理，并具有调节功能以适应不同身材列车司机的需求，增强列车司机调整体位时的舒适感，避免列车司机上体向前弯曲，造成腰部和颈部的疲劳。

坐垫与靠垫的主要作用是减轻集中压力，使列车司机对座椅的压力得到分散，具有舒适感。坐垫与靠垫应具有合适的弹性，弹性过小易造成人体接触部位压力集中，使部分肌肉长期处于紧张状态，血液循环受阻而麻木，增加疲劳感；弹性过大会使列车司机行动不便，身体陷入悬浮状态而失去稳定。

第二章 列车操纵与调试

第一节 列车调试管理规则

知识目标

1. 掌握列车静态调试的基础检查项目（技师）；
2. 掌握列车动态调试的先后阶段及调试目的（技师）；
3. 掌握新车各阶段的调试计划安排（技师）；
4. 掌握列车调试的职责及分工（技师）；
5. 掌握轨道交通联合调试的内容（高级技师）。

技能要求

1. 能在静调库完成整备列车作业，对可能存在的风险进行预想，并制定防控措施（技师）；
2. 能对调试计划的合理性、可行性进行初步的审核、监督和防控（技师）；
3. 能在调试过程中对各岗位人员的职责履行情况进行督导（技师）；
4. 能独立参与城市轨道交通联合调试并能进行风险辨识和防控（高级技师）。

一、列车调试作业的概况

列车调试是列车正式投入运营之前，组织专业的人员对列车各种性能以及各个部件进行功能性检测和模拟运行。在调试过程中，对车辆系统、信号系统等进行功能试验，确认其性能完好，保证列车功能状态良好，达到符合上线运营的条件。列车调试以技术规格书、图纸资料、操作手册以及相关的技术资料为蓝本，需制定列车调试大纲，以此对列车调试进行指引。

二、列车调试作业的分类

按城市轨道交通列车调试的阶段不同,可分为静态调试和动态调试。

1. 静态调试

城市轨道交通列车的静态调试主要是针对车辆在静止状态下各部件性能的检查和调整,是列车后续调试的基础。列车的静态调试又可分为无电静态调试和有电静态调试两个阶段。

1)无电静态调试

无电静态调试就是在无电状态下,对列车进行基本的外观性或者不需加电的功能性检查,主要包括以下七项内容:

(1)客室内部外观检查主要包括:天花板、内饰、客室座椅、灭火器、设备柜、升弓辅助装置、贯通道等。

(2)列车司机室内部外观检查主要包括:列车司机室侧门及列车司机室与客室的贯通门检查、列车司机室座椅检查、紧急疏散门锁闭检查、列车司机室内附属设备及盖板、扶手、台阶检查等。

(3)车门检查主要包括:门内外情况、紧急解锁手柄等。

(4)车体外观及车底设备检查主要包括:车体、车钩、空压机、车底设备箱盖板等。

(5)转向架检查主要包括:车轮、轴箱、抗侧滚扭力杆、空气弹簧、传感器电缆和接地电刷电缆、垂向减振器、牵引电机、转向架构架、高度阀、列车运行自动控制(Automatic Train Control,ATC)天线、轮缘润滑装置、轮轴迟缓线等。

(6)车顶检查主要包括:车顶油漆、空调单元、受电弓、避雷器、接地线检查、电缆连接等。

(7)限界检查(在静态调试的最后阶段进行)主要包括:通过限界门进行接触网设备限界检测、轨旁设备、建筑物限界检测等。

2)有电静态调试

有电静态调试是车辆检修人员通过车间电源给列车送电,全面对列车的各种静态功能进行检查。主要是如下八点:

(1)车门检查主要包括:车门上方内侧指示灯、报警声、门切除、车门逻辑、紧急解锁功能、乘务员钥匙开关、操作内部/外部车门、紧急解锁装置、车门V字形尺寸检查、门页平行度检查、车门开度检查、车门防夹功能检查、关门压力、防夹压力测试、开关门时间检查等。

(2)空调检查主要包括:部件功能、空调启动顺序、系统功能、设定温度模式时温度正常值检查等。

(3)空压机和供风系统检查主要包括:空压机启动压力检查、安全阀打开/关闭时的压力检查、空气干燥器、试验停放制动、制动管路泄漏检查、主风管路泄漏检查、紧急制动压力测试、辅助供风单元检查等。

（4）照明检查主要包括：客室正常照明、紧急照明、列车司机室照明、头灯、尾灯、运行灯等。

（5）乘客信息系统检查主要包括：基本功能、关门警报提示音、音量自动调节功能、客室乘客报警按钮、媒体播放系统、视频监控系统（Closed Circuit Television System，CCTV）显示系统、喇叭功能、报站功能等。

（6）人机接口（Human Machine Interface，HMI）显示屏检查主要包括：列车司机主页、装置状态、故障记录、路线设定、检修界面、亮度调节等。

（7）受电弓和集电靴检查。

受电弓（集电靴）检查项目主要包括：受电弓与接触网之间的静接触压力、升弓高度、受电弓升/降弓时间、绝缘检查、集电靴炭滑板、升靴高度、降靴高度、臂轴到轨面高度、绝缘检查等。

（8）受电弓（集电靴）送电调试主要包括：牵引电机高度测量、排障器橡胶高度测量等。

2. 动态调试

城市轨道交通列车动态调试包括：车体和外部设备箱水密封性试验、试车线调试和正线调试。

1）车体和外部设备箱水密封性试验

静态调试完成后，列车通过工程车连挂，到洗车线（或淋雨线）进行淋雨试验，对列车紧急疏散门和头罩设备、车体及设备、底架设备、侧墙、侧门和侧窗、顶盖、贯通道进行水密封性试验。

2）试车线调试

完成水密封性试验后，列车到试车线进行调试。调试前列车在静调库完成整备作业，升弓后先尝试牵引和制动试验，牵引指令和制动正常后，再进入试车线，对列车进行动态调试，列车试车线动态调试主要测试列车牵引力和制动力是否正常、列车各种驾驶模式是否正常、在轨旁和车载保护的驾驶模式下各类功能是否正常等。

3）正线调试

正线调试是列车投入运营的最后一道试验过程，在调试中列车要模拟不同载客重量下的手动驾驶、列车自动驾驶（Automatic Train Operation，ATO）模式驾驶、ATO车门对标、线路折返等，验证不同线路纵断面列车启动与加速。

三、列车调试管理规定

1. 新车调试的主要流程

根据调试工作的特点，列车调试的主要流程依次为：到货开箱检查，静态调试，试车线动态调试，正线动态功能调试，签署预验收文件。

（1）到货开箱检查。

到货开箱检查是列车经过铁路或公路运输，在运输途中可能会出现外观等损坏，所

以列车运抵车辆基地后必须进行相应的检查，并验证车辆设备是否完整。

（2）静态调试。

列车静态调试主要包括：蓄电池通电，列车准备和紧急照明，高压通电，客室、司机室照明及外部照明，空调启动，空压机启动，车门动作（开门和关门、开门/关门障碍物检测和隔离开关），主管道气密性试验，制动气密性试验，通信功能（乘客紧急通信、司机室之间的通信、客室广播），制动功能（停放制动、常用制动、紧急制动）等。

静态调试阶段包含厂家再调试和预验收两部分，首先厂家需在10天内完成再调试，确保列车达到进行静态调试的条件。静态调试以城市轨道交通企业为主，以车辆采购合同为主要依据，按照预验收大纲开展，对车体、车底、车内和车顶所有设备进行检查。

（3）试车线动态调试。

根据城市轨道交通企业试车线条件，在试车线上主要展开限制速度内的动态调试，检查车辆的各系统功能是否正常。

（4）正线动态调试。

对车辆开展最高速动力学、坡道救援等试验，检查车辆的各系统性能是否正常，同时确保列车达到合同规定的例行试验走行公里数。

（5）签署预验收文件。

列车所有调试内容已完成，且所有问题已得到厂家的妥善整改，在得到城市轨道交通企业确认后，双方签署列车预验收报告。

2. 列车调试作业的职责分工

（1）车辆部门需要列车正线调试时，应由所在车辆基地检修部门委派调试负责人，其他设备部门需要列车正线调试时，应由相应设备专业人员担当调试负责人。调试负责人应由安全技术管理方面相符合的人员担当，应明确试验目的及试验方案。

（2）列车调试应由调试负责人申请。调试负责人在调试前应召集所有参试人员进行安全教育，布置调试内容、安全注意事项、技术交底等事宜，明确职责，并在车辆基地控制中心进行记录备案。

（3）调试负责人应在列车司机室内进行指挥监督，并负有安全管理责任。

（4）列车调试作业由调试负责人统一指挥，参加调试的人员严禁擅自作业。无调试负责人在场，严禁进行调试作业。

（5）列车运行安全由列车司机负责，遇列车故障，由调试负责人负责进行处理，列车司机协助。列车司机应随时掌握调试天气状况、温度环境、调试区段、运行时刻、车辆状况，调试作业不得影响正线运营。

3. 列车调试作业一般规定

（1）列车调试作业包括试车线调试和正线调试。

（2）根据安全及节能要求，原则上能通过静态调试完成的内容，应避免进行动态调试作业；能在试车线完成的试验内容，应尽量避免进行正线调试作业。

（3）试车线调试主要进行静态调试无法确认的、与速度相关的试验项目，如牵引性能试验、加减速度性能试验、制动性能试验、旁路功能试验等。

（4）正线调试主要进行高速试验、特定区间试验、信号系统配合试验等车辆基地内试车线无法确认的试验项目，如动力学试验、旅行速度试验、温升及异音试验、停站对标、自动开关门试验、广播自动报站、站台门联动等。

（5）正线调试时，以不影响正线运营为原则，列车各试验项目尽可能在线路区间进行，制动性能测试应在平直线路上进行。

第二节　新车调试作业

知识目标

1. 了解新车验收标准（高级技师）；
2. 掌握新车接车、转轨作业流程（技师）；
3. 掌握新车静态调试内容及作业流程（技师）；
4. 掌握新车动调内容及作业流程（技师）；
5. 掌握新车其他功能测试内容及作业流程（技师）。

技能要求

1. 能完成新车接车、转轨作业及风险把控（技师）；
2. 能完成新车静态调试作业及风险把控（技师）；
3. 能完成新车动调作业及风险把控（技师）；
4. 能完成新车其他功能测试及风险把控（技师）。

一、新车接车及转轨

1. 接车作业

1）作业内容

（1）大型挂车将车辆运达车辆基地后，采用起重机将车辆吊至线路上，由车辆人员对列车进行编组作业。

（2）到货开箱检查主要由车辆人员负责，对列车、设备材料及技术文件等资料进行检查，重点在于外观、包装与装运等的检查。到货检查分车体、车底、车内和车顶检查四个部分。同时，依照合同技术规格书对相关设备的名称、外观尺寸、规格、型号、数量等进行检查。

新车调试作业

（3）车辆人员完成到货开箱检查作业后，向车辆基地调度办理接车手续。

2）作业流程

（1）列车司机接到接车计划作业时，应核实作业单的内容，听取车辆基地调度员布置的相关安全注意事项，了解清楚列车防护措施。

（2）列车司机对列车进行静态检查，主要确认车体外观及各车钩连接部分良好。

3）风险点评

（1）列车司机整备作业时注意检查各车钩连接部分无异常，防止列车在转轨过程中出现脱钩事件。

（2）了解新车是否出具车辆限界证明，确认列车符合所在线路的车辆限界要求。

2. 转轨作业

1）作业内容

利用工程车连挂，将列车转轨至相应股道，为下一步静态调试做准备。

2）作业流程

（1）列车司机接到调车（转轨）作业单时，应核实作业单的内容，听取车辆基地调度员布置的相关安全注意事项，并了解清楚列车的性能及状态（有无设置止轮器防护等）。

（2）到达相应指定地点后按整备作业流程整备列车，确保列车悬挂装置正常，止轮器防护到位。

（3）指挥工程车连挂及试拉，切除所有车的气制动塞门，人工缓解停放制动，撤除止轮器防护。

（4）在工程车调动列车过程中，加强对车钩连挂情况的监控，列车调至指定地点后放置止轮器防护，指挥工程车进行解钩、离钩。

3）风险评估

（1）工程车连挂列车前，注意确认两个车钩是否配对，列车做好防溜措施。

（2）应确保工程车司机和列车司机所用的通信设备在同一频道，保持联络畅通。

（3）工程车调动列车过程中，监控列车司机听到或看到异常时应立即通知工程车停车，汇报车辆基地调度员及转轨作业负责人，确认安全后再动车。

二、列车静态调试作业流程

1. 整备作业要求

（1）列车的静态调试是列车后续调试的基础，列车的静态调试又可分为无电静态调试和有电静态调试两个阶段。静态调试以车辆人员为主，列车司机必要时做好配合。

（2）车辆人员对列车进行基本的外观性和不需通电的功能性检查调整后，列车司机接到有关作业计划时，需对列车进行整备作业。在整备作业过程中，主要检查车辆外观性和车底悬挂装置是否良好，如列车需进行动态调试时，必须严格按要求做制动及动车试验，确保列车制动性能良好，才能进行后续调试作业。

2. 单元车连挂

1）作业内容

车辆人员对单元车完成静态调试后，需进行整列车的静态调试，需要工程车推进或利用列车自身动力，对两个单元车进行连挂。

2）作业流程

（1）采用工程车推进连挂作业流程如下：

①列车司机接到单元车连挂作业计划时，听取车辆基地调度员布置的相关安全注意事项，并了解清楚列车防护措施。

②对两个单元车进行整备作业，主要检查列车悬挂设备及待连挂端车钩状态良好，无使用车间电源供电情况。

③指挥工程车进行连挂其中1个单元车，确认连挂试拉良好。

④指挥工程车推进运行，在单元车连挂前1m处必须一度停车，列车司机检查确认被连挂的单元车防溜措施已做好、待连挂端车钩状态良好。

⑤列车司机确认安全后，引导工程车列车司机限速3km/h进行连挂，连挂后进行试拉，试拉完毕后，工程车与列车进行解钩、离钩，激活列车后检查列车设备状态。

（2）采用自身动力连挂作业流程如下：

①列车司机接到单元车连挂作业计划时，听取车辆基地调度员布置的相关安全注意事项，并了解清楚列车防护措施。

②对两个单元车进行整备作业，主要检查列车悬挂设备及两单元车车钩状态良好。

③激活单元车（方法：到待连挂端车厢电气柜，按压相关按钮，例如车尾闭路开关；至该按钮指示灯亮；操作列车司机室列车激活旋钮至"合"位，确认蓄电池电压显示正常后为单元车激活）、升弓、合主断、缓解停放制动，做制动及动车试验，确认列车制动状态良好。

④由车辆基地调度员或列车司机在待连挂端车厢连接处安全位置引导列车司机限速3km/h进行连挂，连挂后进行试拉，确认连挂良好后施加停放制动、分主断、降弓，分蓄电池后，再重新激活蓄电池确认列车设备状态。

3）风险防控

（1）单元车连挂需要得到车辆检修人员同意才能进行。

（2）单元车连挂前必须确认被连挂的单元车已设置止轮器防护，连挂区域无人站立及无人停留后，方可进行连挂。

（3）连挂后必须进行试拉，确认连挂状态良好。

（4）单元车在推进运行时，必须有一名列车司机或调车员在前端引导；无人引导（包括不熟悉调车专业的人员引导）时，严禁进行推进连挂。

3. 限界测试

1）车辆限界概述

车辆限界就是车辆在平直轨道上按规定速度运行，考虑车辆和轨道的公差、磨耗、弹性变形以及振动等正常运行状态下的各种限定因素，计算出的车辆各种部位横向和竖向动态偏移后的统计轨迹，是以基准坐标系表示的包络线。

规定车辆限界的目的主要是，防止车辆在直线或曲线上运行时，与各种建筑物或非指定的设备发生接触。车辆限界与建筑限界之间，必须留出一定空间，以便车辆安全通行。

这个空间是考虑到车辆某些部件在允许的最大限度公差、磨耗和运行中车辆产生偏移的情况下（同时考虑了线路所产生的允许歪斜）仍然保证安全通过的要求。

2）车辆限界的三种状况

（1）车辆制造轮廓线。车辆制造轮廓线是车辆按设计制造出来的基本轮廓线，它包括了车辆制造公差、弹簧悬挂系统的特性以及规定的最大磨耗值等。

（2）车辆静态限界。车辆静态限界是按照车辆的设计轮廓加上车辆制造和调节时的制造公差得出的，车辆的任何部分都不能超出车辆静态限界的范围。平直线路存在着轨道几何偏差和磨损，是轮轨间隙、车体相对于轮对的偏移量，因此，静态车辆限界比车辆轮廓线要大。

（3）车辆动态包络线。动态包络线就是通常所说的车辆限界，是以线路为基础的车辆基准轮廓线在车辆运行过程中的最外点，按车轮在线路上运行时车辆个别部件最不利的位置来考虑。

3）车辆偏移和侧滚的几种典型工况

车辆偏移和侧滚的几种典型工况，如图2-1所示。

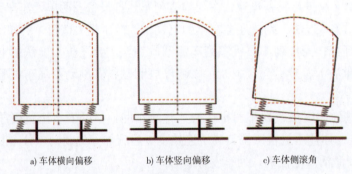

a) 车体横向偏移　　　b) 车体竖向偏移　　　c) 车体侧滚角

图2-1　车辆偏移和侧滚的典型工况

（1）车体横向偏移量主要由以下因素产生：

①轨道中心线相对于线路中线的横向误差；

②轮轨间隙；

③车体中心线相对于轮对中心线的横向偏移量。

（2）车体竖向偏移量主要由以下因素产生：

①车轮踏面磨耗；

②一系弹簧永久变形；

③车底架挠度；

④车底架预拱度；

⑤车辆垂向公差值；

⑥一系弹簧和二系弹簧振动量；

⑦钢轨轨顶磨耗。

（3）车体侧滚角主要由以下因素产生：

①车体偏重；

②内外轨不等高；

③车辆行驶中因欠超高产生的车体倾角；

④一系弹簧或二系弹簧的高差。

4）限界检测门

通过保证车辆静态限界来保证车辆动态包络线，只要车辆各尺寸不超过该静态限界，就能保证车辆在运动中不会超出车辆的动态包络线。车辆的限界检测门就是根据这个原理做成的。

5）过限界作业流程

（1）列车司机接到过限界作业计划时，听取车辆基地调度员布置的相关安全注意事项，并了解清楚列车的性能及状态，确认止轮器防护措施情况。

（2）到达相应指定地点后，按整备作业流程整备列车，确保列车悬挂装置正常，止轮器防护到位。

（3）配合工程车进行连挂及试拉，由工程车将列车推进至限界门前一度停车，确认限界门状态。

（4）引导工程车限速3km/h推进通过限界门。

（5）整车通过限界门后，无出现任何部分与限界门发生剐蹭，表明车辆符合车辆限界要求。

6）风险防控

（1）工程车连挂列车推进运行时，前端需安排人员进行引导，无人引导时禁止推进运行。

（2）限界门处应安排专员进行监控，电动列车进入限界门后，如发现或听到异常时应立即通知工程车列车司机停车，并汇报车辆基地调度员及作业负责人。

三、列车动态调试作业流程

列车在完成静态调试后，进入动态调试。在动态调试中，测试列车在各种条件下的基本功能，测试列车在AW_0（车辆空载）的条件下，不同速度的紧急制动距离。通过动态调试，可以获得有关列车的控制、牵引和制动性的数据。动态调试之前，要确保列车是无故障状态。

1. 车门类测试

1）测试内容

车门类测试主要包括开门测试、关门测试、车门障碍物探测测试、车门预解锁测试、车门解锁测试及车门故障隔离测试、车门安全联锁测试等，一般安排在试车线或正线进行。

2）作业流程

（1）列车司机按作业计划将列车驾驶至试车线或正线。

（2）列车司机在调试作业前应学习调试方案，熟悉调试试验大纲中的操作要求，调试过程听从调试负责人指令进行操作。

（3）调试作业内容如下：

①开门测试：列车在停车状态下，按压开门按钮，车门能正常打开；列车在运行中，按压开门按钮，车门不能打开。

②关门测试：在开门状态下，按压关门按钮，车门能正常关闭。

③车门障碍物探测测试：车辆人员使用测试块进行测试，测试块尺寸主要有25mm×60mm和30mm×60mm等。如果关门时碰到测试块后，车门保持关门压力在标准时间后重新打开至设定值（一般为200mm），一定时间后再重新关门，而其他已关车门不需重开。如果反复多次以后障碍物仍然存在，列车司机室显示屏HMI将显示对应车门"门检测到障碍物"状态，则车门打开到最大位置并保持，按压关门能正常关闭。

④车门预解锁测试：运行中解锁车门紧急解锁手柄时，只能操作到预解锁位无法继续操作，此时车门保持关闭；列车司机操纵台面板"解锁禁止按钮"指示灯闪烁；且HMI显示紧急解锁请求文字提示及对应车门图标变"蓝色"。10s内按下列车司机操纵台"解锁禁止按钮"后，车门将不允许解锁，解锁侧所有车门解锁请求同时被禁止，在列车司机操作开门或者列车再次启动后禁止将被解除。

⑤车门解锁测试：运行中解锁车门紧急解锁手柄时，只能操作到预解锁位，若不操作"解锁禁止按钮"，指示灯闪烁10s后，则解锁侧所有车门解锁请求同时被允许，将解锁手柄拉到底，列车将产生紧制，HMI显示"紧急解锁图标"，"安全互锁回路"断开，停车后可手动打开左右门页。

⑥车门紧急解锁测试：列车在运行时，操作紧急解锁开关，因列车无零速信号，车门自动施加关门压力，车门无法打开，HMI有紧急解锁提示，但不会施加紧急制动。若运行中，强制车门打开，由于门关锁到位信号丢失，列车施加紧急制动。紧急解锁需要零速信号和门使能均为高电平才可解锁。列车停稳状态下，紧急解锁车门，车门可打开，列车无法牵引。打车门关好旁路，列车可牵引。

⑦车门故障隔离测试：将两门页关闭，操作车门隔离装置至"隔离"位，车门切除红灯应亮起，此时门不能被打开。显示屏显示该车门为切除图标，按列车司机室内的"开门"按钮，切除的门不会打开，其余的门正常打开，关门后能正常动车。

⑧车门安全联锁测试：将测试块放在一扇车门的两扇门页之间，使车门不能完全锁闭，按列车关门按钮后，推主控制器手柄至牵引位，启动列车，列车应无牵引力，不能启动。列车在区间零速以上运行时，按列车开门按钮，客室车门应不能打开。

3）风险防控

（1）进行开门测试时，需确保所有调试人员处于安全位置，不要倚靠车门，防止开门后人员摔下轨行区，造成人员伤害。

（2）进行开门测试时，严禁同时打开两侧车门。

（3）进行车门故障隔离测试时，应确认该隔离车门锁闭良好，防止未关车门动车。

2. 制动类测试

1) 测试内容

制动类测试主要包括在手动模式各种速度下的常用制动、快速制动及紧急制动，试验过程中的制动信号、减速度、制动距离等参数符合安全要求和设计标准，并记录相关变量的运行曲线。

2) 作业流程

（1）列车司机按作业计划将列车驾驶至试车线或正线。

（2）列车司机在调试作业前应学习调试方案，熟悉调试试验大纲中的操作要求，调试过程听从调试负责人指令进行操作。

（3）人工驾驶模式进行各种速度制动试验内容，包括：列车在 AW_0（车辆空载）~AW_3（车辆超员载荷）载荷工况下 100% 牵引，速度达到调试方案的速度后，分别采取 100% 常用制动、快速制动、紧急制动。采集制动信号、减速度、制动距离等参数符合安全要求和设计标准。

3) 风险防控

（1）列车司机在整备作业时，须严格按要求做制动及动车试验，确保列车制动性能良好。

（2）严格执行从低速向高速逐步加速调试，并确认各类制动性能良好。

（3）动车前注意判断线路长度是否符合测试条件，防止列车因制动距离不足冲出试车线或封锁区域。广州轨道交通A型车6节编组的列车制动距离见表2-1，制动距离因车型、编组、减速度等因素不同而可能存在差异。

列车制动距离　　　　　　　　　　表2-1

速度（km/h）	40	50	60	70	80
100%常用制动（1.0m/s²）	67	102	143	192	247
紧急制动（1.2m/s²）	56	84	119	159	204

注：制动距离因车型、减速度等不同而存在差异。

3. 牵引类测试

1) 测试内容

牵引类测试主要包括：列车加速度测试、电制动切除牵引测试及动力学测试等，并记录相关变量的运行曲线。

2) 作业流程

（1）整备作业时检查车辆悬挂系统是否正常，空气弹簧气隙高度，二系横向止挡间隙，车轮轮缘与钢轨内侧间隙以及车轮踏面状态，踏面无擦伤、剥离等现象。一、二系弹簧是否正常以及各减振器是否漏油等。

（2）列车司机按作业计划将列车驾驶至试车线或正线。

（3）列车司机在调试作业前应学习调试方案，熟悉调试试验大纲中的操作要求，调试过程听从调试负责人指令进行操作。

（4）作业内容。

①列车加速度测试：列车在 AW_0~AW_3 载荷工况下，在停车状态下采用100%牵引，加速到各种速度后采集加速度、牵引距离等参数，应符合安全要求和设计标准。

②电制动切除牵引测试：切除某节车电制动，在停车状态下采用100%牵引，加速到各种速度后采集加速度、牵引距离等参数，应符合安全要求和设计标准。

③动力学测试：列车在 AW_0~AW_3 载荷工况下，加速至车辆允许最大速度，车辆悬挂系统应正常。

3）风险防控

（1）列车司机在整备作业时加强对列车悬挂设备、临时加装设备的检查，确认列车牵引系统及制动性能良好。

（2）动车前注意判断线路长度是否符合测试条件，防止列车因制动距离不足冲出试车线或封锁区域。

（3）为防止未及时采取制动措施或制动力不足导致列车冲出调试区域，高速调试需在直线区间进行，并在调试前加装常用制动及紧急制动标。

（4）进行动力学试验时，当构架加速度滤波为 0.5~10Hz、峰值有连续振动 6 次以上达到或超过 $8m/s^2$ 时，判定转向架失稳，即停止提速，防止列车脱轨。

4. 列车功能类测试

1）测试内容

列车功能类测试主要包括慢行模式、向后模式、紧急牵引模式、列车紧急停车按钮、车门旁路、门零速旁路、停放制动旁路、气制动旁路、警惕按钮旁路、气压不足旁路等测试。

2）作业流程

（1）列车司机按作业计划将列车驾驶至试车线或正线。

（2）列车司机在调试作业前应学习调试方案，熟悉调试试验大纲中的操作要求，调试过程听从调试负责人指令进行操作。

（3）作业内容。

①慢行模式测试：操作慢行模式，推牵引手柄动车，达到慢行模式设计速度后无法提速。

②向后模式测试：操作向后模式，推牵引手柄动车，达到向后模式设计速度后无法提速。

③紧急牵引模式测试：操作紧急牵引模式，车辆设定限速进行测试，推牵引手柄动车，加速至设定限速的最大速度后无法提速。

④紧急停车按钮测试：列车升弓状态，在停车或运行中按压紧急停车按钮，列车产生紧急制动，受电弓降下（部分车型不会落弓）。

⑤车门旁路测试：人工手动打开某个车门，关门指示灯不亮，操作车门旁路至合位，列车可以正常动车。

⑥门零速旁路测试：模拟零速继电器故障情况下导致车门无法打开时，操作门零速

旁路至合位，车门能正常打开。

⑦停放制动旁路测试：模拟停放制动检查电路故障时，列车无法动车，操作停放制动旁路至合位，列车能正常动车。

⑧气制动旁路测试：模拟气制动检查电路故障时，列车无法动车，操作气制动旁路至合位，列车能正常动车。

⑨警惕按钮旁路测试：人工模式在不按警惕按钮情况下推牵引手柄，列车无法动车，操作警惕按钮旁路至合位，列车能正常动车。

⑩气压不足旁路测试：在列车空压机故障情况下，气压大于设定值（一般为6bar❶）时，操作气压不足旁路至合位，列车能正常动车。

3）风险防控

（1）操作车门旁路试验动车时，必须确认所有人员在安全位置。

（2）操作停放制动旁路试验时，必须确认列车停放制动缓解，防止抱闸动车。

（3）操作气制动旁路试验时，必须确认列车停放制动及气制动缓解，防止抱闸动车。

（4）进行紧急停车按钮试验前，先关闭列车负载（照明、空调），降低辅助系统因高压设备突然断电造成的冲击。

5. 列车200~300km试运行测试

1）测试内容

一般来说，新车的状态不是很稳定，为了发现车辆是否还存在一些故障隐患，需对所有新车在正线/试车线进行200~300km试运行。在试运行期间，由调试负责人观察和记录列车运行状态，对于存在的问题需及时做针对性分析和改进。

列车功能类测试主要以观察、记录列车运行状态为主，包括：列车开关门功能、列车牵引性能、列车制动性能、列车辅助设备性能。

2）作业流程

（1）列车司机接到调试作业计划时，认真学习调试方案，了解调试内容。

（2）按规定整备列车，确保列车状态符合上正线要求。

（3）列车出车辆基地后，在调试作业开始前与行车调度员确认调试线路已封锁（或收到书面封锁命令）。

（4）按调试负责人指令动车，列车进站停车后正常开关门作业，加强对列车状态的监控。

（5）调试里程达到200~300km时通知调试负责人。

3）风险防控

（1）列车司机必须认真确认调试作业区域与封锁线路一致。

（2）调试过程中出现牵引/制动影响列车运行安全故障的，需立即停止调试，待查明原因，符合安全运行条件后再进行调试。

---

❶　1 bar=10^5Pa。

6. 车载信号类测试

1）测试内容

车载信号类测试内容主要包括：列车自动驾驶（Automatic Train Operation，ATO）、列车自动防护（Automatic Train Protection，ATP）、自动报站、自动折返、停车精度、自动开门、站台门联动、超速紧急制动、模式转换等测试。

2）作业流程

（1）列车司机接到调试作业计划时，应认真学习调试方案，了解调试内容。

（2）按规定整备列车，确保列车状态符合上正线要求。

（3）作业内容。

① ATO 测试：列车在相应模式下运行，检查列车能够以 ATO 模式而非人工正常启动列车加速运行于正线，接近站台时，能够自动控制列车减速并停在站台停车窗，整个区间运行平稳舒适而不发生超速。

② ATP 测试：列车在相应模式下运行，前方有列车在站台或区间停车，检查后方列车能够以 ATO 模式在距前方列车一个安全位置停车（进路目标点已走完）。

③ 自动报站测试：列车在相应模式下运行，列车出站至下一站进站前能完成自动报站。

④ 自动折返测试：列车停在设计有无人驾驶折返功能的终端侧站台。列车司机首先在列车上按下折返按钮并关闭列车司机室主控钥匙，离开列车，操作站台上的无人折返钥匙开关，列车将自动开往折返轨道虚拟站台停稳并自动转换控制司机室，然后又以另一端司机室自动折返到运营始发侧站台，接车列车司机上车激活另一端司机室，另一端司机室保持调度集中（Centralized Traffic Control，CTC）控制级。

⑤ 停车精度测试：列车在相应模式下运行，检查列车以 ATO 模式开往下一站台并能够在规定的误差范围内精确停于停车窗内，即列车车门中心与站台门中心的距离不超过设定（一般为 ±30~±50cm）。

⑥ 自动开门测试：将开关门模式打至"自动"位，列车在相应模式下运行，列车以 ATO 模式进站对标停稳后，有开门使能信号前提下，车门能自动打开。

⑦ 站台门联动测试：列车在相应模式下运行，列车进站对标停稳后，在有开门使能信号前提下，实现车门与站台门联动开关。

⑧ 超速紧急制动测试：列车在相应模式下运行，一般人工驾驶列车实际运行速度大于车载信号允许的最大速度 4km/h 时，列车能产生紧急制动。

⑨ 模式转换测试：人工转换驾驶模式后，车辆屏或信号屏显示对应模式，列车限速值对相应模式限速值一致。

3）风险防控

（1）进行 ATP 测试时，后方列车司机应加强对速度及目标点的监控，发现异常应及时采取紧急停车措施。

（2）进行 ATP 测试时，后方列车发生车载 ATP 故障时应停止测试，禁止使用非限制人工驾驶模式运行，防止列车追尾。

（3）进行自动折返测试时，如出现折返失败情况，前端列车司机需通知后端列车司机打开主控钥匙中断自动折返信号后方可上车，防止发生人身伤害。

（4）进行站台门联动测试时，关好车门、站台门后注意确认空隙无夹人夹物方可动车。

（5）进行超速紧急测试时，注意判断线路长度是否满足测试条件，如已达到超速紧急制动速度而列车仍无产生紧急制动时应立即采取停车措施。

四、列车其他功能测试

1. 列车曲线通过能力测试

1）测试内容

（1）列车停在规定的线路最小曲线半径轨道上，并使各车分别停于最小半径曲线处，贯通通道的内顶板、侧板、渡板状态良好，紧固件无松动，贯通通道侧板的机械锁定装置能手动打开。

（2）列车通过线路最小半径的曲线和通过S形曲线能力的检查。使列车来回慢行通过S形曲线轨道几次，车辆的运动不受限制或束缚，各运动机构之间工作自如，跨接电缆、连接风管等软性连接管和电动机连接线以及回流连接线有足够的长度，车轴带动的机构工作自如，检查车钩、通道连接状态良好，运动无卡滞和损坏，活动灵活自如。

2）作业流程

（1）列车司机接到调车作业单时，应该核实作业单的内容，听取车辆基地调度员布置的相关安全注意事项，并了解清楚所调动列车的性能及状态。

（2）到达相应指定地点后按整备作业流程整备列车，确保列车制动性能良好。

（3）整备作业完毕汇报信号楼，根据信号楼动车指令将列车调至指定位置并申请封锁线路，测试负责人检查列车设备无异常后再低速通过S形曲线轨道几次。

（4）列车可以正常通过后，由测试负责人检查列车设备无异常，测试结束后报信号楼将列车调回库内。

3）风险防控

（1）调车至最小曲线半径的轨道上时，列车司机须限速3km/h，并加强对列车状态的监控，听到或发现异常时应立即停车，汇报车辆基地调度员及测试负责人。

（2）列车通过最小半径的曲线和通过S形曲线时，存在掉道的风险，列车司机需做好随时停车准备。

2. 列车连挂测试

1）同车型连挂测试

（1）测试内容。两列车在直道、弯道（一般曲线半径大于300m）、大坡度（一般坡度大于25‰）进行连挂，确认列车在各种条件线路下的连挂情况，连挂成功后检查列车车钩机械、电气、气路部分性能良好。

（2）作业流程。

①列车司机接到调车作业单时，应核实作业单的内容，听取车辆基地调度员布置的相关安全注意事项，并了解清楚所调动列车的性能及状态。

②到达相应指定地点后按整备作业流程整备列车，确保列车制动性能良好。

③整备作业完毕汇报信号楼，根据信号楼动车指令（调车路径需与调车计划单一致），凭地面信号将两列车调至指定位置或到正线（大坡度位置）。

④根据连挂测试负责人指令进行连挂，在1m外一度停车，确认被连挂列车已做好防护（施加停放制动，至少保留一节车气制动塞门），两车钩预对位情况（弯道时）。

⑤限速 3km/h 动车连挂，连挂后并试拉，确认连挂良好，做列车司机室对讲、停放制动施加缓解及紧急停车按钮试验。

⑥测试完毕后解钩离钩，再按调车作业计划将列车调回指定股道。

（3）风险防控。

①列车在连挂前，列车司机必须确认被连挂列车已做好防护（施加停放制动，至少保留一节车气制动塞门），防止被连挂列车溜动。

②列车在弯道进行连挂试验时，1m外一度停车后，列车司机必须确认车钩对中装置开启、预对中情况良好后再进行连挂，防止两车钩错位造成车钩损坏。

③列车在大坡度进行连挂试验时，被连挂列车除施加停放制动外，需保留所有车的气制动塞门，防止被连挂列车溜动。

2）不同车型连挂测试

条件允许的线路可开展不同车型连挂测试，检查不同车型连挂后的车钩机械、电气、气路部分性能良好。

3. 整车水密封性测试

1）测试内容

利用工程车以推进/牵引列车通过水密封性测试喷水龙门架（一般水幕压力2.5Pa）后，检查列车司机室、客室门窗、贯通道、车钩和车下设备箱的水密封性。

2）作业流程

（1）列车司机接到测试任务时，应核实作业单的内容，听取车辆基地调度员布置的相关安全注意事项，并了解清楚所调动列车的性能及状态。

（2）到达相应指定地点后确认列车降弓、关闭蓄电池，检查列车悬挂设备箱门锁闭良好。

（3）电动列车有止轮器防护，指挥工程车进行连挂并试拉。

（4）与工程车列车司机共同确认列车所有防护已撤除。

（5）如采用推进运行，列车前端需安排一名列车司机进行引导。

3）风险防控

（1）整备作业时注意确认受电弓降下、车底设备箱锁闭良好，两端列车司机室侧门及门窗关闭良好。

（2）列车通过喷水龙门架后，如发现列车司机室漏水情况严重或其他异常时，应立即报车辆基地调度员及测试负责人，必要时可申请停止测试作业。

第三节 改造后列车调试作业流程

知识目标

1. 了解列车设备结构和基本原理（技师）；
2. 了解设备改造目的（技师）；
3. 掌握改造后设备调试中存在的风险并制定相应防范措施（技师）。

技能要求

1. 能对改造后调试试验方案是否存在漏洞作出判断和提出整改措施（技师）；
2. 能在整备过程中对改造项目可能存在的风险做好预想，并在整备中确保设备状态良好（技师）；
3. 在调试中，能对动车要求是否满足条件作出判断，并在紧急情况作出合理应急处置（技师）。

一、车辆设备结构与基本原理

1. 车辆整体布置

1）车辆编组

按照预期的目的，将各独立的车辆连接起来，成为一个运行体，就称为车辆编组。车辆编组一般应考虑：线路坡度、运营密度、站间距离、舒适度、安全可靠性、工程投资、客流大小等因素。

（1）按车辆有无动力编组。

根据列车编组中动车数量，又可分为全动车编组和动、拖混编两类。

全部由具有动力的车辆连接而成的列车，称为全动车编组列车。这种编组的优点是摘编方便、编组灵活，可以充分利用黏着，以发挥再生制动或电阻制动的作用，减少基础制动带来的粉尘污染。由于整车功率大，提高了列车启动加速度和制动减速度，缩短了启动和制动时间，有利于提高列车运行效率和运行图兑现，但是全动车编组列车的投资相对较高。

由具有动力的车辆和不具动力的拖车，混合连接而成的列车，称为动、拖混编组列车。这种编组形式虽然由于动车数量减少而降低了列车的整体功率，但启动和制动的加、减速度，仍能满足客运量及行车间隔的要求。换言之，动车数量的减少，是以能满足客运组织要求为前提。然而，由于动车数量的减少，可以有效节省投资、降低运行成本和维修费用。一般动、拖混编采用"四动加两拖"或"六动加两拖"的连接方式。

上海、北京、广州等城市轨道交通基本上都采用动、拖混编的列车编组方式。

（2）按照车厢数量编组。

一组能独立运行的列车编组，至少应该包含：满足客流的运载空间、足够的运行动力、驾驶控制室、列车受流器、制动系统等单元。目前的城市轨道交通大都采用3节以上的编组。

多节编组时，无论采用8节编组、6节编组和4节编组，带司机室的T_C车，始终编在列车的两端，其他车型在列车中的位置则可以互换。如：6节编组的形式可以是T_C—M_P—M—M_P—M—T_C①，也可以是T_C—M_P—M—M—M_P—T_C；8节编组的形式可以是T_C—M_P—M—M_P—M—M_P—M—T_C，也可以是T_C—M_P—M—M—M_P—M_P—M—T_C等。

2）车体结构

城市轨道交通车辆车体按使用的主要材料可以分为普通碳素钢车体、高耐候结构钢（耐候钢）车体、不锈钢车体和铝合金车体。

（1）按承载方式分，可以分为底架承载、侧墙承载和整体承载三种方式。承载式结构，即所有车体承载件和外板都参与承载，这样能充分发挥所有承载零部件的承载作用，有效地减轻车体重量。特别是板梁组合结构，原则上可按照有限元法的车体强度、刚度结果来分配材料：强度不足的部位补强，刚度不足的部位补刚，强度刚度富余的部位将材料去掉，从而收到最佳的轻量效果。

（2）按结构形式分，有板梁组合结构、开口型材与大型中空型材组合结构、大型中空型材结构三种形式。这些结构都属于整体承载结构。

（3）从板与梁（柱）、梁（柱）与梁（柱）之间的结合方式来分，有焊接、铆接、螺栓（钉）连接或混合连接结构。我国和日本大多数采用焊接结构。焊接—铆接或焊接—螺栓（钉）连接在欧洲应用较多。

（4）按车体组合方式分，可以分为一体化设计和模块化设计。如广州轨道交通一号线车辆采用的是一体化设计，而二号线采用的则是模块化设计。

2. 车辆设备布置

（1）车顶设备：受电弓、空调单元。

（2）车底架设备布置：车下安装的设备转向架、驱动单元、供风单元中的空气压缩机和空气干燥机、空气制动控制、蓄电池充电器、主牵引逆变器/高压（Main Converter Module/High Voltage，MCM/HV）即牵引与高压电器设备箱（Propulsion and High Voltage BoX，PH箱）、辅助逆变器（Auxiliary Converter Module，ACM）、牵引辅助箱（Propulsion and Auxiliary box，PA）、蓄电池箱、空气弹簧储风缸架、辅助设备箱。

（3）车辆上部布置：车体是车辆的上部结构，是供旅客乘坐、列车司机驾驶及安装设备的主体结构。列车两端为列车司机室，在前端设计有防爬器，在发生撞车时能分散碰撞力，减少车体损失，每两节车之间通过贯通通道连接。

---

① M_p为带受电弓的动车，M为不带受电弓的动车。

（4）其他：乘客逃生装置（线路设计有疏散平台的，则使用客室车门逃生）、客室座椅、立柱扶手及内部装饰，应用人机工程学原理设计，使乘坐舒适、美观。车顶两侧纵向排列的照明灯具带，满足车内设定照度要求。客室内照明强度在离地板高800mm处测量的任何点的照度不小于300lux。车辆两端设有空调机，由用微型计算机等组成的空调控制单元进行自动控制。

3. 车辆设备基本原理

1）车门设备

城市轨道交通车辆车门的结构和类型多种多样，但无论结构形式如何变化，车辆的客室车门都应满足城市轨道交通的需求。按照车门的运动轨迹以及与车体的安装方式的不同，车门可分为内藏对开式双滑门、外挂式移门、塞拉门和外摆式车门等四种。

（1）车门控制系统（图2-2）包括电子门控单元（Electrical Door Control Unit，EDCU）、开关门机构、零速度保护、安全回路、车门切除、障碍物探测。

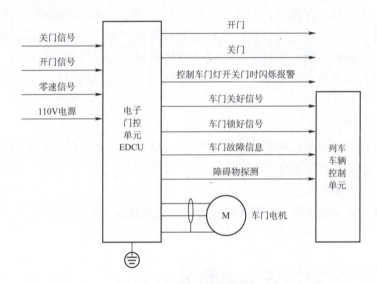

图2-2　车门开关逻辑简图

① EDCU 是整个车门系统中一个关键的电气部件，主要用于门的控制，一般位于客室内侧，且安装有防水保护的部位。可以稳定地控制电机电流和电压，使门的运动快速、平稳。开关门均具有二级缓冲功能，门在接近全开或全关时转为低速，其余区段为高速运动，高、低速区段可以通过软件设定。正常开关门时间可以通过软件调节。在初次上电时，EDCU 不能监控门的位置（门关闭位置除外）。因此，对于打开的门，将启动一次初始化程序，该程序将以较低的速度关门（在此运动中，具有障碍检测功能）。

② 开关门机构：整个车门系统的运动是由电子门控单元来控制，并由电机驱动。电机通过传动系统驱动丝杆/螺母系统；丝杆上的螺母通过铰链与门页相连，因此驱动门页开关。丝杆/螺母机构保证了门页的同步性。

③ 零速度保护：车速为0时，车门控制器得到"零速"信号后开门功能才能作用。

当车速大于5km/h时，如车门仍然开启，系统将启动自动关门。

④安全回路：锁闭开关检测到车门完全关闭后，其常开触点闭合，同一节车同侧所有车门的锁闭开关常开触点串联，形成关门安全联锁电路。一列车的关门安全联锁电路形成环路，所有车门关好后，列车司机室内"门已锁闭"指示灯亮，列车方可启动。在运行过程中，如果有乘客将紧急解锁手柄拉下，安全回路断开，列车将触发紧急制动并停车。

⑤车门切除：当单个车门故障时，为了不影响列车的运行，通过专用的钥匙将该车门进行电隔离，称为切除车门。切除车门后，安全回路将通过"门切除"行程开关组成安全回路。门切除后，该门将不再受开关门指令控制，可以通过专用钥匙将该车门复位。

⑥障碍物探测：关门时碰到障碍物，最大关门力最多持续0.5s，然后车门可以重新打开一段距离，再重新关闭或保持这个位置进行一段时间的调节，再完全关上。如果障碍物一直存在，经过几次探测后，门将处于完全打开状态。障碍物探测的次数及障碍物的大小可以通过电子门控单元来设定。气动门的障碍探测通过压力传感器测定关门阻力来实现；电动门的障碍探测是通过测定电机电流值实现的，关门时序中，每一时序的额定电机电流曲线存储并可自动调整，如果电机电流实际值超过额定值，则启动障碍物探测功能。

（2）车门机械设备。

①车门按照其开启及结构形式主要可以分为移动门和塞拉门。移动门又可分为内藏式滑动移门、外挂式滑动移门。

②车门机械组成包括：

A.车门悬挂及导向机构，采用球轴承滑块型悬挂机构（图2-3）。

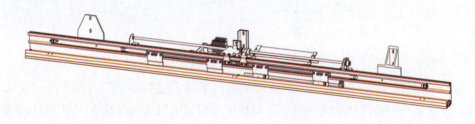

图2-3　球轴承滑块型悬挂机构

B.驱动装置。

车门驱动装置由一个驱动电机（图2-4）、丝杆/螺母系统以及连接电机和丝杆/螺母系统的皮带和两个滑轮组成。

C.丝杆/螺母系统。

丝杆/螺母系统（图2-5）是车门系统中的传动部件，它通过一个弹性或齿形联轴器并通过带轮与电机相连接。门页的同步动作是由丝杆和球形螺母组成的系统来实现的。

D. 门页。

门页（图2-6）是一个复合结构，由铝框架和铝蜂窝夹心结构制成。铝板采用固热化粘接至框架上，从而使表面光滑平整，同时增加机械强度。两门页之间装有一个防夹橡胶条，以保护关门时候被夹住的障碍物，胶条硬度适中，满足障碍检测要求，同时适应气候条件的要求。

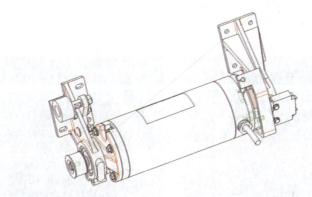

图2-4　车门电机

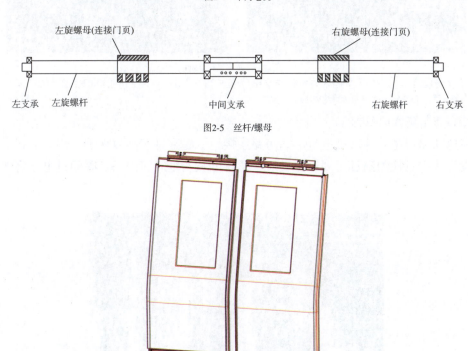

图2-5　丝杆/螺母

图2-6　列车门页

2）供电设备

（1）供电控制系统。列车的供电电源是通过受电弓（集电靴）从架空电网（供电轨）上得到的，电流从受电弓（集电靴）终端流到位于动车底架下部的逆变器箱，每个牵引逆变器都分别设置一个高速断路器（High Speed Circuit Breaker，HSCB），在正常运行时，

HSCB是用来接通和分断车辆主电路的装置，主要在车辆电路发生故障时起线路保护作用。当主电路发生短路、接地以及过载时能自动切断车辆电源。它的限流特性和高速切断能力能防止由于短路或过载而引起的毁坏。

（2）供电机械设备。主电路中的电气设备主要包括受电弓（集电靴）、高速断路器、线路滤波器、带有斩波器的主牵引逆变器（Main Converter Module，MCM）、牵引电机、制动电阻、接地装置等。

①受电弓组成见图2-7。

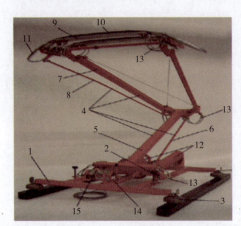

图2-7　受电弓结构说明

1- 底架；2- 高度止挡；3- 绝缘子；4- 构架；5- 下臂；6- 下导杆；7- 上臂；8- 上导杆；9- 弓头；10- 接触滑板；11- 端角；12- 升降装置；13- 电流传输装置；14- 锁钩；15- 最低位置指示器

②高速断路器见图2-8。

高速断路器是一种对过电流（如短路、接地）起到迅速高效保护作用的装置，此断路器设计为一旦检测到过流即迅速反应，通过电弧发生时间内一定瞬间过电压将电弧抑制掉。

图2-8　高速断路器

3）牵引设备

（1）牵引传动见图2-9。

牵引逆变器通过变压变频技术（Variable Voltage Variable Frequency，VVVF）将接触网获取的1500V直流电源转换为三相变频变压电源，驱动装在动车转向架上的4个三相牵引电机，电机的输出功率（转矩）通过曲形联轴器传给齿轮箱，齿轮箱固定在轮对上，从而驱动列车运行。牵引电机采用三相交流感应电机，由于采用这一电传动方式，牵引性能良好，运行可靠，使车辆具有良好的牵引制动性能。动车的每一根轴由一个牵引电机驱动，把电能转变为机械能传给走行部。

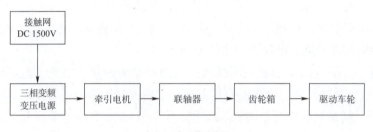

图2-9　牵引传动简图

（2）牵引机械设备。牵引系统包括牵引电机、联轴器和齿轮箱。三相牵引电机的转矩通过曲形联轴器传递给齿轮箱和驱动轮对。动车的每根轴均由一个牵引电机驱动，电机额定功率一般情况是220kW。牵引传动装置（图2-10）是驱动列车运行的核心装置，包括一个牵引电机、齿式联轴器和齿轮。其作用是将牵引电机输出的功率传给轮对。车辆的驱动机构是一种减速装置，用来使高转速、小转矩的牵引电机能够满足驱动阻力矩较大的动车轴对驱动机构的要求，以使牵引电机功率得到充分发挥；电机电枢轴应与联轴器保证同心度，以降低线路不平对齿轮的动作用力。

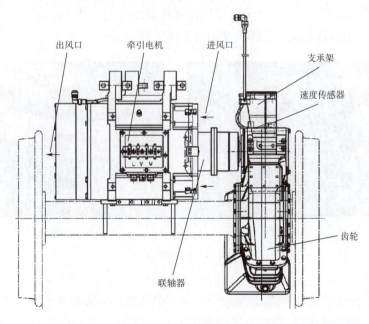

图2-10　牵引传动装置

4）制动设备

（1）制动控制系统。车辆制动系统的作用是用以产生制动力，使列车减速或及时停车。其作用的好坏对保证列车安全和正点运行具有极其重要的作用，而且也是提高载重和运行速度的前提条件。在高速时，采用电制动，但是电制动的效率会随着运行速度的降低而降低，因此车速降低到一定程度以后（一般为6km/h时），必须采用空气制动。另外，在电制动力不足时，也可采取空气制动措施辅助制动。

①电制动。在牵引工况时，牵引电机由接触网吸收电能，作为电动机，将电能转换成机械能，产生牵引力；在制动工况时，牵引电机停止接触网供电，反过来作为发电机，将列车运行的机械能转换为电能，产生制动力。

②空气制动。空气制动装置采用微机控制的单管摩擦制动系统。电子模拟控制制动简单地说就是：变量输入微机→微机控制电磁→电磁控制气路→直通充风制动。它由气源、电子控制单元、制动控制单元、基础制动单元、风缸截面塞门等单元和防止因制动力过大导致车轮踏面在钢轨上滑行的滑行保护系统组成。

（2）基础制动单元。基础制动单元分为两种，一种是常用制动机，另一种是带有停放制动器的制动机（图2-11）。

①常用制动器：当风缸充风时，通过活塞杠杆机构将闸瓦推向轮对踏面产生摩擦制动，即充风制动、排风缓解。

②停放制动器：实际是一个弹簧制动器。当停放制动缓解，风缸排风后，弹簧弹力带动活塞杠杆机构将闸瓦推向轮对踏面，达到制动的目的。当向缓解风缸充气时，压缩空气推动活塞克服弹簧张力，使机构复位，停放制动得到缓解。另外，停放制动也可不通过风缸，而是通过拉动其上的缓解拉环释放弹簧的弹力，达到缓解的目的。所以，停放制动正好与常用制动相反，即排风制动，充风缓解。

a）带停放制动的制动单元

b）不带停放制动的制动单元

图2-11 基础制动单元

5）辅助设备

（1）辅助控制系统由DC/AC辅助逆变器、低压供电电源和蓄电池组成。

①DC/AC辅助逆变器（ACM逆变器模块）。静态的DC/AC辅助逆变器，从架空网上受电用作辅助电源。输出三相AC 380/220V 50Hz电压，具有较少的总谐波畸变，为风

扇电机、空压机、空调装置和车内其他所有交流负载供电。其形式有两种：

A.集中供电式：辅助逆变器通过一个DC 1500V馈线连接到列车的两个受电弓上，即使一个受电弓从架空网上脱落，辅助逆变器也不会脱离电源；采用冗余结构，两个相对独立的380V电源给三辆车供电，每一个电源供给每辆车的一半负载。关键负载（如蓄电池充电器）可以从任意一个电源供电（图2-12）。

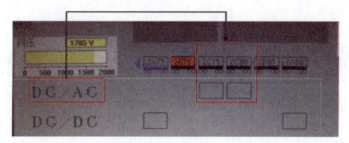

图2-12　辅助逆变器集中式分布图

B.分散供电式：每节车1台辅助逆变器，提供三相AC 380V电源，给整列车的交流负载供电（图2-13）。

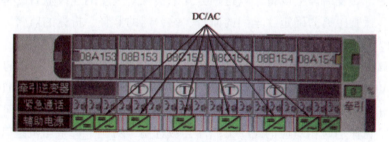

图2-13　辅助逆变器分散式分布图

②低压供电电源和蓄电池。静态的DC/AC辅助变换器（完全静态结构），一般相应拖车有一台蓄电池充电器（DC 1500V/DC 110V），以DC 110V输出，驱动所有110V直流负载，如照明、牵引控制单元等，包括对蓄电池充电，蓄电池则作为其后备。一列车的两个蓄电池互为冗余。

（2）辅助机械设备。辅助系统给除牵引设备以外的所有用电设备供电。集中式供电辅助逆变器系统对称分布于两个单元车的车底部，辅助逆变器与主牵引逆变器一起安装在相应动车的ACM逆变器模块牵引辅助箱（Propulsion and Auxiliary box，PA）内（图2-14），由于辅助逆变模块电压输出后采用滤波电路滤波和三相变压器调压，最终能得到谐波分量较少、电压值和频率较为稳定的正弦波电压。由逆变器380V三相输出供电的负载有：空调用压缩机、冷凝器风扇和蒸发器风扇、空气压缩机、设备通风机、方便插座（单相）。

一般，相应拖车中安装两个蓄电池箱。蓄电池包括80个镍-镉蒽电池单元，每个蓄电池单元的额定电压是1.2V。80个蓄电池单元串联连接在16个不锈钢的隔栅中，用镀镍铜板在这些隔栅之间连接内部的蓄电池单元。

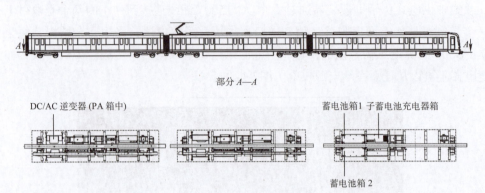

图2-14 辅助逆变器安装位置图示

6）车载信号设备

（1）车载控制系统。列车上安装的车载信号设备可通过轨道向列车连续地传输数据，对列车的移动进行连续的监督与控制。轨旁设备根据联锁、运行管理和地理数据连续地定出运行指令，并发给车上设备，以这种方式来实现对速度的连续监督，并具备紧急制动闸的释放、行驶距离的确定、车门的监督、站台门的监督、折返的监督。通过较短的行车间隔可以实现对轨道的更好利用，以保证运行的安全和高度的可靠性。

（2）车载机械设备。车载ATP组成：每一列车的每个司机室有一个ATP车载单元。对应于每个ATP车载单元有两个速度脉冲发生器，每一辆列车装备有两对ATP天线，每个司机室装备有一对ATP天线，ATP天线安装在列车下部第一轮对前方处、行车轨道上方。只有该司机室在使用时相对应的ATP天线才会被选用，对应于每个司机室有相关的操作和显示装置。车载ATO的组成：每个驾驶机组的一个车载单元，列车定位识别（Positive Train Identification，PTI）位置识别天线（图2-15）。

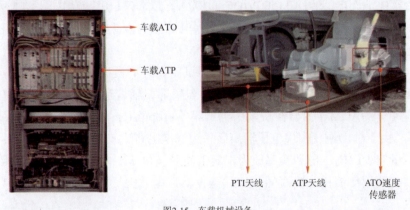

图2-15 车载机械设备

二、车门系统改造后调试作业流程

下面以广州轨道交通6节编组A型车的车门为例，来讲解车门紧急解锁装置改造。

1. 车门紧急解锁手柄改造方向

1）车门紧急解锁手柄改造目的

乘客在某些情况下错误操作车门紧急解锁手柄，使得列车车门安全回路断开，导致列车区间紧制，对列车运行和乘客事务均造成了一定的影响。为进一步确保列车的运营安全，降低乘客在列车运行时触发车门紧急解锁手柄造成的正线影响，特对车门紧急解锁手柄进行改造。

2）车门紧急解锁手柄改造目标

（1）列车运行中（从站台启动后运行距离已超过半列车长度，A型车约为70m）解锁车门，列车不产生紧急制动，且不允许车门打开。

（2）列车运行中（从站台启动后运行距离未超过半列车长度，A型车约为70m）解锁车门，列车将触发列车紧急制动，停车前不允许车门打开。

（3）区间停车后解锁车门，由列车司机在一个延时时间（一般为10s，可调）内决定是否允许手动打开车门，如果列车司机在延时时间内没有进行操作，可手动打开车门；若列车司机在延时时间内进行操作，车门不可以手动打开。

（4）列车的控制电路失效，导致紧急照明、紧急通风、广播功能失去时，可以紧急解锁车门并将其打开。

2. 车门紧急解锁手柄改造后调试作业流程

1）调试作业流程

（1）正线调试作业流程。

①出站70m内试验作业流程：

A.ATO模式动车出站，在离开列车头端墙70m内，由调试配合人员解锁靠近列车司机驾驶端车的单个车门；

B.待列车紧急制动停车后，列车司机10s内按压列车司机操纵台解锁侧禁止解锁按钮；

C.列车司机到达现场尝试解锁车门不能打开；

D.待调试负责人员记录完该项试验数据，完成该项调试。

②出站70m外试验作业流程。

A.ATO模式动车出站，在离开列车头端墙70m外，由调试配合人员解锁靠近列车司机驾驶端车的单个车门；

B.列车不产生紧急制动，调试配合人员尝试打开车门不能打开，列车司机维持列车进入下一站；

C.到站停稳后，列车司机到达现场尝试解锁车门可以打开后恢复车门；

D.待调试负责人员记录完该项试验数据，完成该项调试。

③区间临时停车试验作业流程。

A.列车司机根据调试负责人指令，在区间人工制动停车；

B.停车后，由调试配合人员解锁靠近列车司机驾驶端车的单个车门；

C.列车司机在收到解锁请求后，在10s内按压列车司机操纵台上解锁侧禁止解锁按钮；

D. 列车司机前往现场，尝试解锁车门不能打开；

E. 列车司机恢复解锁手柄；

F. 待调试负责人员记录完该项试验数据，完成该项调试。

（2）试车线调试作业流程（信号人员配合时，按照正线程序进行）。

①出站70m内试验作业流程。

A. 动车前开关一次车门，在列车启动70m内，由调试配合人员解锁靠近列车司机驾驶端车的单个车门；

B. 待列车紧急制动停车后，列车司机10s内按压列车司机操纵台解锁侧禁止解锁按钮；

C. 列车司机到达现场尝试解锁车门不能打开；

D. 待调试负责人员记录完该项试验数据，完成该项调试；

E. 运行至试车线另一端对标后换端。

②出站70m外试验作业流程。

A. 动车前开关一次车门，在列车启动70m外，由调试配合人员解锁靠近列车司机驾驶端车的单个车门；

B. 列车不产生紧急制动，调试配合人员尝试打开车门不能打开，列车司机维持列车运行至试车线另一端对标停车；

C. 对标停稳后，列车司机到达现场尝试解锁车门可以打开后恢复车门；

D. 待调试负责人员记录完该项试验数据，完成该项调试。

③临时停车试验作业流程。

列车司机根据调试负责人指令，动车后人工制动停车；

A. 停车后，由调试配合人员解锁靠近列车司机驾驶端车的单个车门；

B. 列车司机在收到解锁请求后，在10s内按压列车司机操纵台上解锁侧禁止解锁按钮；

C. 列车司机前往现场，尝试解锁车门不能打开；

D. 列车司机恢复解锁手柄；

E. 待调试负责人员记录完该项试验数据，完成该项调试。

3. 改造后作业风险

在运行中解锁，尝试打开门时，若解锁试验车门可以打开，则马上离开该处，在列车停稳前不允许再靠近该车门。未查清楚可以打开的原因，不允许再次进行该项试验。

三、供电系统改造后调试作业流程

下面以广州轨道交通某型车为例，介绍供电系统改造调试作业流程。

1. 常见改造方向

1）改造原因

弹簧式受电弓故障率高，导致下导杆螺纹连接处出现裂纹，受电弓控制杆磨损，导致弓头升弓不平衡、受电弓降弓不到位等问题。维修备件采购周期长且采购价格高。

2）改造目标

原有弹簧式受电弓进行换型，降低故障发生率，节约维护成本。所更换气囊式受电弓需满足原有列车运行需求。

2. 改造后调试作业流程

1）正线调试流程

（1）确认测试设备安装良好。

（2）列车司机与调试负责人员确认排路要求，明确后由列车司机向行车调度说明排路要求。

（3）待进路排列好后，列车司机切除车载信号开关。

（4）列车司机操作司控器主控手柄以 100% 级位牵引至 70km/h。

（5）列车司机将司控器主控手柄回零位后，保持匀速 55s，将方向手柄回零位，列车施加紧制直至站台停车。

（6）停站对标后关闭主控钥匙换端进入另一司机室，按照上述程序继续进行车调度试。

（7）该项试验约进行 3~4 次，直至采集足够数据量。

2）试车线调试流程

试车线进行该项调试时，需注意试车线距离和设计速度是否满足需求，如不能满足则只能进行低速试验或结合正线高速测试完成试验。

3. 改造后作业风险

（1）该项调试需要在高速情况下进行，要保证足够的试验安全距离，应尽可能采取单线双方向运行方式进行试验。列车司机在调试前明确调试区域；在列车制动距离不足时严禁进行该项目试验，防止进入非封锁区。

（2）该项试验因需安装受电弓测试设备，为便于试验设备布线，会切除车门，列车司机在整备过程中需确认车门切除状态良好，防止开门走车的事件发生。

（3）调试整备在升降弓时，确认受电弓升降功能正常，防止刮弓、翻弓、脱弓的事件发生。

（4）调试过程中，加强对线路和设备的监控，发现供电设备异常时立即按下紧急停车按钮停车。

四、牵引系统改造后调试作业流程

1. 常见改造方向

1）改造原因

列车 MCM 中绝缘栅门极晶体管（Insulated Gate Bipolar Transistor，IGBT）的发热量由它本身的内阻、通过的电流以及时间决定，在转速和电机固有属性不变的情况下，转矩越大电流也越大，电流越大，IGBT 的发热量也就越大，当发热量超过 IGBT 的散热能力时，经常会出现IGBT故障或炸裂。

2）改造目标

（1）对MCM模块的IGBT模块换型后，不改变原有MCM模块的空间结构，不改变原有MCM模块的安装结构，提高原有MCM模块的输出输入特性性能和MCM模块的输出功率，减小MCM模块故障率。MCM模块输出正常，与其他车对比，转矩输出同步性良好。列车在低速、高速下牵引制动性能良好，6个月或6万km内无故障出现。

（2）检查高速断路器和线路接触器、充电接触器的接通与分断是否正常，如果车辆显示屏上没有显示牵引系统故障，试验就通过。

2. 改造后调试作业流程

1）正线调试流程

主要是进行牵引性能和电制动性能测试。

调试配合人员开启测试设备，包括测量加速度的特殊设备；待测试设备安装完毕后；在AW_0载荷下，列车司机操作司控器主控手柄至100%牵引；待列车速度达到80km/h时，将主控手柄回零位3s；速度稳定后施加100%常用制动到0km/h；列车停稳后，调试配合人员读取该过程相应数据符合要求后，该项调试完成。AW_2和AW_3载荷下也需按照上述程序进行车调度试。

2）试车线调试流程

主要对高速断路器和线路接触器、充电接触器的接通与分断试验调试。

列车司机升弓后，方向手柄在"0"位，按压主断路器合按钮；满足动车条件后，推动司控器主控手柄动车；动车后列车司机操作司控器主控手柄制动停车；待列车停稳后，将司控器方向手柄回"0"位，按压高速断路器分按钮；待调试负责人员读取数据，数据满足后完成该项调试。

3. 改造后作业风险

（1）在试车线试验过程中，应注意线路是否满足调试要求，在不满足制动距离情况下，雨天或夜间禁止进行40km/h高速调试，防止造成列车冲突事件。

（2）在整备过程中严格按照整备程序对列车制动性能进行试验，防止造成列车制动失灵事件。

（3）高压设备在操作过程中注意不带负载进行，防止造成设备损坏事件。

五、制动系统改造后调试作业流程

1. 常见改造方向

1）改造原因

列车制动闸瓦是车辆气制动系统关键部件，对列车运行安全有着非常重要的作用。随着城市轨道交通线路的发展，作为城市轨道交通车辆的主要易耗件，降低它们的磨耗对于节省运营成本意义重大。国产列车制动闸瓦的应用对于支持国产化技术发展应用显得非常必要。

2）改造目标

能满足列车在相应速度下紧急制动、快速制动、常用制动的安全制动距离。制动安全距离见表2-2。

列车制动安全距离要求 表2-2

序号	制动速度（km/h）	紧急制动距离（m）（AW_0~AW_2）	快速制动距离（m）（AW_0）	常用制动距离（m）（AW_0，100%制动）
1	20	≤16	≤18	≤20
2	40	≤56	≤59	≤68
3	60	≤118	≤124	≤144
4	80	≤204	≤211	≤247

2. 改造后调试作业流程

1）正线80km/h紧急制动试验调试作业流程

（1）车辆人员设置好调试数值；

（2）列车司机操作司控器主控手柄，以100%级位牵引至列车速度达到约80km/h后，将主控手柄回至"0"位；

（3）待列车速度稳定至80km/h时，列车司机将司控器方向手柄回至"0"位，使得列车触发紧急制动；

（4）列车停稳后，确认制动距离是否符合要求，如符合则待调试人员拍照记录数据后，完成该项调试。

2）试车线60km/h紧急制动试验调试作业流程

（1）列车司机切除列车信号保护开关；

（2）车辆人员设置好调试数值；

（3）列车司机操作司控器主控手柄，以100%级位牵引至列车速度达到约55km/h；

（4）将牵引力减小至最小值，待列车速度达到60~61km/h时，将牵引手柄回至"0"位；

（5）待列车速度稳定至60~60.3km/h时，列车司机将司控器方向手柄回至"0"位，使得列车触发紧急制动；

（6）列车停稳后，确认制动距离是否符合要求，符合则待调试人员拍照记录数据后，完成该项调试。

3. 改造后作业风险

（1）在试车线试验过程中，应注意线路是否满足调试要求，在不满足制动距离情况下，雨天或夜间禁止进行40km/h高速调试，防止造成列车冲突事件；

（2）在整备过程中，严格按照整备程序对列车制动性能进行试验，防止制动失灵事件发生。

六、辅助系统改造后调试作业流程

1. 常见改造方向

1）改造原因

随着列车其他负载设备升级以及原有辅助逆变器性能下降，原有逆变器容量不足以满足设备需求，需要对原有辅助逆变器进行改造扩容。

2）改造目标

改造扩容后的逆变器需满足列车辅助设备的使用。

2. 改造后调试作业流程

该项作业待车辆静态功能调试结束后进入试车线进行。

（1）列车司机按要求整备列车；

（2）进入试车线后，在待进路排列好后，列车司机切除车载信号开关；

（3）列车司机操作司控器主控手柄，在试车线上以不高于60km/h往返运行；

（4）按照调试试验要求完成调试；

（5）在调试过程中，列车未出现故障，待车辆人员读取数据后，完成该项调试。

3. 改造后作业风险

列车司机在调试整备过程中，确保设备柜门锁闭良好，防止设备盖板等侵限。

七、车载信号系统改造后调试作业流程

1. 常见改造方向

1）改造原因

列车车载信号屏在运行中出现只显示电脑桌面界面，当主程序和单片机通信出现问题时，退出主界面。退出主界面的原因有两个：一个是单片机死机，一个是单片机和主机交互的协议破解不全，漏掉了部分控制命令。

2）改造目标

（1）国产化HMI单片机，利用一个定时器来监控主程序运行，交互周期为1s，单片机死机后恢复时间为几毫秒，所以即便死机，一般也不会影响通信，设备功能与原有系统相符。

（2）设备需与原设备连接相符，功能与原有系统相符。

2. 改造后调试作业流程

1）正线调试流程

（1）车门、站台门联动性能试验作业流程如下：

①列车司机与调试负责人员确认排路要求，明确后由列车司机向行车调度员说明排路要求；

②列车司机将车门控制开关打至自动开门位置；

③列车司机按压列车自动驾驶按钮启动列车，自动运行至下一车站自动停车；

④列车司机确认列车对标准确，站台侧有开门使能信号（非站台测无开门使能信号），车门自动打开（非站台侧车门未打开），站台门随车门自动联动打开；

⑤列车司机前往站台，确认信号，按压站台侧关门按钮，车门自动关闭，站台门随车门自动联动关闭；

⑥信号调试人员确认站台门功能正常后，该项调试完成。

（2）安全保护试验作业流程如下：

①信号调试人员联系调试配合人员，在线路某区段设置占有；

②列车司机以自动驾驶模式动车，在接近占有区段时，列车自动减速停车；

③列车司机在列车停稳后，以限制驾驶模式继续动车通过设置区段；

④在列车收到信号速度后恢复自动驾驶功能；

⑤信号调试人员确认调试功能正常后，该项调试完成。

（3）列车无人换向功能试验作业流程如下：

①列车以自动驾驶模式运行至终点站对标停稳后；

②列车司机确认列车收到换向指示信息；

③列车司机按压换向折返按钮激活列车折返；

④列车司机操作自动驾驶按钮（若采用无人操作折返，则列车司机关闭列车司机控制台后，由配合人员操作无人折返设备），启动列车至折返线停稳后，关闭主控钥匙换端；

⑤列车司机换端后，确认换向折返信息有，开启列车司机控制台；

⑥列车司机操作自动驾驶按钮，驾驶列车折返运行至该站另一方向（若采用无人操作折返，则列车会自动折返运行）；

⑦信号调试人员确认调试功能正常后，该项调试完成。

2）试车线调试流程

信号安全保护性能试验如下：

①信号保护下的人工驾驶模式试验作业程序：

A.列车司机与车辆基地信号楼联系确认试车线信号已开放为试车信号；

B.信号调试人员先排列进路；

C.待进路排列好后，列车司机人工模式动车，中途松开警惕按钮，列车触发鸣笛提示，在3~5s（可调整参数）内按下警惕按钮，列车鸣笛消失，列车未触发紧急制动（试验2~3次）；

D.试验完成后，列车司机恢复自动驾驶功能；

E.在列车进入试车线信号站台区域后，列车自动降速；

F.列车司机人工介入牵引，使得列车运行速度高于信号安全设置值；

G.列车触发紧急制动（试验1次）；

H.试验完成后，运行至试车线停车位置；

I.关闭主控钥匙前往另一司机室。

②人工限制驾驶模式试验作业程序：

A. 换端后以人工驾驶模式动车。

B. 在运行中途列车司机松开警惕按钮，列车触发鸣笛提示，在 3~5s（可调整参数）内按下警惕按钮，列车鸣笛消失，列车未触发紧急制动。试验（2~3次）完成后，列车司机继续采用人工限制驾驶模式运行。

C. 在运行中，加大牵引力，使得列车运行速度高于模式安全设置值。

D. 列车触发紧急制动（试验1次）。

E. 试验完成后，运行至试车线停车位置。

F. 警惕按钮试验需进行松开超过 3~5s，列车触发紧急制动试验，试验程序相同。

③方向性能试验：

A. 信号调试人员不排列进路；

B. 列车司机将列车方向手柄打向后位置，推动主控手柄至牵引位动车；

C. 第一次动车约 2m，列车触发紧急制动，第二次动车约 0.5m，列车触发紧急制动，第三次动车约 0.5m 列车触发紧急制动；

D. 试验完毕后，关闭主控钥匙换端前往另一司机室。

④车门安全性能试验：

A. 列车对标准确后自动开门试验流程：

a. 信号调试人员，先排列进路；

b. 列车司机手动输入正线终点站目的地码，将车门控制开关打至自动开门位置；

c. 待进路排列好后动车，期间列车收到信号速度后恢复自动驾驶模式；

d. 列车自动运行至试车线停车位置，车门自动打开；

e. 列车司机操作列车信号折返后，关闭主控钥匙换端前往另一司机室。

B. 列车对标不准确不能开门试验作业流程：

a. 信号调试人员，先排列进路；

b. 列车司机手动输入正线终点站目的地码，将车门控制开关打至自动开门位置；

c. 待进路排列好后动车，自动驾驶模式运行；

d. 列车在进入试车线模拟站台时，列车司机人工介入采取制动措施，使列车停车；

e. 确认列车无开门使能信号，先按压左侧车门开按钮，车门不能打开；

f. 再按压右侧车门开按钮，车门不能打开；

g. 列车司机按压强行开门按钮，确认列车给出开门使能信号，先按压左侧车门开门按钮，车门可以打开，按压左侧关门按钮，车门可以关闭；

h. 再按压右侧车门开按钮，车门可以打开，按压右侧关门按钮，车门可以关闭；

i. 试验完毕后，列车司机以人工模式驾驶列车运行至试车线停车位置，关闭主控钥匙前往另一司机室。

C. 列车车门打开不能启动试验作业流程：

a. 信号调试人员，先排列进路；

b. 列车司机确认列车收到信号推荐速度；

c. 调试配合人员解锁靠近运行端列车司机室端车的一个车门；

d. 列车司机确认列车信号速度推荐速度消失，列车司机尝试按压自动驾驶按钮和人工驾驶列车均不能启动；

e. 列车司机操作车门旁路动车，列车信号速度有，尝试人工驾驶列车可以启动，动车后恢复自动驾驶运行至试车线另一端停车位置。

3. 改造后作业风险

（1）在进行车门试验开关门作业时，调试人员不得依靠车门。

（2）在进行车门解锁试验时，车门解锁后，人员处于安全范围后再动车，车门旁路动车过程中，严禁任何人员在被解锁车门处操作设备。

（3）在进行开关门试验时，按照先左侧车门开关完毕后再进行右侧开关门试验，严禁同时进行两侧开关门试验。

八、改造后列车调试安全风险与防控

列车司机在调试前应组织对调试方案的学习，调试过程中严格按照调试方案和调试负责人指令进行，清楚调试过程中所存在的风险及应急处置方法。

1. 防止进入非封锁区域

（1）列车司机出乘前通过《施工行车通告》了解作业区域，并抄写在《列车司机日志》中。

（2）动车前确认封锁命令（或行车调度员命令）内容（封锁区域、速度限制等）。

（3）进入每条进路前必须联系行车调度，确认命令、进路正确方可动车。

2. 防止人身伤害

（1）在进行车门试验时，开关门作业中，任何人员不得依靠车门；在进行车门解锁试验时，车门解锁后，人员处于安全范围后才能动车；车门旁路动车过程中，严禁任何人员在被解锁车门处操作设备；需切除车门配合动车调试的，列车司机需现场确认车门切除状态良好。

（2）调试车辆柜门、悬挂装置必须锁闭或固定良好；对于客室内部柜门、悬挂装置原则上应锁闭良好，特殊情况未关闭时，动车过程中人员应处于安全位置。

（3）调试作业人员需下车进入线路时，列车司机必须报行车调度员同意，并做好防护措施。

3. 防止列车冲突

（1）试验过程中注意线路是否满足调试要求，在不满足制动距离情况下，禁止开展该项调试。

（2）试车线、雨天或夜间禁止进行 40km/h 以上的高速调试。

4. 列车制动失灵

（1）在调试列车整备过程中，严格按照整备程序对列车制动性能进行试验。调试过程中若出现空转/滑行严重，则停止制动距离测试。

（2）调试中，列车制动时出现无制动力或制动力不符，则立即按照施加快速制动→

拍下紧急停车按钮→施加停车制动的流程进行应急处置。

5. 防止调试列车刮弓、翻弓、脱弓

（1）调试整备时，试验紧急停车按钮功能正常；在升降弓时，确认受电弓升降功能正常。

（2）调试过程中，加强对线路和设备的监控，有异常时及时按下紧急停车按钮。

6. 设备损坏

（1）调试整备和调试中严格按照操作流程进行，杜绝简化作业程序。

（2）调试试验严格按照方案要求进行项目试验，对于超出项目试验的内容需经调试负责人同意后再进行。

（3）调试结束后，需对列车常规功能进行试验，确保设备在调试后功能正常。

第四节　城市轨道交通联合调试与风险防控

知识目标

1. 了解冷滑、热滑试验的内容（技师）；
2. 了解联合调试的内容（技师）；
3. 掌握冷滑、热滑试验中列车司机的作业流程及注意事项（技师）；
4. 掌握联合调试时列车司机作业流程与风险防控（技师）。

技能要求

1. 能够熟悉联合调试各阶段的步骤及流程（技师）；
2. 能够对联合调试各阶段的行车安全进行风险预想（高级技师）。

城市轨道交通联合调试也称联调联试或总联调，是城市轨道交通试运行前，各机电系统单系统及接口调试完成，供电、通信、信号、综合监控、消防、自动售检票、门禁、站台门、车辆等专业系统同时工作，通过大量的列车运行，对各大系统接口、系统功能、系统联动的综合联调，验证各大系统之间接口、系统功能、系统联动结合一体有效的工作，满足大密度列车运行的要求，为城市轨道交通试运营提供条件。

联合调试的质量直接影响运营安全性、可靠性，是城市轨道交通工程最重要的阶段。

一、城市轨道交通联合调试的内容

城市轨道交通联合调试是在各专业系统完成单体调试以及关联设备系统接口调试后进行的综合性测试，由综合监控、环境和设备监控、火灾自动报警、自动售检票、门禁、站台门、供电、通信、信号、车辆等系统和接口调试组成；是各专业系统功能测试和关联接口测试、系统联动的集成。

城市轨道交通联合调试的相关依据：

《城市轨道交通初期运营前安全评估技术规范 第1部分：地铁和轻轨》（交办运〔2019〕17号）第三章第二节设备系统明确要求：车辆、供电系统、通信系统、信号系统通风、空调与采暖系统、消防和给排水系统、自动售检票系统、电梯、自动扶梯与自动人行道、站台门等要进行系统功能核验。

《城市轨道交通初期运营前安全评估技术规范 第1部分：地铁和轻轨》（交办运〔2019〕17号）要求的系统功能核验、系统联动测试是联合调试必须完成的内容。第四章系统联动测试明确规定：轮轨关系、弓网关系、信号防护、防灾联动要进行系统联动测试。

城市轨道交通一般要求是，联合调试科目设置要基本涵盖各专业系统、各专业系统接口及联动功能检测。城市轨道交通联合调试科目设置大致分为：非行车设备类联合调试、行车设备类联合调试、线网联动和互通类联合调试等科目。

非行车设备类联合调试科目设置包括：综合监控联合调试、环境和设备监控联合调试、消防设备联合调试、门禁系统联合调试、站台门系统联合调试、通信系统设备联合调试、供电设备系统联合调试、区间设备系统联合调试。

行车设备类联合调试科目设置包括：动车联合调试、通信系统设备联合调试、信号系统设备联合调试、站台门系统联合调试、联锁验证、降级模式行车联合调试、全功能行车联合调试、供电设备联合调试、车辆设备联调等科目。

线网联动和互通类联合调试科目设置：自动售检票系统（Automatic Fare Collection，AFC）互联互通联调、换乘站有关项目联调等科目。

二、城市轨道交通联合调试的目的

城市轨道交通联合调试是在各专业完成单体设备安装、系统调试及关联系统接口调试工作的基础上，通过一定时间内高密度的列车运行测试，达到以下目的：

（1）保证各设备系统接口正确、符合规范要求、信息传递无误、系统能够正常联动，验证各工程设备系统性是否符合运营要求。

（2）验证移动设备与固定设备能否实现最佳的整体匹配。

（3）验证消防联动、火灾模式是否正确、可靠。

（4）验证联调设备系统及各子系统的安全性是否满足技术要求；验证产生故障将影响行车安全的子系统，确认在其故障的情况下能否导向安全。

（5）通过联合调试，发现、跟踪、消除系统及各子系统影响行车、系统功能的各类问题，保障系统及各子系统的安全性、可靠性。

（6）通过系统联调，验证运营公司相关人员对设备的操作和维修能力是否满足运营需求。

（7）通过系统功能和接口联调，达到《城市轨道交通初期运营前安全评估技术规范

第1部分：地铁和轻轨》（交办运〔2019〕17号）和《城市轨道交通试运营基本条件》（GB/T 30013—2013）的要求。

三、城市轨道交通联合调试的前置条件

在进行城市轨道交通联合调试前，需要完成以下单项设备系统工程的安装和调试：

（1）全线所有主变电所、开闭所、混合所、降压所、跟随所等一次性受电成功，正常投入运行，实现全线送电。

（2）正线线路、道岔投入使用，完成各段限界检查、整改。

（3）轨道冷滑和热滑完成。

（4）车辆基地试车线、运用库、联络线、出入段线、正线区间及折返区间应提供信号和车辆开展全线车载信号调试的作业条件。

（5）通信系统完成单系统安装和调试，至少保证提供以下条件：

①具备全线无线通话条件（专用无线）。

②具备全线有线通话条件（包括车控室、变电所、电力控制室、通号设备室、信号设备室等关键设备用房专用和公务电话、区间轨旁电话）。

③提供全线中央级、车站级可靠稳定的传输功能。

④具备全线信号及列车调试的通信和指挥条件。

（6）车辆系统提供足够数量满足动态信号调试的电动列车。

（7）风水电及环控系统施工安装完成，单机调试完成，具备正常工作条件。

（8）火灾自动报警系统、气体灭火、水消防系统、电梯和自动扶梯满足联调需要。

（9）信号系统的主要设备安装完成，车地通信正常，联锁及道岔能够正常工作。

（10）综合监控系统完成本系统调试：

①被控设备完成单机测试和单系统调试，且调试结果合格，并经建设单位签证，符合设备安装工程质量验收规范。

②综合监控系统（Integrated Supervisory and Control System，ISCS）、环境与设备监控系统（Building Automation System，BAS）和综合后备盘（Integrated Backup Panel，IBP）盘与各接口专业电气线路连接正确，并已正式送电，通信连接经静态功能调试或模拟试验合格，具备投入联合调试的条件。

（11）自动售检票系统、门禁系统已施工安装和调试完成。

（12）站台门、人防隔断门等系统施工安装和调试完成。

（13）车辆基地主建筑和主要工艺设备（运用库、联合车库、材料库、综合楼和混合所等）及水处理设施、调车和救援车设施、架车机等用于车辆停放、调试、临时修理和紧急救援的设施设备具备使用条件。

四、城市轨道交通联合调试的主要内容

城市轨道交通联合调试涉及专业多、接口多、调试人员多、组织难度大、技术要

求高,是城市轨道交通各系统在试运行前的联动联调,优化和验证各系统及接口的安全性、稳定性和可靠性。

1. 综合监控系统联合调试

综合监控系统被控对象和关联系统多,联合调试工作量大、联合调试周期长,要抓紧与被控对象、互联系统的细调工作,特别是消防联动应做到及时、准确、有效。

综合监控调试流程:相关专业单机调试完成后进行接口调试,接口调试完成后进行系统联合调试。

1)单机调试

通风空调系统调试、给排水及消防系统调试、低压配电及动力照明系统、BAS单机调试、火灾自动报警系统(Automatic Fire Alarm System,FAS)单机调试、ISCS单机调试。

2)接口调试

(1)BAS接口调试:通风空调设备接口、智能低压接口、变频器接口、FAS接口、应急照明接口、照明配电接口、冷水机组接口、给排水接口、电/扶梯接口调试。

(2)FAS接口调试:气体灭火接口、消防水泵接口、防火阀接口、切非、门禁接口、闸机接口、应急照明接口、卷帘门接口、电/扶梯接口调试。

(3)IBP盘:IBP盘与BAS、FAS、站台门系统(Platform Screen Door System,PSD)信号、AFC、门禁系统(Access Control System,ACS)接口调试。

3)系统联合调试

ISCS、BAS模式联合调试、ISCS与全线各系统的联合调试(如火灾模式、区间阻塞模式)。

2. 车站消防设备系统联动

消防联动关系到消防验收和消防安全,应做到及时、准确、有效,是城市轨道交通联合调试主要项目之一。

车站消防联动设备系统经过初期车站相关设备接口功能联合调试、问题整改复测后,在具备基本消防模式联动功能的情况下,主要进行表2-3所列联动测试项。

车站消防设备系统联动测试项　　　　表2-3

序号	测试项	序号	测试项
1	400V 切非联动	11	FAS—ACS 联动测试
2	气灭报警联动测试	12	FAS—防火卷帘联动测试
3	应急照明联动测	13	站台火灾联动测试
4	探测器火警触发测试	14	站厅火灾联动测试
5	消防电话测试	15	设备区火灾(非气灭防护区)联动测
6	消防广播联动测试	16	气体灭火房间火灾模式测试
7	FAS—消防泵联动测试	17	车站消防水系统测试
8	IBP—消防泵联动测试	18	列车区间火灾工况联动测试
9	垂梯迫降联动测试	19	列车区间阻塞工况联动测试
10	FAS—AFC 联动测试	20	车站及区间火灾工况运营指挥测试

3. 供电系统联合调试

城市轨道交通供电系统联合调试包括：接触网（接触轨）冷滑试验、接触网（接触轨）热滑试验、车辆与牵引供电系统间的短路试验、支援供电测试、双电源切换测试、变电AC 35kV备自投测试、AC 400V备自投测试、牵引直流系统大双边供电测试、电力监控系统（Power Supervisory Control And Data Acquisition，PSCADA）35kV开关遥控、遥信及遥测功能测试、联跳功能测试、最大供电能力测试等。

下面以列车司机参与联合调试的重要试验进行详细介绍。

1）冷滑试验

（1）冷滑试验的目的。接触网（轨）进行全面静态检查合格后，在接触网（轨）不受电的条件下，对接触网（轨）质量状况进行动态试验检查，即通过受电弓（靴）与接触线接触，检测弓网磨合状态，特别是检查锚段关节、道岔、分段绝缘器、受电弓磨合状态，找出事故隐患和质量缺陷进行整改，保证车辆安全可靠受电。其目的是检查接触网（轨）系统设备安装和调试的性能是否符合设计要求，检验接触网（轨）的安装质量能否满足列车运行要求。冷滑试验是热滑试验的准备阶段。

（2）冷滑试验应具备的条件如下：

①冷滑区段的轨道、道岔、线路等已全面完工并通过验收，具备轨道车高速运行条件。

②冷滑试验前，需要先进行一次线路清理，待冷滑试验区段线路上所有障碍全部拆除，排除所有影响冷滑试验的障碍，满足冷滑试验车高速运行的要求。

③为保证冷滑试验的安全，需提前在沿线各车站出入口、进入轨行区的临时通道等张贴冷滑试验通告，各车站进入轨行区的出入口和通道进行全部封锁，严禁非试验人员进入轨行区。

④冷滑区段的接触网（轨）工程已全面完工并通过验收，质量符合设计要求及验收标准，达到冷滑试验要求。

⑤轨行区已通过限界检查，所有侵限问题已全部整改完毕。

⑥冷滑试验车辆编组及设备调试完毕，行车路线已确认，行车调度员命令已批准，轨行区满足冷滑试验车安全运行的要求。

⑦接触网（轨）终端标示牌已安装到位，在冷滑起点和终点左、右线设置临时红闪灯。

⑧区间照明正常投入使用。

（3）冷滑试验车辆组织。冷滑是不带电检测线路，可以使用标准列车由轨道车牵引或推进缓行，也可以是工程车加限界模具进行检测。

（4）冷滑试验的方法和步骤：

冷滑试验分两个阶段进行，冷滑试验过程中通过查看弓网关系，分析接触网（轨）的工作状态。

①第一阶段冷滑试验速度为5~20km/h，检测内容为：

A.由检测工作人员在车辆平台上观察弓网关系，检测接触线高度变化是否平稳，有无突变或受电弓突然跳动的情况；

B.接触线的接触面是否顺直，是否存在硬点、硬弯等现象；

C.检查受电弓通过锚段关节、线岔、中心锚节、分段绝缘器及往返运行时应平滑接触过渡，无脱弓或刮弓的危险；

D.检查受电弓至接地体的距离是否符合规定；

E.电连接线最低点与受电弓的垂直距离是否符合设计规定；

F.检查有无其他设备或物体侵入接触网（轨）限界。

②第二阶段冷滑试验速度为30~40km/h和40~80km/h，检测内容为：

A.检测车以30~40km/h行驶，检测接触网（轨）在中速行驶过程中，接触线高度变化是否平稳，检测接触网（轨）有无突变或受电弓（靴）有无跳动现象；

B.检测车以40~80km/h行驶，检测高速行驶时的弓网状态。

（5）冷滑试验时列车司机安全注意事项如下：

①冷滑检测过程中列车司机与各个车站之间的行车调度员手持台需使用统一频率，以保持联络畅通。

②列车司机应严格确认进路，执行呼唤应答制度，严格按照限定的速度行驶。冷滑检测车的进路，由调试负责人和列车司机共同确认。

③检测车进、出站过程中，列车司机确认站台门及端墙门均安全关闭，并时刻加强瞭望，发现隧道和轨行区有异物或人员须马上采取紧急停车措施。

④进路上的道岔均为人工手摇加锁，检测车通过道岔前列车司机须减速确认道岔位置是否正确。

2）热滑试验

（1）热滑试验的目的。热滑是电动列车在带电状态下，以低速、中速、高速分别往返运行，以检查列车与接触网（轨）系统、车辆与轨道系统之间的配合是否具备列车开行条件，同时检验供电系统、车辆系统和轨道系统运行的稳定性。检验内容为：

①检验线路、接触网（轨）在动荷载作用下，几何尺寸、结构牢固、可靠性等能否满足设计标准。

②检验供电系统能否满足列车运行需求。

③检查受流器与接触网（轨）的接触和取流是否满足接触网（轨）受流要求。

（2）热滑试验应具备的条件。

①限界车已对全段进行限界检查，并确认无侵限现象。

②接触网（轨）验收已完成。

③冷滑试验已完成，并且施工单位已对冷滑试验中出现的问题全部整改完成，并由运营部门验收确认。

④接触网（轨）已带电空载至少24h，并且中途无断电情况，巡视无异常情况。

⑤均回流系统、单向导通装置在验收时已确认位置的合理性。

⑥热滑试验中的各项保障措施及后勤组织到位（含宣传、警戒标示、安保、人员集中及疏散安置点、后勤保障、现场医护点）。

⑦热滑试验各工作组已组建完成，应急方案合理，人员及辅助机械全部到位。

⑧轨行区的所有垃圾清理完毕。

⑨热滑前工程车压道工作已完成。

（3）热滑试验车辆组织。

①参加热滑测试的列车需已通过调试，能确保安全上线，受电弓（靴）的高度、工作范围及静态活动力等符合设计要求。

②参加热滑测试的列车需要在受电弓（靴）上安装摄像头和照明设备，在车内需要配置与受电弓（靴）摄像头相匹配的监视器、录像设备及电源接线。

（4）热滑试验的方法和步骤。热滑试验分为低速、中速、高速运行三个阶段，低速运行阶段，列车以10~20km/h的速度运行；中速运行阶段，列车以30~50km/h的速度运行；高速运行阶段，列车以60~80km/h的速度运行。分别检查设备的缺陷并进行记录，检查的内容如下：

①观察电动列车的取流状况。

②受电弓通过定位器、接触线、工作支、非工作支、吊弦、定位索之间有无放电情况。

③受电弓在过线岔、关节、线夹、定位器时有无拉弧现象。

④受电弓在过分段绝缘器时的拉弧情况。

⑤受电弓经过固定接地体的动态安全距离是否大于100mm，有无发生闪络现象。

（5）热滑试验时列车司机安全注意事项。

①电动列车由运营线路进入建设线路热滑时，封锁命令由车站交予列车司机，列车司机清楚掌握运营线路与热滑线路的分界点。

②热滑期间列车司机与各车站的通信使用同一频率，禁止其他施工单位使用同频率对讲机。

③每一条热滑进路的排列需听从现场指挥的指令，列车司机动车需得到现场指挥的同意。任何情况下，发现影响行车安全的因素时，所有现场人员均可发出停车指令，列车司机必须立即执行。

④电动列车热滑时运行速度按照由低至高的原则执行，严格遵守热滑速度规定。热滑车正线过道岔不高于25km/h，过站限速不高于40km/h，尽头线限速不高于10km/h。其他曲线限速，按曲线最高限速规定执行。

⑤行车进路由建设单位轨道人员进行人工手摇道岔，并加钩锁器。动车前，列车司机确认人员、工器具出清后，凭现场指挥指令动车。热滑经过道岔时，列车司机及添乘人员须认真确认道岔开通位置，防止由于尖轨不密贴导致挤岔或脱轨等安全事件的发生。

⑥热滑过程中，列车司机听到异响、接触网拉弧等异常情况时，应及时拉停列车，并询问热滑负责人，确认安全后再凭负责人指令动车。

4. 门禁系统联合调试

城市轨道交通门禁系统与综合监控、IBP盘、FAS接口需要进行联合调试。其测试项主要包括：门禁与综合监控测试、门禁与IBP盘功能测试、门禁与FAS测试、门禁监控功能测试。

5. 自动售检票系统联合调试

城市轨道交通自动售检票系统联合调试，检测自动售检票系统从购票到进站、出站、票务处理和生成交易报表过程的完整性和准确性，包括自动售票机售票测试、自动检票机进出站测试、人工售票机发售与更新测试、车站与中央控制计算机测试，进行线路跑票测试和线网跑票测试。

线路跑票测试主要测试本线路自动售检票系统自动售票机（Ticket Vending Machine，TVM）上线路各车站的票价解析是否正确，自动检票机（Automatic Gate Machine，AGM）是否能正常处理线路其他车站进站、出站的车票，以及人工售票机（Booking Office Machine，BOM）是否能正常处理线路其他车站进站的车票。

线网跑票测试即在新线和既有测试运营线路选择部分车站进行AFC线网互通及跑票测试，主要测试新线自动售检票系统TVM上线网线路各车站的票价解析是否正确，新线AGM是否能正常处理线网其他车站进站、出站的车票，以及新线BOM是否能正常处理线网其他车站进站的车票。

6. 站台门系统联合调试

城市轨道交通站台门调试，是对乘客安全保护重要的环节之一。其主要测试项包括：站台门乘客保护测试、列车车门与站台门的联动功能测试、手动开门力检测、站台门状态信息检测等。

7. 通信系统联合调试

通信系统联合调试包括：传输、无线通信、公务电话、专用电话、时钟、视频监视、广播、信息网络、集中录音、电源系统及接地、集中警告等与其他专业系统联合调试。其主要测试项见表2-4。

通信系统联调测试项 表2-4

序号	测 试 项	序号	测 试 项
1	正常通信功能测试	10	时钟与PSCADA测试
2	应急通信功能测试	11	传输与AFC测试
3	换乘站通信功能测试	12	传输与ACS测试
4	时钟与ATS测试	13	传输与ATS测试
5	时钟与ISCS测试	14	传输与ISCS测试
6	时钟与ACS测试	15	传输与乘客自助查询系统测试
7	时钟与AFC测试	16	无线与ATS测试
8	时钟与FAS测试	17	无线与车辆测试
9	时钟与PIS测试	18	车地无线通话测试

续上表

序号	测试项	序号	测试项
19	列车800M覆盖测试	29	调度电话功能测试
20	广播与ATS测试	30	公务电话功能测试
21	广播与FAS测试	31	车站站台发车端CCTV查看测试
22	广播与ISCS测试	32	时钟与PIS测试
23	列车到站自动广播和到发时间显示测试	33	广播与PIS测试
24	车站广播功能测试	34	集中告警与PIS测试
25	广播功能测试	35	PIS与ATS测试
26	CCTV与垂直电梯测试	36	PIS与ISCS测试
27	通信电源与信号、ISCS、AFC、ACS测试	37	PIS与PCC测试
28	通信能力测试	38	PIS与车辆测试

8. 信号系统联合调试

城市轨道交通信号系统联合调试，需要经过高频次的现场测试和数月的动车调试，通过大量数据采集、对照，对系统软件进行优化、升级和验证，取得第三方安全认证，达到试运行和试运营基本条件。

信号系统联合调试包括：信号安全功能测试、信号与关联系统接口测试、信号运营功能测试。

信号系统联合调试程序见表2-5。

信号系统联合调试程序　　　　　　　　　　　　　表2-5

序号	测试内容	测试项目
1	信号安全功能测试	（1）ATP超速防护测试 （2）限速区段安全防护测试 （3）退行速度及距离防护测试 （4）侧向过岔安全防护测试 （5）轨道尽头安全防护测试 （6）反向ATP安全防护测试 （7）站台门安全防护测试 （8）站台紧急关闭按钮防护测试 （9）降级模式下冒进信号防护测试 （10）通信列车追踪测试 （11）非通信列车追踪测试 （12）联锁控制级别下列车运行追踪测试
2	信号与关联系统接口测试	（1）信号与站台门联动测试 （2）信号与IBP盘/站台紧急停车按钮接口联动测试 （3）信号与综合监控联动测试 （4）信号与防淹门接口联动测试 （5）信号与SCADA系统联动测试 （6）信号与广播系统联动测试 （7）信号与乘客信息系统联动测试 （8）信号与车载广播系统联动测试
3	信号运营功能测试	（1）列车出/入车辆基地能力测试 （2）列车自动折返能力测试 （3）列车追踪间隔运行能力测试

信号系统车地综合动态联合调试作业中,列车司机风险防控如下:

(1)调试当天,由于要动车,需要进行线路巡道。

(2)调试时,行车原则上必须按信号行车。若需越过封锁区域内的红灯或越过停车标、退行、无进路保护的反向行车、超速等,由厂家现场负责人报信号调试负责人,确认道岔状态正常后,按信号调试负责人、列车司机、厂家车载负责人三方签字确认的作业任务书内容要求动车。

(3)调试时,行车原则上根据车辆、线路状况进行速度限制。

①如果条件允许,调试期间 SM 模式列车速度控制在 80km/h 以下,ATO 调试期间,车速以 ATO 推荐速度为准。

②如果特殊情况需要提高列车速度、更改调试内容,必须提前在作业任务书上明确并通知行车调度。

③如果条件允许,列车 RM 模式运行速度控制在 18km/h 以下或者 ATC 切除模式运行速度控制在 60km/h 以下。

(4)在进行多列车的追踪测试及列车无人折返测试时,列车司机应加强瞭望,时刻留意列车的速度变化,做好人工介入紧急停车的准备。

(5)在调试期间,参与调试的人员均有义务进行安全互控,发现超出调试任务书及调试方案的内容时,需得到行车调度员同意方可动车。在整个调试过程中的联系需采用标准用语。

(6)调试过程中如果需重启信号系统,受影响区域的调试电客车必须停车,等待信号系统恢复正常,方可再次动车。

9. 车辆系统联合调试

城市轨道交通车辆需要经过全面的静态、动态功能调试及完整的型式试验,对牵引、制动等关键指标进行实际测试。

城市轨道交通车辆系统测试内容包括车辆动力学及动应力、电磁兼容性、静态限界等项试验,试验数据均需满足设计及相关标准要求,并出具试验报告(表2-6)。

城市轨道交通车辆联合调试测试　　　　表2-6

序号	测 试 项	序号	测 试 项
1	车辆设备系统功能验证联合调试	9	车门障碍物探测测试
2	轨道动态几何状态测试	10	列车客室应急功能测试
3	车辆动力学响应——运行稳定性测试	11	列车紧急制动距离测试
4	车辆动力学响应——运行平稳性测试	12	列车联挂救援功能
5	车辆牵引系统温升性能测试	13	列车弓网配合关系测试[接触网动态几何参数测试、弓网燃弧指标测试、弓网动态接触力测试、受电弓垂向加速度(硬点)测试]
6	车辆超速保护功能测试		
7	车门安全联锁测试	14	车载空调性能测试
8	车门故障隔离测试	15	列车车内噪声测试

五、城市轨道交通联合调试时列车司机的作业流程与风险防控

1. 联合调试中列车司机的作业流程

参加调试、试验的列车司机按规定时间提前出勤，整备调试列车，学习调试方案，确保清楚调试项目、调试时间安排、列车摆放位置及调试区域、明确调试计划和组织程序。

联合调试作业流程如下：

（1）接到调试任务书，核对调试任务书。

（2）进行整备作业。

（3）与行车调度核对命令。

（4）值乘列车出场。

（5）运行到指定地点待令。

（6）调试负责人请点。

（7）听从调试负责人的指挥进行调试。

（8）调试完毕规定位置汇报行车调度员。

（9）按行车调度员指令凭信号回车辆基地或到指定地点停放。

（10）做好防溜措施后汇报信号楼。

2. 联合调试中列车司机的作业要求

（1）出车辆基地前，调试列车司机注意检查参加调试人员到位情况，接到行车调度员的书面封锁命令时，核对调试线路是否与封锁线路一致。

（2）遇调试列车在正线摆放时，调试列车司机上车后需报行车调度员，确认接触网带电后方可进行整备作业。整备作业时，列车司机只需做制动试验及动车试验，试验完成后列车司机到运行方向车头待令。

（3）调试列车到达指定地点待令，列车司机与行车调度员确认作业已请点，确认"封锁命令"正确后，凭"封锁令"及调试负责人指令行车。

（4）调试列车第一趟需限速（低速）进行压道，列车司机加强瞭望，发现异常及时采取措施并报告行车调度员。

（5）始发站动车前，共同确认调试进路开通情况，严格执行行车调度员命令，听从调试负责人指挥。

（6）调试原则上按信号显示行车，认真确认进路上的每副道岔位置，在通过信号机、道岔时降低速度。

（7）在调试期间注意加强瞭望，控制好运行速度，发现有危及行车安全的情况，如冲撞车挡、接触网终点警示牌、轨道异常、异物侵限等，列车司机应立即停车并中断调试，严禁擅自动车，并报行车调度员备案。

（8）调试期间行车进路由行车调度员排列，列车司机凭调试负责人的动车指令动车，动车前确认前方进路已开通，运行中认真确认信号、道岔位置是否正确，如需越过封锁区域内的红灯，在确保安全的情况下需"三方"（厂家现场负责人、信号调试负责人、列车司机）签名确认，列车司机汇报行车调度员，并把好"安全关"，确认进路、道岔位置正确后方可配合作业，越灯时限速（低速）运行。

（9）调试期间可能出现列车无车载信号或车载信号不正确、信号显示错误等风险，列车司机需认真确认动车条件，运行中加强监控，不过分依赖车载信号、控制/监控好速度，特别是进路终端或尽头线时，发现异常及时采取停车措施。

（10）ATO 功能测试前，需先进行 SM 模式下试验确认列车制动性能良好，运行正常后，再进行 ATO 功能测试，ATO 运行过弯道时，认真确认列车车载运行速度，防止超速运行。

（11）调试期间需切除 ATP 运行时确认进路安全、加强瞭望，限速运行，过侧向道岔时应低速运行。

（12）调试期间，任何人员原则上不能下到调试区域的轨行区，如确有需要，必须得到行车调度员同意，列车司机先做好列车防护（分主断、施加停放制动、关主控钥匙），记录好下线路人员数量及联系方式，人员上车后确认好上车人员数量与下线路人员数量一致，动车前确认所有人员已上车或已在安全位置。

（13）因调试需要进出站台门端门时，必须确认端门关好。

（14）调试作业完毕（调试列车不回车辆基地时），调试列车到达指定地点停稳后，列车司机做好防溜措施并降弓分蓄电池后报行车调度员。

3. 联合调试中列车司机的防控措施

（1）防止未拿封锁令或未接到行车调度员命令动车，应做到：

①动车前与行车调度员确认命令内容。

②听从调试负责人的指令动车。

③改变运行方向时与行车调度员联系，确认进路情况。

（2）防止列车进入非封锁区域，应做到：

①列车司机出乘前通过《施工行车通告》了解作业区域，并抄写在《列车司机日志》中。

②动车前确认封锁命令（或行车调度员命令）内容（封锁区域、速度限制等）。

③进入每条进路前必须联系行车调度员，确认命令、进路，正确方可动车。

④认真核对作业区域与调试负责人指令是否一致，调试负责人指令超出作业区域时，立即汇报行车调度员并听从行车调度指令，严禁擅自动车。

（3）防止列车超速运行，应按照限速要求驾驶列车，调试时严格按照压道规定从低速到高速要求进行。

（4）防止列车冒进信号/挤岔，应做到：

①熟悉线路弯道和信号机的位置，切除 ATP 模式运行的列车经过弯道信号机时限速 25km/h。

②动车前与行车调度员共同确认前方进路情况（信号、道岔）。

（5）防止列车运行途中有设备或人员侵限，应做到：

①运行中加强瞭望，驾驶列车经过弯道、进出站、进出洞口时须鸣笛警示。

②进站时留意邻线线路作业人员动向。

（6）轨行区接管后，车站未接管前，存在人员、异物侵限的隐患，应做到：

①首趟车必须低速进行压道确认。

②运行中加强瞭望，认真确认线路状况。

③列车原则上不能采用 ATO 模式进站，进站前 300m 处鸣笛警示，列车司机加强对站台区域线路瞭望。

思考题

简述列车供电系统改造后到试车线调试作业流程，并进行风险点防控分析。（风险点和防范措施请一一对应作答）

第三章 列车故障分析与处理

第一节 常规故障分析与处理

知识目标

1. 掌握列车电气故障现象分类及故障判断方法（技师）；
2. 掌握列车电气故障的主要成因（技师）；
3. 掌握列车电气故障的分析及优化思路（技师）。

技能要求

1. 能判断、处理列车各类电气故障（技师）；
2. 能分析列车各类电气故障发生的原因（技师）。

一、电气故障分析与处理

列车发生电气故障通常会引发全列或单节车、部分车故障，进而造成列车退出运营线（即退出运营）、救援等事件的发生。

列车电气故障通常是指列车牵引系统、制动系统、车门系统、高压辅助系统、低压辅助系统、车辆信号系统等方面故障。

1. 电气系统概述

电气系统是列车三大组成部分之一，主要由电气线路和电气设备构成。

（1）电气线路包括：主电路、控制电路和辅助电路；

（2）电气设备包括：电气部件、电器箱等。

电气故障一般都是因为电气线路故障和电气部件故障所引起的，所以电气故障的判断、处理和修复大多围绕这两个关键环节进行。

2. 电气故障的现象及判断方法

针对列车发生的各类电气故障，首先就是要根据车辆的故障现象进行准确判断。正确分析和判断列车故障的原因是一项重要而细致的工作，不应在未弄清故障原因之前随意、盲目处理。这样不仅不能消除故障，反而可能引发新的衍生故障，最终造成不必要的车辆退出运营乃至救援，严重影响正线运营秩序。因此只有准确判断，才能处理得当。列车司机要善于从细微处发现各种故障现象的特点，从而进行正确的判断和处理。

1）故障现象

一般的故障都会分为直观和微观两种：

（1）直观现象。当列车司机进行列车的某一项操作时，设备没有执行相关的响应动作，即可初步判断为此项故障。例如：当列车司机进行列车牵引操作时，列车不启动；进行列车开门操作时，全列车门打不开等故障。

（2）微观现象。当进行列车的某一项操作时，列车司机操纵台上的显示屏、仪表及指示灯显示非正常状态，即可初步判断为相关设备故障。

2）判断方法

故障的判断方法一般分为观察法、旁路法及重启法。

（1）观察法。列车司机通过观察列车司机操纵台上的各相关指示灯、仪表、显示屏和操纵部件等状态是否正常；检查列车司机室控制柜内相关空气开关、旁路开关等位置状态是否正常。

所谓观察，必须做到有的放矢，切实观察到设备状态、数据显示等会造成影响故障的因素。如相关指示灯是否应该点亮或熄灭；电流电压表及压力表是否正常显示；列车信息管理系统（Train Management System，TMS）及车载显示屏（Driver Machine Interface，DMI）所显示的信息是否正常；操纵台上各操作开关位置是否在正确的位置，状态是否良好；列车司机室控制柜内相关空气开关、旁路开关位置是否正确。

（2）旁路法。故障发生后，列车司机通过仔细观察，确认所观察的部位均无异状后，可将控制屏内与故障相关的旁路开关闭合，然后进行车辆操作试验。

旁路开关的作用就是将控制电路上可能造成车辆电气故障的故障点并联一个短接电路开关，使电路恢复到通路状态。

操作旁路开关时要注意以下两点：

①要清楚各旁路开关所短接的故障点；

②要明确闭合这些旁路开关后有可能带来的安全隐患。

（3）重启法。在处理列车电气故障时，无论发生的故障是牵引系统、制动系统、车门系统还是信号系统等方面的，从宏观的角度，都可以把列车看成是一个大的网络控制系统，把各个系统看成一个网络控制单元。如果某个单元故障，在经过初期判断处理后，仍无法消除故障时，皆可采用断开该单元的电源控制开关（停留几秒）后重新闭合，使该控制单元重新检测，完成重启作业。如车门系统故障可断合门控制开关；信号系统死机可断开可断合其电源控制开关；若整列车故障，必要时可断开列车蓄电池后重新闭合，对列车进行重启作业。

3. 电气故障成因分析

列车电气故障的原因，可分为两种情况：一种是人为因素，另一种是自然因素。

1）人为因素

多数故障是由于列车司机误操作或违规操作造成的，如：误碰"紧急制动按钮"造成全列紧急制动不缓解；手动驾驶时主手柄因放置"牵引位"时间过短而误认为"全列无牵引"；手动驾驶时操纵主手柄或手动开关动作用力过猛造成部件脱落、发生卡滞的现象等。

人为因素的影响可以通过对列车司机日常的培训讲解、实操训练来逐步改进。要严格遵守列车操作规程及标准化作业的相关流程，通过模拟器训练对列车应急故障处理的步骤做到熟练掌握，遇故障时要冷静观察判断，做到眼观手到，动作规范到位。

2）自然因素

有些故障是由于一些列车电气部件频繁使用产生磨损，导致电气触点接触不良、烧损等情况造成。还有一些故障是由于电气部件长期使用造成老化或安装不合理、检修不到位等原因造成。

自然因素的影响要求在列车检修作业中加强日常检查，及时发现并消除隐患。对发生的电气故障的分析，要基于对列车的高压主电路、辅助供电电路及各种低压控制电路的结构、原理达到熟练掌握的程度，还要清楚列车司机操纵台各部件的操作功能，分析故障时要灵活应用并加以融合，才能准确地对故障进行分析并处理。所以，了解并掌握列车的电气原理、故障现象及故障处理流程，是列车司机必须具备的基本技能。

4. 电气故障处理原则

列车发生电气故障，大部分是因为该故障所属的电气线路发生断路、短路等，所以通过旁路法等处理，使该电路重新得电，形成电路通路状态，来消除故障现象维持运行。例如：

（1）因列车"关门灯"不亮引起的"全列无牵引"故障，是由于"门锁好"继电器触点在牵引控制电路上断开，造成该电路不通而引发"全列无牵引"故障。可以通过处理车门故障或闭合"车门旁路"开关使牵引电路重新得电，消除此故障。

（2）因列车车载信号系统故障引起的"全列紧急制动不缓解"故障，是由于车载信号系统触点断开，使紧急制动控制电路失电造成列车紧急制动不缓解。可通过重启信号系统来处理，若重启无效，可申请切除信号系统使紧急制动控制电路得电，消除此故障。

处理电气故障的优先顺序，应先排除人为因素，再考虑排除自然因素。例如，在手动驾驶更换操纵台过程中，如发生全列紧急制动不缓解现象，应先确认在更换操纵台过程中，列车司机是否存在操作流程漏项、误动作等因素，导致列车紧急制动不缓解。再考虑车辆系统原因造成故障而导致紧急制动不缓解。

案例一：打不开的车门

1. 故障概况

××线××列车运行至××站停车开门时，发生全列车门打不开的故障。列车司机初步判断是车载ATP故障，申请切除ATP系统后，全列车门仍打不开。随即由副列车司机去尾车进行换头开门作业。此时全列车门打开，列车司机申请清客退出运营。延误正线运行5min，造成12列车次晚点。

2. 故障现象确认及诊断

列车清客退出运营回库后，对操纵车司机室检查发现：司机操纵台上"开门模式选择开关"未在"手动"位；通过调取司机室监控录像发现，列车到站开门时，司机操纵台上"门允许灯"始终处于点亮状态。由此判断，此故障非信号系统故障造成，而是人为因素造成的。

3. 故障分析

（1）分析列车开关门电路（图3-1），列车开门时必须具备两路信号时方可开门：

一路为信号系统提供的使能信号，它由110V直流电源经过头车继电器钥匙开关触点→使能继电器触点，给车门门控器提供开门使能信号，并通过门使能继电器使"门允许灯"点亮。

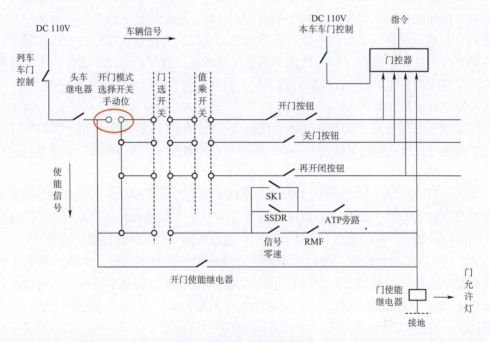

图3-1　DKZ16车门控制电路示意图

另一路为列车系统提供的开门指令信号，它通过110V直流电源经过头车继电器钥匙开关触点→开门模式选择开关→门选向开关→值乘开关→开门按钮，给车门门控器提供开门指令。

（2）由于故障发生时，司机操纵台上"门允许灯"处于点亮状态，也就是说信号系统使能电路正常，因此，可以排除信号系统原因。故障点可能发生在另一路列车系统开门指令信号上，这一路上只有开门模式选择开关、门选向开关、值乘开关和开门按钮，所以，只要检查这几个开关的位置是否正确、作用是否良好即可。

（3）而列车司机在处理过程中，没有确认"门允许灯"亮这个故障现象，盲目地认为是信号系统原因，进而出现了判断上的失误，因此，也就会在处理上造成错误。

4. 故障处理及优化

1）处理流程

全列车门打不开处理流程图如图3-2所示。

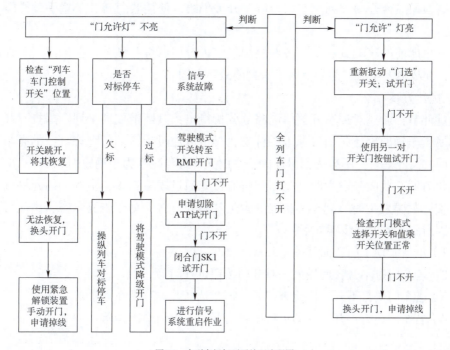

图3-2　全列车门打不开处理流程图

（1）首先确认DMI屏应显示停车位置，"列车车门控制"开关正常后，观察"门允许灯"是否点亮。

若"门允许灯"不亮，应判断为信号系统原因：

①可将ATP模式开关打至"限制人工向前"（Restricted Manual Forward，RMF）位，打"门选向开关"至站台侧，观察"门允许灯"是否亮。"门允许灯"点亮可开门。

②若"门允许灯"仍不亮，向行车调度员申请切除ATP系统，得到允许后，将ATP模式开关打至"OFF"位并按下"ATP旁路"按钮，观察"门允许灯"是否亮。"门允许灯"点亮可开门。

③若"门允许灯"仍不亮，可闭合"门零速故障短接开关"SK1开门。开门后，需要进行信号系统重启作业。

若"门允许灯"亮,应判断为车辆系统原因:
①反复扳动"门选向开关"几次,试验开门;
②若车门打不开时,使用另一对开门按钮开门;
③若车门仍打不开,应检查"开门模式选择开关"应在"手动"位,值乘开关应在"单列车司机制"位。

(2) 若车门还打不开,立即更换操纵台开门,申请退出运营。

(3) 若"列车车门控制"开关跳开:
①恢复"列车车门控制"开关试开门;
②若"列车车门控制"开关仍跳,立即更换操纵台开门,申请退出运营;
③更换操纵台开门"列车车门控制"开关仍跳,使用紧急解锁装置手动扒门,立即退出运营。

列车出库前的车辆试验,须按照操规规定进行"试灯"试验,保证"门允许灯"正常显示,在故障发生时,能够及时准确判断故障原因。

2) 优化方案

关键环节:通过对列车开关门电路的分析得出:判断造成"全列车门打不开"故障的原因属于车辆原因还是信号原因的标志,是可以通过观察"门允许灯"的亮与不亮来区分。即"门允许灯"不亮为信号原因;"门允许灯"亮则为车辆原因。

优化方案:此故障发生时,列车司机应首先通过观察操纵台上的"门允许灯"是否点亮。实际故障发生时,列车司机操纵台上"门允许灯"处于点亮状态,由此可判断为车辆原因所引起。处理步骤如下:

(1) 重新搬动"门选向开关"几次,试验开门。

(2) 若车门打不开,使用另一对开门按钮试开门。

(3) 若车门仍打不开,应检查"开门模式选择开关"应在"手动"位。

(4) 若车门还打不开,立即更换操纵台开门,申请退出运营。

案例二:紧急制动不缓解的列车

1. 故障概况

××年××月××日,×线××列车运行至××站至××站区间时,发生全列紧急制动不缓解的故障。列车司机初步判断是车载ATP故障,随即进行信号系统重启作业。重启后,全列紧急制动仍不缓解。而后检查操纵车"紧急制动施加"按钮位置正常;将司控器手柄拉至"紧急"位重建安全环路,列车紧急制动仍不缓解。又检查压力表总风压力值正常(在6bar以上);检查控制屏内制动控制开关、紧急制动控制开关位置正常;闭合操纵车控制屏内"紧急制动环路短接"按钮,此时列车紧急制动缓解,列车司机申请清客退出运营返回车辆基地。延误正线运营4min,5列车次晚点。

2. 故障现象确认及诊断分析

调取司机室监控录像发现:故障发生时,DMI只显示左下方"紧急制动"红色图标亮,下方提示框内显示列车自动防护模式（Coded Train Operating Mode，CM）/列车自动驾驶模式（Automatic Train Operating Mode，AM）模式可用（图3-3）。

根据此显示,判断信号系统正常,造成发生全列紧急制动不缓解的故障原因是列车系统故障。

列车原因引起紧急制动的现象是：压力表显示制动缸（Brake Cylinder，BC）压力值为4bar左右，TMS显示操作级位为紧急制动（Emergency Braking，EB），但DMI显示为：左下方只显示车辆紧急制动红色图标亮。

信号系统引起紧急制动的现象是：压力表显示BC压力值为4bar左右，TMS显示操作级位为EB， DMI显示为：左下方显示车辆紧急制动红色图标；同时左上角显示红色方块,且速度指针亦显示红色;下方提示框内无显示（图3-4）。

图3-3 列车原因引起紧急制动

图3-4 信号原因引起紧急制动

3. 故障分析

1）故障原因分析

（1）分析列车制动电路原理图得知,能够引起紧急制动的电路有两路:一路是紧急制动控制开关控制的紧急制动环路电路（图3-5）；另一路是由制动控制开关控制的总风欠压继电器得电回路（图3-6）。

紧急制动环路电路途径：直流110V→紧急制动控制开关→头车警惕按钮继电器触点→ATC控制触点→列车司控器手柄紧急位继电器触点→头车警惕按钮继电器触点→头车紧急制动按钮施加继电器触点→头车总风欠压继电器触点→经列车线→尾车总风欠压继电器触点→尾车紧急制动按钮施加继电器触点→回头车接地。但处理过程中,闭合头车控制屏内"紧急制动环路短接"按钮后,列车紧急制动缓解,由此可判断故障点应在尾车。而尾车只有两个故障点:总风欠压继电器触点和紧急制动按钮施加继电器触点。

（2）因故障发生时,尾车操纵台上的"紧急制动按钮施加灯"未亮,由此可排除尾车紧急制动按钮施加继电器和紧急制动控制开关的原因。而尾车制动控制开关也未跳开,所以故障点只有尾车总风欠压继电器。

（3）经检修人员检查确认：因电路虚接,造成尾车总风欠压继电器未得电。

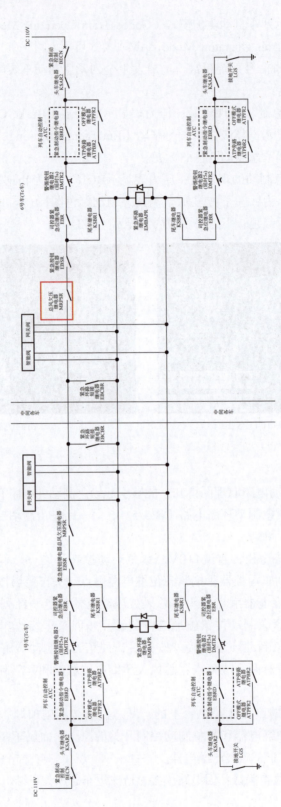

图3-5 紧急制动环路电气原理图

2）存在问题

故障发生时，列车司机初期判断错误，没有直接通过DMI的显示判断出车辆原因，而是盲目按信号系统故障进行处理，因而延误了处理时间。若判断准确，就能缩短处理时间，可减少对运营秩序的影响。

4. 故障处理及优化

关键环节：发生全列紧急制动不缓解的故障时，应通过DMI的显示，判断出是由车辆系统原因还是信号系统原因引起，然后进行针对性处理。

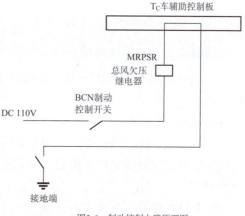

图3-6 制动控制电路原理图

优化处理方案：在本案例中，通过车载信号显示器的显示，判断出是车辆原因引起后，处理步骤如下（图3-7）：

（1）检查操纵车"紧急制动施加"按钮位置；

（2）检查"警惕"按钮是否起作用；将司控器手柄拉至紧急位重新建立安全环路；

（3）检查压力表总风压力值（在6bar以上）；

（4）检查控制屏内制动控制开关、紧急制动控制开关位置；

（5）以上检查均正常后，闭合操纵车控制屏内"紧急制动环路短接"按钮：列车紧急制动缓解，申请退出运营，就近入库。

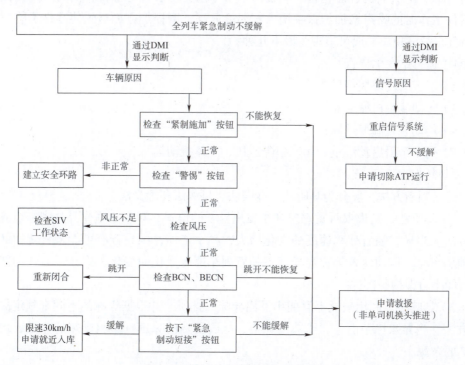

图3-7 全列紧急制动不缓解故障处理流程图

二、机械故障分析与处理

机械是指利用力学原理构成的装置，是列车的重要组成部件。当机械系统发生故障时，一般会造成车体、转向架、基础制动等故障，相比电气故障，机械故障对安全的影响较大。

1.机械系统概述

列车机械系统包括：转向架和基础制动装置。车体主要由车顶、侧墙、端墙、底架等组成。转向架主要由轮对、构架、一系悬挂、二系悬挂、牵引装置和动车驱动装置、传动装置等组成。基础制动装置主要由单元制动缸、闸瓦（或制动夹钳）及传动拉板等组成。

2.机械故障的现象及判断方法

针对列车发生的机械故障，首先就是要根据列车的故障现象进行准确判断。由于机械故障的影响一般较大，应通过故障现象快速准确地判断列车的故障原因，并精准分析列车的状态，进行后续的故障处理。

1）故障现象

机械故障通常是由于某种缺陷不断扩大并经由异常后进一步发展而成，即故障的形成一般具有一个过程。机械故障一般可包括：引起设备系统立即丧失功能的破坏性故障以及降低设备系统性能相关联的性能故障。

根据机械的定义，列车机械故障一般发生在受力部位、力的传输部位，如：转向架机械走行部、牵引电机、齿轮箱、联轴器以及车门传动装置等部位。同时，根据接触疲劳使零件工作时的噪声增加、振幅增大、温度升高、磨损加剧最后致使零件不能正常工作的特性，故障现象一般可表现为以下几种：

（1）运行中发生异音；

（2）运行中发现烧煳异味；

（3）传动装置机械卡滞；

（4）传动装置温度过高；

（5）列车牵引启动沉重、运行中降速快、车体振动等。

2）判断方法

故障的判断方法一般分为耳听法、鼻嗅法、目测法和感受法。

（1）耳听法，是根据听觉感应列车发出异音的位置、频率、规律等，来判定故障部位的方法。当异音随着列车速度的变化增大，频率增加，则异音有可能来自转动部件，如车轴、车轮、传动装置等；当异音不随着列车速度变化而变化，则异音与转动部件无关，可能来自架构类部件。

（2）鼻嗅法。利用嗅觉器官闻出发出异味的处所，并根据气味的不同来判定故障部位的方法。当异味掺杂由金属受热的味道、橡胶受热的味道、塑料受热的味道，均可判断气味的来源。

（3）目测法。通过观察列车机械部件的状态是否正常来判断处理的方法。当车体空气弹簧故障导致列车倾斜；当列车构架、轮对上呈现宏观裂纹，均可通过目测方式进行判断。

（4）感受法。通过靠近机械部位，通过感受零件或部件的温度，进行判断。当温度高于工作温度，可判断该部件处于异常状态。

3. 机械故障成因分析

列车机械故障的原因也可分为两种情况：一种为人为因素，一种是疲劳因素。

1）人为因素

机械故障的发生，多为异常操作、维护安装不到位引起。如：转向架联轴器安装不水平造成径向跳动导致牵引时异音和齿轮箱轴承过热；日常齿轮箱油位检查不到位，缺油使齿轮箱干磨导致轮轴不转。

2）疲劳因素

疲劳是指材料、零件和构件在循环加载下，在某点或某些点产生局部的永久性损伤，并在一定循环次数后形成裂纹或使裂纹进一步扩展直到完全断裂的现象。此种因素多发生于构架裂纹、断裂。

4. 机械故障处理原理

列车发生机械故障时，无论是因为人为因素引起，还是疲劳因素引起，均是通过零件、部件、构架的异常状态反映体现的。所以在发生机械故障时，应迅速通过耳听、鼻嗅、目测的方法，判断故障点，同时初步判断列车的状态。

（1）根据列车的现象、快速判断列车故障点，精准分析列车的车辆状态。如：发生异响位置是否在重要的走行部，列车是否能运行到终点站等。

（2）如列车异音、异味、异响发生在某个动车，也可采用切除该故障车控制电源的方式，使动车变为拖车，可能会减轻异常状态。

（3）当判断是非重要部件的机械故障时，可视故障轻重，进行应急处理或退出运营。

案例三："烧油"似的异味

1. 故障概况

××运营线××次××车1号车操纵，运行中牵引状态下听到车辆有异音发生，运行至××站停车开门后，列车司机闻到像烧油似的刺鼻气味儿，立即报告行车调度员，并申请退出运营返回车辆基地报修。

2. 故障现象确认及诊断

列车清客退出运营返回车辆基地后，维修人员检查发现，列车2号车3轴齿轮箱润滑油变色并有金属碎屑，主动轴端盖及联轴器温度过热。经过齿轮箱体检查，发现齿轮箱轴承保持架状态异常。

3. 故障分析

列车司机对故障发现及时，并果断申请退出运营，避免了故障进一步扩大而造成严重影响。但是在处理过程中，列车司机还应断开故障车主电路控制开关，即牵引逆变器控制电源开关（VVVF控制）和牵引主电路高速断路器（High Speed Circuit Breaker，HB），使故障车由动车变为拖车，牵引电机没有了动力，齿轮箱、联轴器等传动装置不再传递驱动力矩，就可以减小异音，这样能够更安全、更有效地避免故障扩大。

案例四："失落的"联轴器

1. 故障概况

××运营线××次××车担当运营任务，1号车操纵，运行至××站时，站台行车值班员及站务员听到该车组出站时异音，立即与下一站值班员联系确认后，站台值班人员通知列车司机车辆运行时有异音，列车司机经过确认为5号车1台转向架处存在异音，当即向行车调度员申请终点站清客退出运营，同时切断了5号车VVVF控制电源及制动控制电源。

2. 故障分析

1）故障原因分析

列车返回车辆基地后，发现5号车2轴齿轮箱吊杆断、联轴器防护罩丢失、联轴器损坏、接地装置松脱（图3-8）。

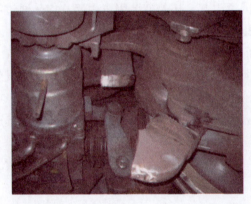

图3-8 机械损坏的列车零部件

齿轮箱吊杆作为转向架的重要部件，其失效问题直接关系列车运营安全。经过分析，原因如下：

（1）齿轮箱吊杆铸造、加工工艺有待进一步检验及提高；

（2）齿轮传动装置吊杆断裂为吊杆在去除毛刺时打磨不当所致，吊杆应力集中造成断裂；

（3）由于齿轮箱吊杆断裂，列车在运行过程中，联轴器水平同轴度严重失衡，受到附加力，导致联轴器防护罩脱落、联轴器损伤；

（4）列车在运行中，由于齿轮箱转动，造成接地线受到拉力作用，造成接地装置断裂；

（5）在检车过程中，检车人员未及时发现部件隐患，导致事故发生。

2）存在问题

列车司机在得到站台值班人员报告列车发生异音后，第一时间到现场对故障进行初期判断，切断5号车VVVF控制电源及制动控制电源措施采用得当。

列车发生机械故障，受现场条件所限，列车司机现场立即判断故障点难度较高，在未明确故障点时，根据转向架处伴有在牵引、制动工况时均有异音，惰性工况异音偏小，制动后期降速偏快，并伴有持续有异味、灼热感产生的异常状况。具备就近入库时，应立即申请清客，以空车运营方式就近入库，避免因机械部件故障不可控因素导致故障扩大化，危及行车安全。

3.故障处理及优化

（1）由于列车机械系统故障，列车司机在驾驶过程中不易第一时间发现故障。发现故障后，立即到故障现场处，采用目测、鼻嗅、触摸等方法进行判断。

（2）可采用列车运行中所处于牵引、制动、惰性运行状态判断异响对列车安全运行的影响。列车司机经过确认，为5号车1台转向架处在牵引、制动工况均有异音，惰性工况异响偏小，制动后期降速偏快，并伴有持续有异味、灼热感产生（标准值：齿轮箱温度≤90℃），现场判断可能是由于机械传动部件故障引发。

（3）列车司机第一时间切断5号车VVVF控制电源及制动控制电源，故障车由动车变为拖车，有效减小列车运行过程中机械部件间的磨耗，提升行车安全防护措施。

（4）设专人监护，随时保持联系，限速运行，遇有危及行车安全时，果断停车，妥善处理。

（5）及时与行车调度员联系，申请清客以空车运营方式限速就近入库或退出运营。

三、网络故障分析与处理

网络故障，通常是指由于列车通信网络故障，不能进行列车控制、监视、记录、检查等的故障。

1.通信网络系统的概述

列车通信网络是安装在列车上的计算机局域网络，将各子系统的控制器连接起来，实现整列车控制、监测、故障诊断及远程数据传输功能。列车通信网络的结构，一般包括列车总线和车辆总线两级总线结构。

（1）多功能车辆总线（Multifunction Vehicle Bus，MVB）是用于连接同一车厢或不同车厢的标准设备到列车通信网络的车厢总线，既提供了可编程设备之间的互联，也提供了可编程设备与其传感器和执行结构之间的互联。车辆总线主要完成根据通信列表周期性和相应的端口进行通信、参与非周期事件的问询、扫描设备进行管理、按顺序实现主权转移等任务。

（2）绞线式列车总线（Wire Train Bus，WTB）是用于连接各车厢（或单元）的节点，在整个列车上传输数据。

通信系统是传递信息所需的一切技术设备的总和。一般由信息源和信息接收者，发送、接收设备，传输介质组成。

网络控制的主要功能有:

(1) 控制功能:主要对列车牵引、制动、辅助、空调、门以及乘客信息系统进行控制。

(2) 监视功能:采集设备的状态信息,并通过网络传输到列车司机室显示屏进行显示。主要监视内容有:影响列车车辆安全与运行的重要参数;网络设备运行状态;各子系统重要设备状态与参数。

(3) 检查功能:牵引、辅助、制动、空压机工作状态、空气压力、车门开闭状态等系统的自动检查。

(4) 故障诊断与处理:列车网络控制系统可对本系统的故障自动检查、显示并记录。各子系统故障由各系统的故障诊断系统检测,并向中央控制单元传送。如:当故障等级为轻故障(1、2级时)TMS报警并在显示屏弹出故障信息和故障处理指南。

(5) 数据记录:列车网络控制系统通过事件记录仪能够记录车辆主要控制单元和部件的各种状态信息。如:事件记录仪通过车辆总线通信获得车辆状态信息、运行信息、实验信息、故障信息等,并将重要信息与数据以文件的形式记录在磁盘中。

2. 通信网络故障现象及判断方法

列车网络系统故障,一般通常指列车网络传输故障以及控制单元本身故障两种。这两种故障的故障现象均是指令不能准确传达给列车执行。因此它的故障现象一般有以下两种:

(1) 列车产生紧急制动;

(2) 全列无牵引。

判断方法:尝试进行车辆各功能的操作,如进行牵引操作、制动缓解操作、转换车辆驾驶模式(如AM向CM转换或CM向AM转换),车辆的监控显示器(如TMS、DMI)无反应等。

3. 网络故障成因分析

列车发生网络故障原因一般分为两类:一类为硬性故障,另一类为软性故障。

(1) 硬性故障:由于列车通过列车总线实行网络控制方式,因列车总线故障而引发故障。

(2) 软性故障:列车网络控制为列车总线与各个网络控制单元进行数据通信,因系统通信传输故障(系统死机等)引发故障。

4. 网络故障处理方法

列车网络故障的处理分为两种方法,即旁路法和重启法。

1) 旁路法

当车辆网络控制系统出现故障时,可以闭合列车司机室控制柜内的"紧急牵引"开关(有些车辆也称"应急运行"或"紧急运行"开关),采用切除网络控车的模式,使用应先控车的模式,仅维持列车的低效运行。通过紧急牵引开关可以直接向牵引逆变器的VVVF提供一个固定的电流信号，使列车能维持运行（图3-9）。这个电流值相当于牵引4级和常用制动7级的指令。

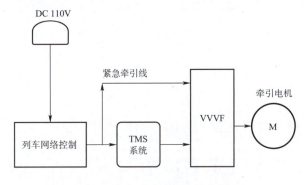

图3-9 列车网络控制图

2）重启法

重启法是当使用旁路法无效的情况下采用的方法，即将全列车蓄电池断开后重新闭合启动列车，使列车网络系统重新检测，恢复正常控制。采用此方法需要根据线路的具体情况而定，另外重启后启动列车时注意按"复位"按钮，以便为列车牵引操作提供条件。

案例五："混乱的"列车

1. 故障概况

××列车运行至××站台时，发现全列车常用制动不缓解，无法进行牵引操作，同时1号~3号车的空调系统自动投入运行，列车司机经处理后无法排除故障，采用手动切除单节车强缓塞门的办法使列车缓解，并向行车调度员申请列车救援。在救援过程中，列车司机发现列车仍然有某节车制动不缓解情况，扳动单节车强迫缓解塞门进行二次处理。

2. 故障现象确认及诊断

列车返回车辆基地后，控制系统厂家人员对列车的控制程序进行更新。制动厂家人员对故障原因进行深入分析，后期对车辆制动系统进行改造。

3. 故障分析

列车采用网络化控制技术，列车的牵引制动信号都通过列车的控制网络，传达到各车的DCU（VVVF逆变控制单元）、BCU，同时控制列车的空调等辅助功能。上述故障中，第一故障现象的原因是，位于Tc车上的GWM1模块中的一个控制程序丢失，造成数据混乱。同时，由于故障的GWM1模块没有完全坏掉，造成热冗余的GWM2模块没有自动投入工作，列车的控制指令不能正确地传递到每节车，造成了列车的常用制动不缓解，同时空调系统错误投入工作（图3-10）。

第二故障现象的原因是，制动系统在进行强迫缓解后，中继阀的平衡没有被及时破坏，造成列车出现制动不缓解的问题。

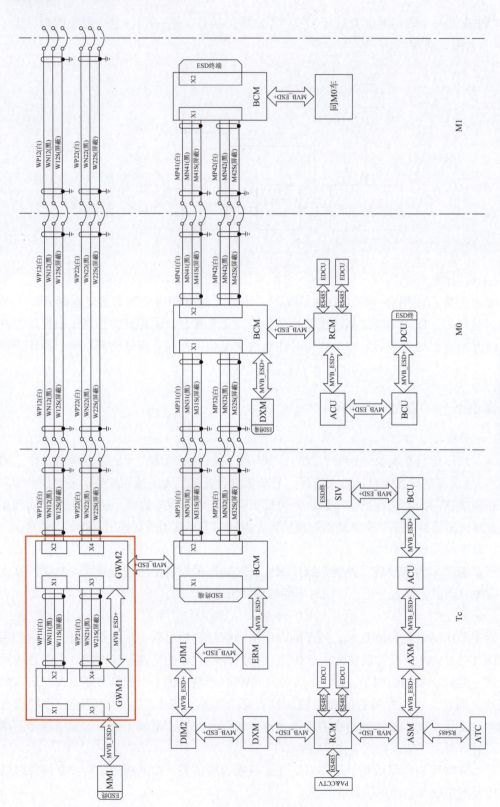

图3-10 某车的控制网络拓扑图

4. 故障处理及优化

第一故障现象的原因：

（1）列车的制动系统失效；

（2）列车控制环路发生短路，导致控制功能混乱；

（3）列车的控制网络传输故障；

（4）列车的控制程序故障；

（5）列车申请救援制动系统存在问题造成列车无法缓解。

牵引、制动系统发生故障后，经初期处理，初步判断为网络故障原因导致，应按动列车司机操纵台上的紧急牵引按钮，切除列车的控制网络进行试验。

列车的很多控制功能都是通过列车的控制网络进行传输，故障处理中应增加列车蓄电池的断开操纵步骤，以便通过蓄电池重启，让网络重新进行系统配置。

第二故障现象的原因：列车的空气制动系统存在问题，造成列车不能进行强迫缓解。处理步骤如下：

（1）通过TCMS判断列车为常用制动不缓解；

（2）检查列车的控制保险；

（3）采用紧急牵引模式进行试验；

（4）按动强迫缓解按钮，并进行牵引试验；

（5）切除列车的ATC系统进行试验；

（6）断开列车蓄电池重新启动进行试验；

（7）及时申请列车救援，进行列车的强迫缓解；

（8）强迫缓解后扳动制动手柄排出制动缸余压。

此列车故障为叠加故障，对其处理，一是应及时将故障现象分类，防止故障处理中的混乱。二是采用网络控制的列车都具有网络切除功能，处理中注意进行切除试验。

四、气路故障分析与处理

列车气路故障主要指，列车风源系统、总风管路、制动系统、空气弹簧系统、风动门系统等部分故障，造成列车供风过盈或供风不足。

1. 气路系统概述

列车气路系统主要包括风源系统、总风管路、制动系统、空气簧系统、风动门系统等几大部分，是列车运营安全的核心部件之一。气路系统为各个气动部件提供风压，利用控制指令改变风压的大小，控制气动部件动作，使列车完成行进、停车等运作。

（1）风源系统。列车通过空压机产生压缩空气，压缩空气通过空气干燥器后进入总风缸、制动风缸和总风管。风源系统主要包括列车的空压机和总风缸两个部件，是风源系统各部件的动力源，为车辆所有气动部件提供压力空气。根据空压机电机的供电形式，有直流空压机和交流空压机之分；根据空压机工作原理的不同，城市轨道交通车辆主要使用往复式空压机和螺杆式空压机。

（2）总风管路。总风管路是将空压机提供的压力空气传送到各节车辆，为相关部件提供风源，其传输的核心部件主要在车钩位置配备有高压软管、总风塞门、总风连接器等，以便于不同车辆连挂后整列车的总风压力仍然保持一致。

总风管材质大多是橡胶，经长期使用，逐渐老化，成为总风管路故障的高发点。

（3）空气制动系统。空气制动是城市轨道交通车辆的制动形式之一，空气制动系统在收到使用空气制动的指令时，通过机械阀门的移动，变换风缸内的气压值，推动制动杆传动，使力作用在转动部件上（如车轮或车轴），进而使列车制动或缓解制动。空气制动系统的故障形式大多表现为制动不缓解和制动力不足。

（4）空气弹簧系统。空气弹簧系统是车辆的二系减振装置，为保持车辆高度一致，其自身内压力与载客量多少成正比关系。车辆的制动系统通过采集空气弹簧压力信号，作为车辆载重信号，并通过EDCU的计算，给出不同的制动压力信号，保证列车在相同级位、不同载重情况下有相对一致的制动距离。

空气弹簧系统的故障会引发空气管路故障、高度调整不水平以及制动不足等。

（5）风动门系统。风动门系统，是利用风缸推动列车车门开启和关闭。

2. 气路的故障现象及判断方法

气路系统对车辆的安全运行十分重要，下面分析气路系统中比较常见的几个故障现象。

1）漏风

漏风，即空气管路内的泄漏现象。漏风大多可分为两种情况：一是泄漏量小于空压机排气量。泄漏量小于空压机排气量时可满足列车行驶要求，此时列车表现为空压机持续运转，可能会听到泄漏声音；当大量使用风源时，风缸压力快速降低。二是泄漏量大于空压机排气量；泄漏量大于空压机排气量时，风源不能满足列车行驶要求，当泄漏到低于紧急制动压力值要求时，列车将会紧急制动。

2）总风压力不一致

在列车总风管路的作用下，空压机将空气送至各节车辆，并保证各节车辆压力相同。当总风压力不一致，且当某一处压力过低时，会造成单车紧急制动或部分施加停放制动的情况。列车司机可通过列车两端总风压力不一致，判断此故障。

3）车体倾斜

车体倾斜是指，车体不能达到水平状态，向某侧倾斜。车体倾斜大多可分为两种情况：车体倾斜未超出车辆限界以及车体倾斜超出车辆限界。当车体倾斜超出车辆限界后，由于车辆倾斜较大，会有较明显的倾斜角度。

4）制动不同步

制动不同步是指，在下达制动指令时，各列车响应不一致，造成个别列车制动或缓解缓慢。

判断方法：

（1）耳听判断。此方法仅限于对漏风点的判断，压力空气大量泄漏时必然伴随较大声响。列车司机在判断具体故障点时可以采用耳听方法，主要检查车辆空气管路的高压软管及各管路之间的橡胶连接器件。

（2）外观检查。如空气弹簧系统故障造成的车体倾斜等问题。列车司机应该全面掌握车上各部件的外观状态，如制动软管的安装状态和外观状态，通过外观检查，能够提早发现车辆可能发生的故障。

（3）仪表判断。车辆信息系统提供了多种车辆信息数据，如闸缸压力、风压表等的实时数据显示，通过信息数据可判定出车辆发生的各种故障。

观察压力表状态主要是观察总风压力有无异常变化。如：若总风压力连续下降，降至规定补风压力值以下空压机仍不启动，则可认定控制气路出现问题；若总风压力下降很快，导致闸缸压力显示紧急制动压力值，同时听到较大的漏风声，可认定是总风管裂损严重等。

（4）驾驶经验。长期驾驶列车，司机对线路、列车、设备等会有较高的熟识度，可利用经验判断列车异常状态，如列车牵引时速度变换较慢、惰行时列车降速较快等，进而发现车辆可能存在的故障；再通过对仪表的观察、现象的分析，初步判断故障。

3. 气路故障成因分析

造成气路故障的原因可分为人为因素和自然因素。

1）人为因素

一是列车空气管路系统压力部件在安装过程中的工艺不精，导致部件松动脱落、管路漏泄等；二是车辆投入运营前检查、试验不到位，致使管路塞门位置不正确、空压机运转不正常等。

2）自然因素

主要是车辆长期运行，造成风管路接头及压力部件老化、堵塞、部件失效等。

（1）部件老化。气路系统中为了密封高压空气，采用了大量柔性橡胶材质的密封部件，这些部件又恰恰容易受到高温、高寒、高外力作用而失效。在列车的运行过程中，这些都是不可避免的，也是常见故障的原因之一。

（2）堵塞。高压空气在管路内高速移动，必然会将杂质、水汽等带走，而且车辆制造工艺也有相应的对策，故一般较少发生管路堵塞的情况。但在实际中也偶有发生，例如：冬天在室外运行的车辆，由于制动系统各阀体结构较为复杂，在极低温度下容易造成阀体内部凝结水汽，甚至结冰，造成微小气路的堵塞，从而影响整体气路系统的工作。

（3）部件失效（调整不当）。随着电控技术应用的深入，现在的制动系统也大多有各自的电子控制单元，根据列车的控制指令，通过一个部件或几个部件的协同配合实现将电信号转换为压力控制。在此转换过程中，如果某个电磁阀或机构失效，同样会造成车辆的气路系统无法正常工作。此时从故障现象上很难区分部件失效和气路堵塞之间的区别，只有在通过气路系统原理进行的故障分析中，方可确定故障是部件失效还是气路堵塞造成的。

4. 气路故障处理原理

总体上讲，气路故障的发生从现象上区分，一种是气路阻塞，另一种是严重漏泄。所以处理该故障的原理：

气路阻塞尽可能将通路疏通,以保证列车气路系统正常工作。如:塞门关闭要将其打开;空压机因故未工作,查明原因使其恢复工作等。

如果气路严重漏泄,就要想办法将漏泄点隔离,以保证列车整体供风正常。如总风漏泄严重影响列车因压力不足产生紧急制动时,要查明故障处所,将故障车两端总风塞门关闭,切断漏风点,保证其他车辆供风正常。

案例六:被迷惑的现象

紧急制动电磁阀具有失电制动、得电缓解的功能。如果一组城市轨道交通列车当中有一节车的紧急制动电磁阀因故障失电,造成单节车的紧急制动不缓解会有什么现象?应如何进行处置呢?

1. 故障概况

司机在执行关门作业完毕后,人工驾驶牵引出站时,列车刚刚启动就停下,之后在停车与启动间不停往复。即司控器手柄置于牵引位时,车辆就重复上述现象,而司控器手柄置于制动位,列车正常停车且无故障显示。

2. 故障分析

如今的城市轨道交通车辆制动系统都增加了一个叫"保持制动"的功能,其原理也在前面作了简单的介绍。保持制动的施加与缓解,从目前车辆控制系统上看,是制动系统通过接收既有的车辆状态信息,通过逻辑运算控制常用制动系统施加一定压力值的制动压力,并没有增加任何单独的检测部件。制动施加条件逻辑关系,见图3-11;制动缓解条件逻辑关系见图3-12。

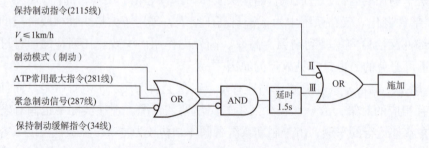

图3-11 制动施加条件逻辑关系图

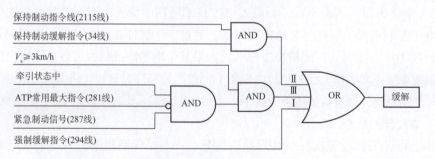

图3-12 制动缓解条件逻辑关系图

从保持制动缓解条件逻辑关系可以看出，缓解的条件有三个：

（1）ATO系统输出保持制动的缓解指令；

（2）列车在牵引状态且车速大于3km/h；

（3）列车施加强迫缓解指令，三者是或的关系，当有其一时保持制动即可缓解。

在此案例中，仅分析手动正常驾驶的情况，保持制动的缓解条件只能是第二个条件，列车处在牵引状态，且车速大于3km/h。此时，如果一节列车产生紧急制动且列车司机没有发现，列车只检测是否处于制动状态；而当列车停止时，由于保持制动的作用，列车本就应该处于制动状态，这时列车认为是正常制动，不提示故障也不对列车的制动状态进行检测。当列车启动后，由于保持制动需要缓解，列车开始检测制动状态，当发现有某节车制动时，立即通过制动系统向牵引控制电路反馈故障信息，并切除牵引，列车速度在阻力作用下降低，当速度低于1km/h的时候，再次施加保持制动直至列车停止；而列车停止后，列车因保持制动施加，再次处于制动状态，列车又不检测制动状态，认为列车是良好的。因此时司控器手柄仍然处于牵引位，故列车认为处于正常状态后再次牵引。当列车启动后，重复上述故障，就造成了案例中所描述的故障现象（图3-13）。

3. 故障处理及优化

因为一节车的紧急制动电磁阀已经故障，此时必须切除该车的空气制动管路。一般车辆都有单节车制动强缓塞门，列车司机只要切除该塞门，就可以将此节车的制动用风全部排出，也就缓解了紧急制动状态，当列车再次启动时就不会发生影响牵引的情况。

随着车辆制造技术的复杂、各设备功能的增多，一个气路部件，所引起的故障现象，可能会误导列车司机认为是一个电路故障。这就需要列车司机全面地了解整个车辆的控制系统，才能对故障现象进行分析，同时根据车辆特点，采取正确的故障处置措施。

五、线路故障分析与处理

线路故障是指，由于线路本身，如钢轨、道岔、道床等故障，造成列车不能正常运营。线路是列车运行的基础，一旦发生线路故障，如果处理不当，都会发生较大的安全事故。因此，列车司机在处理线路故障时，须谨慎判断，不可贸然行车。

1. 线路系统的概述

线路一般由钢轨、轨枕、道岔、道床、连接零件和轨道加强设备组成。

线路的主要作用是引导车辆的运行，直接承受车辆车轮的垂直力和水平力。此外，还受雨、雪、风以及温度变化的影响；温度应力式无缝线路还承受一定的温度应力，并把这些力均匀地传递给路基和桥隧建筑物。

城市轨道交通线路设计原则主要有以下几方面：

（1）城市轨道交通线路应为右侧行车的双线线路，并应采用1435mm标准轨距。

（2）城市轨道交通线路必须为全封闭形式，并宜采用高密度、短编组组织运行。远期设计行车最大通过能力宜采用每小时40对列车，但不少于30对列车。

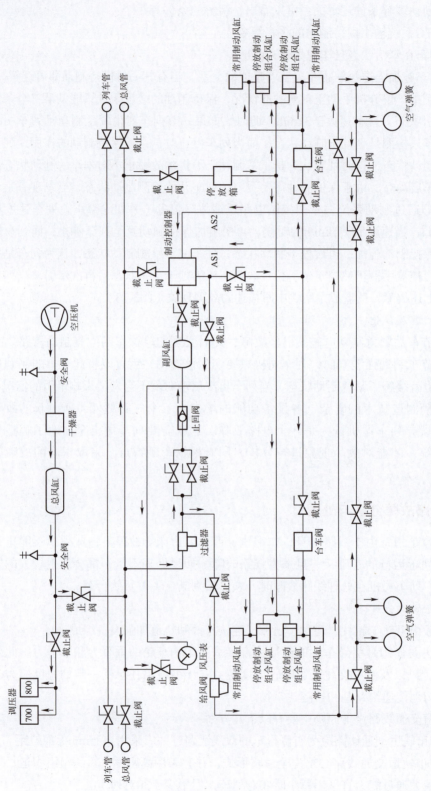

图3-13 列车空气管路图

（3）城市轨道交通车辆基地的设置应根据线网规划统一考虑，按具体情况可以一条线路设一座车辆基地或几条线路合建一座车辆基地。当一条线路长度超过20km时，可根据运营需要，在适当位置增设车辆基地。

（4）城市轨道交通各线路之间，以及城市轨道交通与其他城市轨道交通线路相交处的换乘，应采用便捷换乘方式。城市轨道交通与其他常规地面公共交通的换乘，宜做方便换乘的统一规划。

（5）设计城市轨道交通浅埋、高架及地面线路时，应采取降低噪声、减少振动和减少对生态环境影响的措施，使之符合国家现行的城市环境保护相关规定。

（6）城市轨道交通地面和高架结构的形式和体量的确定，应考虑对城市景观的影响并注意与周围环境的协调。

（7）城市轨道交通工程抗震设防烈度，应根据当地政府主管部门批准的地震安全性评价结果确定。

（8）跨河流和邻近河流的城市轨道交通地面和高架工程，应按1/100的洪水频率标准进行设计。对下穿河流或湖泊等水域的城市轨道交通工程，应在进出水域的两端适当位置设防淹门或采取其他的防淹措施。

2. 线路故障的影响

线路故障通常可分为线路设备故障（如线路异常、积水、钢轨伤损、道床故障、道岔等其他设备故障、限界侵限等因素造成），地面线路及高架线路处于露天模式运营，更易受天气因素影响（如风、霜、雪、雨、雾等）都会对本线甚至整个路网运营带来极大影响。影响正常列车牵引、制动等工况，造成车轮踏面擦伤，轻则错过制动时机而未能按标准位置停车，重则限速运营或采用分段运营的方式，甚至造成中断运营。

处置原则：一旦线路发生故障，列车司机应及时查明原因，按程序进行汇报，妥善处置，不可贸然行车。

3. 线路故障的处理

在日常行车过程中，主要是根据异常振动、异常声音以及钢轨异常形态发现线路钢轨故障，再根据及时查明原因、不可贸然行车的处理原则进行处理。

1）钢轨断裂

钢轨裂纹主要由列车轮对的冲击、摩擦造成。同时钢轨裂纹也包括钢轨本身含有杂质造成的各部件开裂。常见于列车冲击较大的部位，如钢轨接头、轨道不均匀沉降地段、小半径曲线地段等。

钢轨发生垂直断裂（图3-14）、斜向裂（图3-15）、碎裂（图3-16）时，如发现异常情况，须立即停车，报告行车调度员。观察故障现场，视影响程度，听从指挥，列车限速运行。

钢轨发生碎裂或顶面揭盖无法加固时，必须立即设置停车信号进行防护，并报告行车调度员，尽量缩短影响列车运行时间，根据情况控制列车运行速度。

图3-14 钢轨垂直断裂

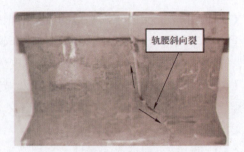
图3-15 钢轨斜向裂

2）碎石道床线路路基下沉

发现碎石道床线路路基下沉（图3-17）后，确认不致危及行车安全时，要按规定设置限速标，列车限速通过故障地点，并报告行车调度员。

图3-16 钢轨碎裂

图3-17 碎石道床路基下沉

线路路基下沉量较大时，应立即设置停车信号牌，对故障地点进行防护，并立即报告行车调度员。

案例七：异样的轨道

1. 故障概况

某日，列车司机驾驶列车运行至A站至B站上行区间进站前10m左右位置时，列车司机感觉列车右侧有明显起伏晃动。进站停车后，列车司机及时将此事汇报给行车调度员。行车调度员立即要求后续列车限速运行，并重点观察该区间线路状态，并要求线路专业人员到该区间登乘，排查故障原因。后续车次列车司机发现该位置右侧钢轨有隆起（图3-18），在限速20km/h通过的情况下，仍有起伏感。在线路专业人员要求下，后续列车再次降低限速至10km/h，并要求后续列车司机密切观察该区段线路情况，发现走行轨有断裂或其他危及行车安全的情况，应及时停车处理及汇报。

2. 故障原因及处置

经查，轨道隆起的原因是，位于该线路下方的新建线路违规施工。经当夜紧急抢修及有关部门对该区间车辆运行安全性与平稳性进行评估后，线路恢复开通。

在此次线路故障中，列车司机严格执行标准化作业流程，有较高的安全意识，发现列车有异常晃动后，及时上报行车调度员，防止了次生事故的发生。

六、供电故障分析与处理

供电设备故障会造成列车无电，进而影响列车运营。供电系统故障，一般判断、处理及恢复的时间较长，对运营影响较大。同时，由于列车无电，会使乘客产生不安定心理。在此类故障的处理中，要实时注意安抚乘客情绪，提升服务品质。

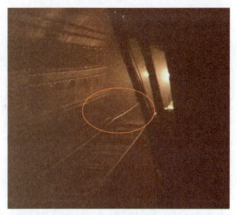

图3-18 轨道隆起

1. 供电系统概述

接触轨的供电电压一般为DC 750V，其优点是使用寿命长、维修量小。但缺点是电压偏低，对于大运量的车辆供电，牵引变电所需距离较近。有些城市的轨道交通接触轨供电电压为DC 1500V。

接触网的供电电压一般为DC 1500V，其优点是安全性较好，供电电压较高，适应于大运量系统供电。

无论是悬挂式还是接触轨式，接触网都必须确保能可靠地为列车供电。要求接触网在任何条件下，都能保证良好地供给列车电能，并在符合下述要求的情况下，尽可能地节省投资、结构合理、维修简便、便于新技术的应用。

（1）在恶劣的气候条件下机械结构具有稳定性。

（2）设备及零件具有足够的耐磨性和抗腐蚀能力。

（3）设备结构简单，零部件互换性强；便于维护、抢修。

（4）列车受流器与接触网直接接触滑行面，保持平滑过渡无突变。

2. 接触轨、网的构成

1）架空悬挂式接触网

架空悬挂式接触网将线索或导电排及零部件可靠连接接续，把导电体、支持装置、绝缘元件、电气设备等连接成一个能传递电能且有支持功能，同时具备相应强度的整体系统，以确保牵引电流的不间断供给。

架空悬挂式接触网在地面与地下隧道内的架设方法是不同的。隧道架空式接触网分为，柔性悬挂接触网与刚性悬挂接触网。柔性悬挂接触网采用弹性支架、链形悬挂形式；刚性悬挂接触网采用刚性汇流排悬挂形式。地面架空式接触网采用腕臂与软（硬）横跨相结合的悬挂形式。

（1）柔性悬挂。柔性悬挂可概括为简单悬挂和链形悬挂两大类。其特点是，受电弓与接触悬挂接触良好，适应较高速运行。柔性悬挂又分为地面架空式和隧道架空式。

（2）刚性悬挂。刚性悬挂是指固定的导电体受流过程中在受电弓或集电靴的作用下基本不变形。汇流排是刚性悬挂的关键部件，一般用铝合金材料制成。刚性悬挂接触网将传统的接触线夹装在汇流排中，用汇流排取代了承力索和馈线，并靠它自身的刚性保持接触线的固定位置，使接触线不因重力而产生较大弛度。刚性悬挂主要由铝合金汇流排、接触线、绝缘元件和悬挂装置组成，一般用于隧道段。其中，铝合金汇流排既作为固定接触线的嵌体，同时又作为导电截面的一部分。即刚性悬挂将传统的接触线夹装在汇流排中，汇流排取代了承力索，靠它自身的刚性保持接触线的恒定位置，使接触线不因重力而产生弛度。

2）接触轨式

在城市轨道交通牵引供电系统中，DC 750V或者DC 1500V供电一般采用第三轨。它的优点是隧道净空高度低、结构简单、造价低，缺点是人身和防火方面安全性差，与架空式接触网难于衔接。

接触轨系统主要由接触轨、接触轨支架或绝缘子、绝缘防护罩、弯头、连接板、膨胀接头、锚结、隔离开关、电缆等主要零部件构成。其中，接触轨、弯头、连接板、膨胀接头、锚结一般由接触轨厂家配套。

供电系统故障可引发通信系统、信号系统、接轨网（轨）系统，照明等系统无法正常投入，会造成列车停运、全线停运及次生事故发生。因此，一旦供电系统发生故障，对整体路网影响极大。列车司机应沉着冷静，准确判断并妥善处置突发事件。

3. 供电故障原因分析

供电故障的原因，主要有以下几点：

（1）接触轨（网）断电为牵引供电系统自身的设备、设施故障引起；

（2）接触轨（网）断电为外部原因引起的大面积停电引起；

（3）接触轨（网）断电为非车辆故障引起的接触轨无电，如接触轨（网）结冰、异物侵限等；

（4）接触轨（网）断电为车辆故障引起，如列车高压母线、受流器接地等。

根据供电故障的原因，可分析出供电故障对列车运营的几点影响：

（1）接触轨（网）突然无电，造成在线运营列车失去牵引动力，导致运营列车大面积晚点、停运，引起站台乘客大量滞留，扰乱正常的城市轨道交通运营作业秩序；

（2）迫停区间的列车在无动力的情况下，使用蓄电池提供应急照明、应急通风，无法满足正常的照明和通风需求，易引发车内乘客情绪激动，甚至引起恐慌。

4. 供电故障的判断方法

供电故障判断中，查找故障点、断送电程序复杂，造成查找、处理故障时间一般较长。所以，尽快确定是车辆原因还是供电系统原因，是后续处理故障的基础。

1）接触轨

列车在运行中遇接触轨突然无电，列车司机、电力调度员、变电站值班员应同时分别检查设备状态查找设备故障，并及时处理。行车调度员应及时通知列车乘务员检查车辆。当供电系统设备自动实行延时接触轨重合试送电时，列车司机分别注意观察各车状态，通过异味、是否有侵限、强光、异音等，查出故障部位，确定故障车辆。

如自动实施"延时接触轨送电"仍无法送电，且无明显现象时，列车司机应尽快脱离全部受流器，并报告行车调度员再次送电。如第二次接触轨试送电成功，则说明车辆本身有故障，如第二次接触轨试送电仍不能成功时，说明供电设备故障。

2）接触网

列车在运行中遇到接触网无电。首先将列车受电弓全部降下，并报告行车调度员送电，如送电成功，说明是列车问题造成供电故障。如送电不成功，则说明为本身供电接触网故障。如确定列车问题造成供电故障，当全部受电弓降弓后，升起某单弓（或满足行车的最小升弓数）后，立即清客退出运营。

5. 接触轨与接触网突然停电应急处置的区别

在现场应急处置过程中，接触网类故障的处理要比接触轨相对简便，主要体现在以下几个方面：

（1）更安全。受电弓可在司机室内通过按钮方式完成列车受电弓的"降弓""升弓"作业，相对较为简便和安全。受流器中若无电动抬起受流器的功能，则需要司机通过现场确认及使用受流器脱离钩等工具进行处置，由于受场地空间、光线等限制较不安全。

（2）更快捷。从数量上来说，列车受电弓大致由两至三组弓组成，安装在列车顶部，在发生故障排查时，一般采用全部降下单弓升起实验的方式。而在大部分受流器对称排布在列车底部两侧，在排查故障时需要将两侧的受流器同时脱离（抬起），如无电动抬起受流器的功能在操作数量及时间上都比受电弓长，进而对运营影响也较大。

（3）无断电区在造成无电现象的因素中，使用接触轨的线路还需要考虑到处于断电区的因素。

案例八：意外的闯入

1. 故障概况

某日，列车司机驾驶列车运行至某站进站前K14+300平直线路区段，行车调度员通过电台联系列车司机，询问列车是否无网压，列车司机确认T_C车网压表为"0"，行车调度员要求列车司机"尽量维持运行到前方站，到站后等候命令"。列车司机惰行中，通过网压表确认接触轨恢复供电，在进站过程中列车司机听到列车左侧中部有放炮声，网压表再次显示为"0"。

2. 故障现象确认及诊断

列车司机通过T_C车网压表为"0"、车站内无断电区、列车全列牵引无流，判断列车接地，造成无网压。列车司机向行车调度员申请下车查看情况，通过站线中央的广告牌及车体间的间隙，到达列车中部，闻到一股焦糊味道，然后在附近区域认真查找，发现列车3号车左1台车，空气弹簧高度调整杆上有清晰的撞击痕迹，高度调整杆下部底座与车体连接处断裂，底座卡在受流器上，导致列车接地。

确认接地点后,列车司机联系行车调度员申请停电,得到行车调度员关于列车所在区段已停电的通知后,列车司机确认网压表为"0",然后在车下做好接地防护,防止再次送电造成安全事故。

列车司机试图将底座捆绑在转向架上,但又担心捆绑不牢造成再次接地。于是,列车司机将底座从调整杆上拆除,将高度调整杆绑于转向架上,确认受流器不影响正常使用,同时再无其他接地点后,将底座带回列车司机室,并撤出接地装置,确认人员均处于安全位置后,向行车调度员申请恢复供电。

列车恢复供电,列车司机确认接地点已解除后,联系行车调度员,接调度命令,就地清客退出运营。

3. 故障分析

根据区间运行中行车调度员询问列车是否无电、进站过程中列车左侧中部出现放炮声、列车网压表显示为"0"的现象,列车司机先期判断可能存在高压接地故障,接地点大概在车辆左侧中部位置。列车司机根据行车经验先期判断可能是:异物侵入限界、高度调整杆脱落、安全钢索脱落、高压母线脱落、受流器脱落等。

此次故障为异物在列车运行中突然侵入限界,撞击列车空气弹簧高度调整杆,造成其底座折断,脱离车体与受流器相接触。

4. 故障处理及优化

在此案例中,列车司机遇到突发情况,冷静、沉着,保持了清晰的头脑,基本按照应急故障处理流程进行了快速处置,在短时间内恢复了正线运营,但有部分环节还可以进一步优化。

列车司机在确认是列车接地故障后,可以肯定列车无法继续维持正常运营,应在处理接地点时,与行车调度员联系,向行车调度员申请进行清客作业。这样一来,站务人员的清客作业,就可以与列车司机排除故障工作同时进行,能进一步缩短处置时间(联系行车调度员、接调度命令,站务员进行清客),尽快开通正线。

此类故障可参考的处置流程是:

(1)如运行中列车发生接地故障,应维持运行至车站或平直线路;

(2)将列车制动妥当,实施高级位制动,断开母线重联高速断路器和电制动开关;

(3)通过眼看、耳听、鼻嗅的方法找到接地点,如不能找到可联系行车调度员,申请二次送电,列车司机在列车司机室两侧,通过观察找到接地点;

(4)找到接地点后,通知行车调度员,申请停电;

(5)确认停电并做好接地防护;

(6)针对接地点不同,可采取拆除、绑扎、挂受流器等方法解除接地点;

(7)确认接地点完全解除,人员均处于安全位置后,撤除接地防护;

(8)通知行车调度员,申请恢复供电;

(9)如果供电恢复,确认接地点已解除,清客退出运营回车辆基地;如供电恢复时再次接地,须抬起列车全部受流器,申请救援,救援时注意列车风压,必要时接通总风塞门，防止列车因风压不足产生制动。

针对列车接地故障，主要有以下几点提示：

（1）列车接地一般都会产生放炮、发光并出现焦煳气味，所以可以通过眼看、耳听、鼻嗅的方法快速找到接地点。如果找不到，可以申请二次送电，列车司机在司机室观察，通过发光、冒烟点找到接地点。

（2）处理接地故障前，必须向行车调度员申请停电，并通过观察网压表或按压强迫泵风按钮试验，确认已停电，然后做好接地防护，处置完毕后及时撤除接地防护，确认所有人员处于安全位置后，方可向行车调度员申请恢复供电。

（3）对于发生的故障接地点，根据具体情况可采取绑扎、拆除或抬受流器的方法进行解除。列车常发生接地的位置有：受流器及高压母线（图3-19）、两车间高压重联线（图3-20）、空气弹簧高度调整杆（图3-21）、空气弹簧安全钢索（图3-22），发生接地故障后对上述位置应重点关注，处置方式具体如图3-23所示。

图3-19 受流器及高压母线

图3-20 两车间高压重联线

图3-21 空气弹簧高度调整钢索

图3-22 空气弹簧安全杆

处置完列车高压接地故障后，在列车运行前，列车司机必须确认母线重联高速断路器母线重联开关在分断状态，防止造成二次接地。若不断开母线重联高速断路器母线重联开关，当列车运行速度大于5km时，此时虽然故障车受流器被挂起，但母线重联高速断路器母线重联会开关投入工作，将列车高压母线重联，可使故障位置再次接地，导致事故扩大。

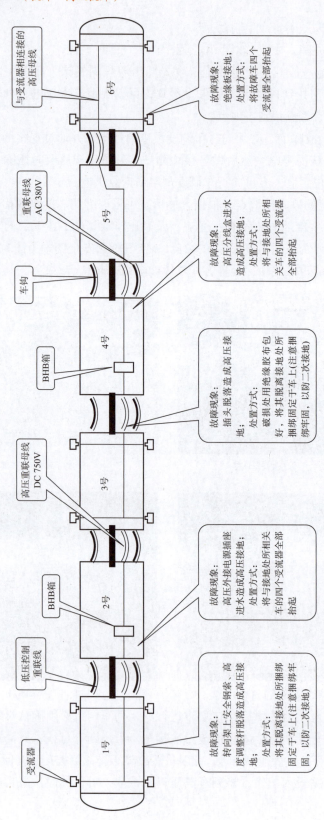

图3-23 造成高压接地故障点示意图

七、信号故障分析与处理

信号系统故障包括车载、地面信号故障。此时列车将失去信号的安全防护，处于较大的安全风险之中，应尽快脱离正线。

1. 信号系统的概述

城市轨道交通信号系统主要由联锁、道岔转换装置、信号机、轨道电路/计轴、ATS、轨旁信号［区域控制器（Zone Controller，ZC）/线路控制器（Line Controller，LC）］、数据通信系统（Data Communications Subsystem，DCS）、车载、信号维护监测系统（Maintenance Support System，MSS）等设备组成。

2. 信号系统故障现象及判断方法

信号系统故障通常分为地面系统故障、车载系统故障两大类。遇地面系统故障，通常是由行车调度员指挥车站值班员及列车司机，根据行车组织办法中有关地面信号系统故障方案行车。遇车载系统故障，需列车司机进行人工操作处理后，按照行车组织办法中相关条款，进行后续行车。

车载信号系统的故障主要包含三个方面：

（1）车载ATC系统故障；

（2）无线通信中断；

（3）列车位置信息丢失。

3. 车载信号系统故障的处理

车载信号设备的故障原因是多种多样的。对于列车司机来说，根据每一种车载设备的故障原因，逐一采用最有效的故障处理方法是有较大难度的。因此应化繁为简，以提高车载信号设备故障的处理效率，尽可能减少对运营线产生的影响。当车载信号设备故障时，采用非限制人工驾驶模式与车载信号系统重启，是两种直接、易操作、快速的处理方式。

1）采用非限制人工驾驶模式

车载信号设备发生故障时，无须判断车载信号设备故障的种类和故障点，经允许后，列车司机切除车载信号，如列车故障现象消失，则判断为车载信号设备故障，后续按照车载信号故障的处置预案行车，即可快速处置。但是，这种方法存在两个弊端，一是车辆失去车载系统的防护，容易发生行车安全问题；二是列车在采用非限制人工驾驶模式时自动切断了车地之间的无线通信，无法联动控制屏蔽门的开启和关闭，需要各岗位之间的配合协同作业。

2）车载信号系统重启

车载信号设备发生故障时，如采用上述方式，将会造成列车立即清客返回车辆基地。为了减少高峰时段清客对运营正线的影响，或者某一客流高断面清客对运营组织的影响，可在运营线进行车载设备系统的重启，排除因程序错误或设备死机等原因造成的故障。

车载信号系统重新启动后,无线通信和列车位置信息暂无,此时列车无法进入最高等级运营模式(如CBTC),完全恢复须具备两个条件:一是车辆具有良好的无线通信;二是车载信号系统具有列车位置信息。

列车司机在处理信号系统故障时,应先判断故障类型(车载或地面信号),按照处置流程处置;在切除或是降低列车驾驶模式时,由于会对后续列车造成加大影响,应严格得到允许后再进行降级或切除操作;在确定为信号系统故障后,由于此时列车安全控制等级降低,列车司机在后续的行车过程中,要防止次生事故的发生。

案例九:停止的列车

1. 故障概况

××年××月××日,××车单列车司机值乘,列车自动驾驶模式运行至A站,列车出站0.5m,全列紧急制动。列车司机切除ATP后,列车无法运行。进行两次重启后,列车恢复。图3-24为DMI界面的全部信息显示。

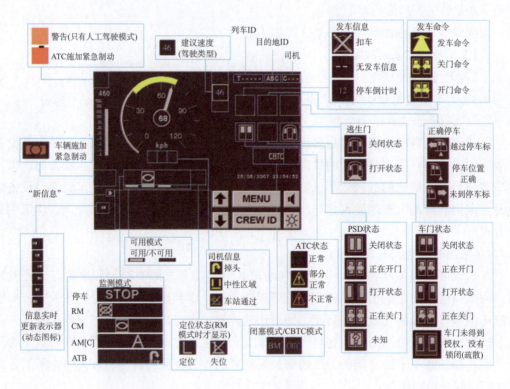

图3-24 DMI全部显示信息

2. 故障分析

1)先期故障判断及处置

列车司机根据DMI左上角红色方块和左下角车辆紧急制动图标的显示,初步判断为车载信号系统故障,如图3-25所示。

列车司机向行车调度员申请切除ATP运行至下一站，获得允许后，将车载ATP驾驶模式切除，采用人工驾驶，此时发现全列无牵引。

2）故障分析

该故障属于车载信号系统故障。在CBTC下为自动驾驶模式，列车的牵引或常用制动指令由信号发送给TMS，而紧急制动指令由车载系统直接控制。紧急制动又分两种：一种是非信号系统引起的紧急制动（图3-26），另一种是信号系统施加的紧急制动。

图3-25 AM驾驶信号故障的DMI显示

图3-26 车辆施加紧急制动DMI显示

本案例中，根据DMI显示判断为行车自动控制施加的紧急制动。因此，列车司机认为切除车载ATP后，列车就能够人工驾驶。实际上切除ATP后，仍无牵引。此时，需要立即进行ATP系统重启试验。

本案例中，列车紧急制动的原因是车载ATP死机。死机的故障现象有：DMI左上角显示ATC施加紧急制动图标、左下角车辆施加紧急制动图标、红色速度指针、AM/CM显示可用状态、左下角"信息实时更新显示器"停止扫描、驾驶模式转换后DMI无响应。图3-25显示的即是车载ATP系统在ATM模式下死机的故障现象。

而AM模式下的紧急制动指令，由车载ATP系统直接控制。ATC通过控制紧急制动环路继电器的得电或失电，来达到紧急制动施加和缓解的目的。当车载ATP系统死机后，会发出紧急制动指令，安全环路中的ATC内相应触点（EBRD）断路（图3-27中圈出部分），从而导致紧急制动环路继电器失电，列车施加紧急制动。

在自动驾驶模式下，TMS接收ATP/ATO发送的牵引、制动指令，然后再控制各动车的VVVF和各车网关阀、智能阀。其工作原理如图3-28所示。当车载ATP死机后，列车司机将驾驶模式转至OFF模式并按下ATP旁路按钮，缓解列车紧急制动。但牵引运行时，有可能会发生列车无牵引的情况，其原因可能有以下两种：

（1）驾驶模式转变后车载ATP未做响应，致使列车牵引电路未从ATO控制切换至人工控制；

（2）ATP软件系统和TMS软件系统在ATP死机后无法进行正常模式转换，致使人工驾驶无牵引。当列车司机在OFF模式下进行重启后，车载ATP系统断电，TMS不再接受车载ATP系统的输出指令，因此在OFF模式下牵引列车启动。

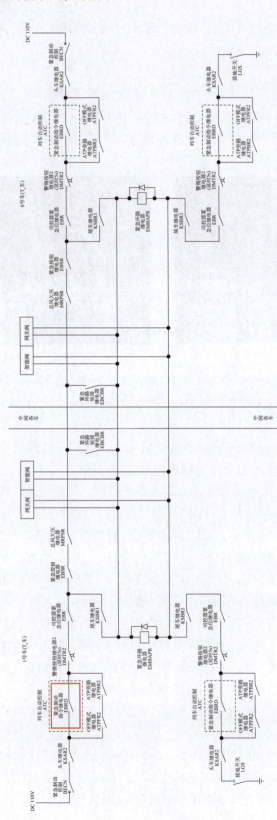

图3-27 紧急制动安全环路电气原理图

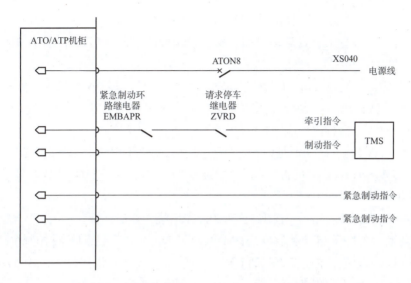

图3-28 车载ATP系统牵引、制动指令输出电气原理图

列车司机第一次进行ATP重启未成功的原因在于,虽然重新闭合了ATP重启开关,但是由于偶发原因(可能是ATP重启开关故障),车载ATP系统并未得电,反映在列车司机操纵台上,即DMI上方的电源灯不亮。图3-29为车载ATP系统电源灯显示的示意图。第二次重启后,车载ATP系统正常得电,因此能够重启成功。

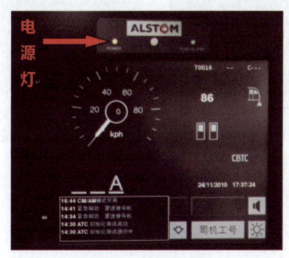

图3-29 DMI屏电源灯显示示意图

3. 故障处理

本案例中,列车司机立即观察DMI,判断为车载信号系统故障引起的全列紧急制动。

列车司机向行车调度员申请切除车载ATP运行至下一站,再行重启,得到准许后,将车载ATP驾驶模式转至OFF模式并按下ATP旁路按钮,此时紧急制动缓解,但全列无牵引。

列车司机立即进行ATP重启作业：闭合ATP重启开关，几秒后断开。此后，列车司机在等待中发现DMI一直未进入启动界面。检查控制屏内ATO1~8及ATP重启开关，皆在正常位置。

在OFF模式下，再次试牵引，列车启动。运行至下一站，开关门作业完毕后，进行ATP重启作业，获得成功。RM模式出站，列车信号系统接收到速度码后，恢复运行。

4. 故障处理优化分析

（1）观察DMI显示，判断是何种原因造成紧急制动不缓解。如果是ATC施加的紧急制动，进一步观察DMI显示是否死机。如果是ATP死机，则信息实时更新显示器不再扫描，且驾驶模式转换时DMI屏上无变化。

（2）当发现DMI死机后，立即进行车载ATP系统的重启作业。

（3）若断合ATP重启开关后发现DMI电源灯未亮，应当立即检查控制屏内ATO7开关（ATO7是DMI电源控制开关）是否正常。如果断开，立即将其恢复，并再次断合ATP重启开关，进行二次重启作业。

列车在正线经常出现的车载ATP故障一般有三种情况：失去定位（图3-30）、丢失速度码（图3-31）、车载ATP死机。

图3-30　车载ATP系统失去定位DMI显示

图3-31　列车丢失速度码紧急制动DMI显示

列车在运行中出现车载ATP失去定位的情况时，DMI界面中左上角有ATC施加紧急制动图标、左下角有车辆紧急制动图标、列车显示失位、表盘指针红色、列车有STOP字样，此时需要就地重启。如果行车调度员允许的话，列车司机将驾驶模式开关转至OFF位并按下ATP旁路按钮，此时列车紧急制动可以缓解，可牵引运行。

列车在运行中出现车载ATP丢码的情况时，DMI界面左上角有ATC施加紧急制动图标、左下角有车辆紧急制动图标、有定位、表盘指针红色、有STOP字样，此时列车司机需要就地重启，或联系行车调度员根据其命令将模式开关转RM位至前方站线踩码，列车可以缓解紧急制动牵引运行。

列车遇紧急制动时，一定要判断是因ATC引起的紧急制动还是车辆故障引起的紧急制动。发现车载ATP死机后，应将驾驶模式转至OFF位并按下ATP旁路按钮缓解紧急制动，但有时无法牵引运行。在CBTC模式下，不论车载ATP系统是丢码、失位还是死机，

第三章　列车故障分析与处理

就地重启都是最好的解决方法。将驾驶模式转至OFF模式必须与行车调度员联系，得到准许后，方可转换。改按站间闭塞法、切除车载ATP运行时，一定要严格限速，注意信号灯显示。

第二节　列车疑难故障分析与处理

知识目标

1. 掌握列车疑难故障的判断处理方法（高级技师）；
2. 掌握列车疑难故障问题分析与解决方法（高级技师）；
3. 掌握列车电路控制原理（高级技师）。

技能要求

能查找、分析列车疑难故障（高级技师）。

一、叠加故障分析与处理

上述章节对列车电气故障、机械故障、网络故障、气路故障、线路故障、供电故障、信号故障等影响列车运营的故障分别从故障的原因、处理、风险、优化等方面进行梳理和学习。但在日常行车过程中，故障类型不胜枚举。

1. 叠加故障概述

叠加故障主要是指由常规故障叠加的故障类型。常规故障现象，通常指运营企业已在故障处理手册中注明的故障现象；叠加，通常指两个或多个故障同时或先后出现，致使列车不能正常运营。

2. 叠加故障的处理方法

1）顺序处理

顺序处理，即是按照原有的标准化操作顺序进行处理。标准化操作通常是符合统一原理、简化原理、协调原理和最优化原理的操作流程。按照标准化操作的顺序进行处理，可使处理有序，避免丢故障、少处理等方面的问题。

2）先主电路、后低压控制电路

当主电路与低压控制电路故障叠加时，建议先处理主电路的故障，后处理低压控制电路的故障，以减少无效的操作步骤。由于主电路是列车动力的主要来源，如主电路故障时，先处理低压控制电路，则会造成重复无效处理，增加处理时间。

3）乘客为先

乘客是出行关系中服务的主体。因此，在有叠加故障现象时，应先处理容易造成乘客恐慌以及影响乘客出行的故障。如在站台时，遇列车门与其他故障叠加，应保证列车门可全开，以保证乘客乘降作业，同时减少对乘客的影响。如在区间内，发生乘客服务设施(如客室照明/空调等)与其他故障的叠加，原则上先处理乘客服务设施的故障，以保障乘客情绪稳定，再处理其他故障。

4）安全至上

当列车主要系统出现叠加故障时，先处理列车"停不下来"的故障，再处理列车"走不了"的故障。列车主要系统发生叠加故障时，列车已经处于较大危险的情况下，要先将列车尽快处于安全状态，所以应先处理列车"停不下来"的故障，再处理列车"走不了"的故障。

案例一：叠加故障

1. 故障概况

某日，列车采用自动驾驶模式，运行至A站后，全列车门打不开（门允许灯不亮）。列车司机立即按照全列打不开门流程进行处理。完成A站开关门作业后，转换人工驾驶模式驾驶列车。此时，列车全列无牵引。切除车载ATP后，列车可牵引，与行车调度员联系后，清客退出运营。

2. 故障现象确认及诊断

列车运行至A站停车后，门允许灯不亮，无法进行开门作业。列车司机立即确认控制屏内列车车门控制开关（TCN）在正常位置，断定故障由车载ATP系统引发。确认列车停车到位，联系行车调度员，将列车驾驶模式转为RM模式，列车司机操纵台上门允许灯点亮，完成开关门及乘降作业。

关门后列车司机将模式开关转为CM模式运行，牵引时，列车不启动。列车司机迅速检查关门灯、制动不缓解灯、门选向开关皆正常，然后根据上一故障情况，果断从车载ATP入手进行处理。

列车司机将驾驶模式转至RM模式，试牵引，列车仍不启动。列车司机申请切除车载ATP运行，获得行车调度员许可后，将车载ATP切除，试牵引，列车启动，列车司机接行车调度员命令，立即清客退出运营。

3. 故障分析

该列车"门允许灯"是判断开关门作业的指示灯。门允许灯亮时，可以进行开门或关门作业，反之则不能。从门允许灯电路图（图3-32）中可知，有两条电路可以为门允许灯提供电源。第一条电路是由DC 24V电源经过闭合的控制开关QF44、被按下的试灯按钮、正常二极管d19、正常的门允许灯HL14接地，从而构成闭合回路。第二条电路是由DC 24V电源经过闭合的控制开关XCDN、闭合的门使能继电器触点（DENR）、正常二极管d18、正常的门允许灯HL14接地，从而构成闭合回路。第一条电路在车辆基地内试车时才会用到，而正线运营的列车只会使用第二条电路。而本案例中，正是由于第二条电路中的（DENR）未闭合，造成门允许灯未亮。

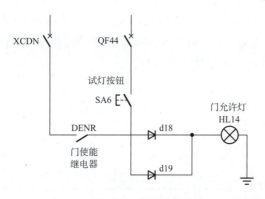

图3-32 门允许灯控制电路电气原理图

  DENR未闭合是由于该继电器未得电造成，该继电器未得电是由于相应的使能信号未被提供。图3-33为门使能电气原理图，从图中可知，第一种情况，在AM模式或CM模式下列车在站开门，门使能信号是由DC 110V电源经过车门控制开关DOORN、头车继电器KSAR3、左门使能继电器DELR提供给各门控器。第二种情况，在RM模式下，列车在站开门，门使能信号是由DC 110V电源经过车门控制开关DOORN、头车继电器KSAR3、左门选开关SC1-L、零速继电器AVZR、RM模式继电器ATPRMF（或ATPRMR）提供给各门控器。第三种情况，在列车车载ATP切除模式下，列车在站开门，门使能信号是由DC 110V电源经过车门控制开关DOORN、头车继电器KSAR3、左门选开关SC1-L、5km/h继电器5SDR、ATP旁路继电器ATPBPR1提供给各门控器。三种情况下，部分电流都会经过晶体管d38、门使能继电器DENR接地。在本案例中，列车司机通过将车载ATP驾驶模式降至RM模式打开车门，因此可以判断在AM模式或CM模式下左门使能电路未构成，之所以未构成，是因为左门使能继电器DELR未闭合（或相应继电器未得电）。

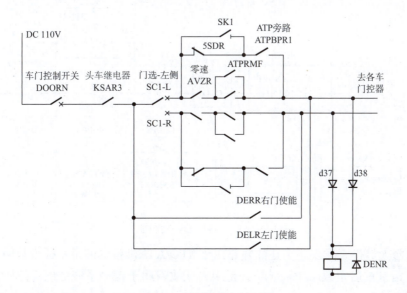

图3-33 门使能电路电气原理图

左门使能信号由车载ATP提供。图3-34是ATC安全输出电路图，从图中可知，左门使能继电器DELR能否得电是由ATO/ATP机柜内部电路控制。如果ATP故障致使左门使能继电器不得电，就会使在站列车无法正常开门。

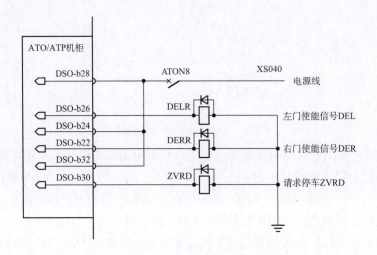

图3-34 ATC安全输出电气原理图

本案例中，列车无牵引的原因在于，CM模式或RM模式下请求停车继电器触点ZVRD未闭合，如图3-35所示。当列车司机将车载ATP模式置于OFF模式时，OFF模式继电器ATPFR1闭合，相当于将未闭合的ZVRD旁路，从而构成牵引控制回路。请求停车继电器ZVRD的电源是由ATO/ATP机柜内部电路控制。如果ATP故障致使请求停车继电器不得电，则牵引控制回路就无法正常建立，从而使列车无牵引。

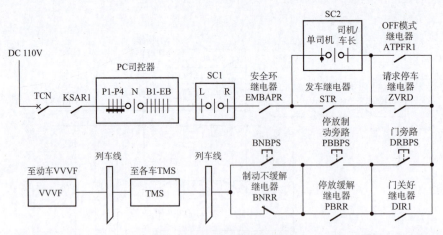

图3-35 列车牵引控制电路电气原理图

最终维修人员检查发现，上述故障是由于ATO/ATP机柜内的某个插件故障所致，而之所以列车司机重启车载ATP未成功，是因为该故障属于信号系统的硬件故障，重启不能使之恢复。

4.故障处理及优化

（1）在站开门，"门允许灯"不亮时，检查列车车门控制开关在闭合状态，可以判断为信号系统原因引起，应进行的操作：

确认DMI显示停车位置正确后，将ATP模式开关置于"RMF"位，列车司机控制器手柄置于"紧急"位，将门选向开关置于站台侧，"门允许灯"亮，可以开门；

（2）关门后，恢复驾驶模式至CM模式，列车全列无牵引时，"门允许灯"仍不亮，应首先判定为信号系统故障未解除：应向行车调度员申请切除信号系统出站运行返回车辆基地。

二、非常规故障分析与处理

列车是由多个子系统组成，相互辅助运行的联动体。随着科技的发展，列车已从原有模拟电路、机械控制向数字电路、电气控制、网络控制进行转变。同时，运营线的设备环境、运营环境等复杂及不稳定，会导致出现不能预见的故障。当非常规故障现象出现时，列车司机应本着沉着、冷静的心态进行处理。

1.非常规故障的概述

非常规故障，通常是指运营企业故障处理手册未能预见的故障现象，致使列车不能正常运营。

2.非常规故障的处理方法

1）心态冷静

列车司机在处理非常规故障时的心态是非常重要的，应保持沉着、冷静的心态进行初步判断。只有对列车是否可控、对运营是否影响、是否可找到故障原因、是否可采取有效措施等问题有准确判断时，才能给后续操作提供可靠依据。

2）列车状态判断

列车的状态判断，是对列车所处状态的综合判断。主要包括：当列车司机给出指令后列车是否执行、是否反馈等方面。执行，是指列车按照列车司机指令进行动作，如驾驶手柄放置在制动位、列车制动系统动作、列车带闸等；反馈数值，是指列车自身提供的各项系统数值，如风压读数反馈、速度值反馈等。

3）对于执行指令

当列车司机给出列车指令后，列车能按照列车司机的指令执行。此时，可认为列车在可控状态，疑难故障对运营线的影响风险降低，可尝试判断故障的原因，并进行有效处理，或适时退出运营。如列车司机给出指令后，列车错误执行或不执行，则可认为列车在不可控状态，此时列车如在非制动状态，则应采用多种措施立即停车，并尽快脱离正线；若列车在制动状态，应尽快退出运营。

4）对于给予反馈信息

列车司机在驾驶过程中，通过与列车各子系统的实时反馈信息交互，对列车进行有效控制。当列车司机给出指令后，列车如能正确反馈，可判断列车在可控状态，可尝试判断故障原因并进行有效处理。当列车不能给出反馈数值或不能给出正确反馈信息时,首先判断是否是反馈介质的问题,如列车监控显示器、信号监控显示器等是否死机、黑屏等,如可排除,则说明是反馈媒介或信息源存在问题,由于不能正确采集列车状态信息,建议尽快退出运营。

5)运营方式判断

在发生疑难故障时,如判断当前列车不可控,则采取任何措施,立即退出运营线。当列车可控,则判断故障对乘客是否有风险。如有风险,尽快清客退出运营,如对乘客出行无较大风险,则以尽量减少对运营的影响为原则。

案例二:危险的溜车

1.事件概况

某日,××线××车次列车运行至A站开关门作业时,列车车门全开,进行乘降作业。由于本车前发单车VVVF故障,司机按操作要求将手柄置于紧急位,按下复位按钮进行故障复位。此时,列车突然开始向后溜车。TMS显示屏显示"牵引100%"与紧急制动间不断切换。司机进行多种操作均未起作用。之后,列车由于A站与后续B站间的U形线路原因,在区间溜停。

2.故障分析

1)车辆故障原因

事故发生后,检修人员在对该车进行检查过程中,发现2号车断路器箱内L2接触器100VA接线端子有电灼伤痕迹,通过检测判定2号车VVVF控制箱控制电路切除开关100V—100VA触点阻值偏大,造成接地悬浮。

2)车辆故障分析

紧急制动是一个失电制动型的制动系统,它本身就有故障倒向安全的特点,从上述现象可见,列车司机切断了紧急制动电路的电源,但为何车辆的紧急制动没有施加,反而造成了列车溜行呢?下面来看看该车型的紧急制动电路。

正常情况下,列车的紧急制动控制电路原理如图3-36所示。

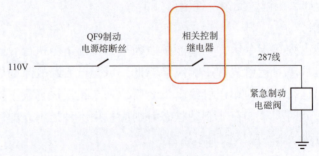

图3-36 列车紧急制动控制电路

当列车失去110V电源、QF9跳开、相关控制继电器控制触点断开,都会造成287线失电,列车产生紧急制动。但在实际的列车电路中,287线不会如此简单连接,比如在实车上就会有一个分支，如图3-37所示。

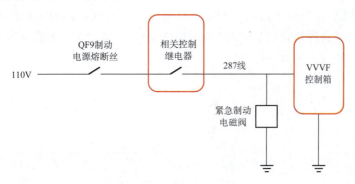

图3-37　列车紧急制动控制电路示意图

287线的信号送到VVVF里起何作用呢？车辆设计人员为了确保在产生紧急制动时，列车不再给出牵引或电制动，就直接采集了287线信号。当列车产生紧急制动时，VVVF直接终止牵引，防止牵引与制动同时施加的情况；在制动时立即停止电制动，防止制动力过大擦伤车轮。这个设计看起来对车辆的功能完善起到了至关重要的作用，但就是这个设计成为此次车辆故障的原因。

VVVF控制箱内电路示意如图3-38所示。

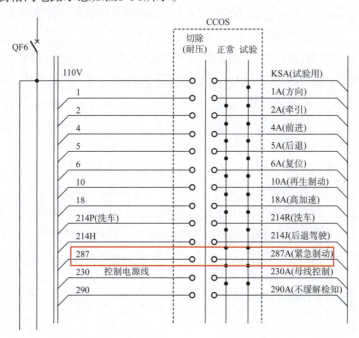

图3-38　VVVF控制箱内电路示意图

控制电路切除开关CCOS是此次故障的元凶，它安装在车下的VVVF控制箱内，平时只有在车辆进行调试和耐压检测时才会扳动此开关，正常运行时不会使用，一直处于正常位置。

287线经过控制电路切除开关后就变成了287A线，经由司控器紧急位继电器接地。

VVVF内部通过读取司控器紧急位继电器的状态,实现相应的控制功能。

控制电路切除开关担负着调试和耐压检测的作用,因此控制电路切除开关上有一对触点是VVVF控制箱的对外接地电源100V—100VA(图3-39)。当这个触点的电阻增大以后,整个VVVF箱内的零电位提升。

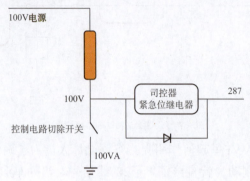

图3-39　控制电路切除开关工作原理示意图

当控制电路切除开关的触点正常时,由于接触电阻很小,其触点上的压降几乎为零,这时100V—100VA等电位,287线相对于100V线是110V电压,二极管由于反向电压的作用截止,司控器紧急位继电器正常动作。

但是此次故障时,控制电路切除开关的触点故障,接触电阻增大,此时由于串联电阻的分压作用,100V相对于100VA就不再是等电位,而是具有了一定的电压。如果控制电路切除开关的电阻足够大,100V相对于100VA的电压可能超过紧急电磁阀线圈的释放电压,这时虽然287线本身的110V电压没电,100V的高电位经过二极管向列车287线继续供电,其余列车紧急电磁阀因为一直带电,不能释放,列车始终不能产生紧急制动。

3. 故障处理优化

在此次故障处理过程中,列车司机第一时间将列车客室门关闭,保障了故障时乘客的人身安全。但在使列车停车的处理中,稍显混乱,也因故障原因太过复杂,未能找到有效的处理措施。此时,列车司机可采用停放制动的方式。由于停放制动与故障的控制系统不相关,若按压"停放施加"按钮,则可施加停放制动,使列车制动停车。若仍无法使列车停车,可采取断开全列蓄电池的方法,强行使列车制动系统断电,产生紧急制动停车。

案例三:黑屏的惊险

1. 事件概况

某日,列车运行至A站至B站时,突然网压为0V。列车司机驾驶列车惰行到B站后,车辆监控显示器显示1~7号车受电弓状态、牵引、制动、车门等系统均通信异常,8号车显示正常(图3-40)。列车司机初步判断为网络故障,随即采取使用备用模式和切除ATP等各项操作,但列车受电弓依然无法升弓,列车司机判断为列车存在网络和升降弓故障,无奈最终采取救援。

第三章 列车故障分析与处理

图3-40 故障列车监控显示器显示

2. 故障分析

列车救援返回车辆基地后，2号车、4号车、7号车受电弓依然无法升弓，7号车所有直流设备无电（含应急照明、车侧指示灯等），1~7号车通信异常。

车辆记录显示，2号车、4号车受电弓降弓。而7号车受电弓状态没有记录（图3-41）。

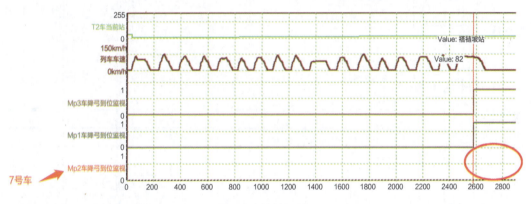

图3-41 列车行车记录

现场情况检查中确认7号车端子排中32100地线对地电阻不为0，检查后确认该线存在严重烧蚀情况（图3-42）。

图3-42 地线实际烧损情况

分析：因7号车32100地线严重烧蚀，造成列车网络和列车升降弓系统同时发生故障。

1）列车升降弓系统故障的原因

因7号车32100总地线对地电阻不为0，即7号车32100有悬浮电压。

（1）该悬浮电压虽可造成7号车22-K03、22-K04经重联线到达其他车串电吸合，但22-K05继电器和升弓电磁阀未经重联线，所以22-K05继电器和升弓电磁阀无法得电吸合（图3-43）。

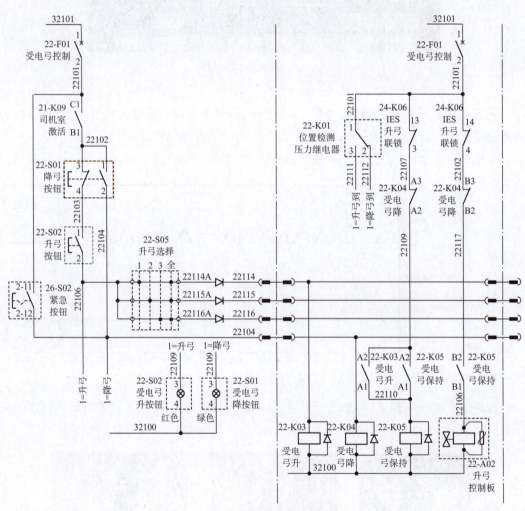

图3-43 受电弓控制电路图

（2）又因为2号车、4号车、7号车三个车24-K06（IES联锁继电器）经重联线并联在一起，7号车32100悬浮电压导致2号车、4号车、7号车三个车24-K06（IES联锁继电器）得电，常闭触点断开，使得2号车、4号车、7号车三个车22-K05继电器和升弓电磁阀无法得电吸合（图3-44）。

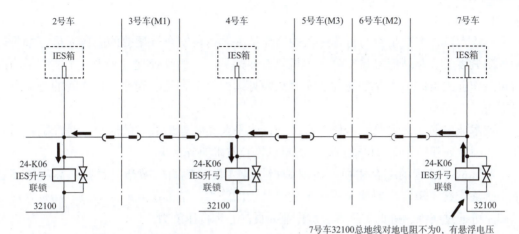

图3-44　IES联锁电路图

2）列车网络故障的原因

因7号车32100总地线对地电阻不为0，造成7号车所有没有重联线的直流设备无电，因此造成7号车网络设备停机，又因为全车网络为串联关系，所以造成1~7号车各项监控丢失。

此次故障中，列车司机沉着冷静、思路清晰、判断准确、应对得当。在区间发生故障时，根据线路情况果断利用惯性运行，避免因列车无电停留区间而带来的不良后果；在后续处理故障时，及时准确判断为故障叠加且无法处理，立即请求救援，减少了故障影响时间和社会不良影响。

第三节　列车故障处理方案的编制

知识目标

1. 掌握故障处理的影响因素（高级技师）；
2. 掌握故障处理优化的原则与方法（高级技师）；

技能要求

能编制列车疑难故障解决方案（高级技师）。

一、故障处理的影响因素

列车在正线载客运行中，是一个大型的联动机体，列车运营的稳定，受作业人员、设备、管理水平等多种因素影响。

1. 作业人员方面

作业人员，主要是参与行车运营中为保证乘客运营安全、便捷的服务人员，主要包括行车调度员、车站值班员、列车司机等专业人员。在故障处理过程中，主要的影响因素包括作业人员的技术业务能力、实际故障处理的综合素质、作业人员之间的协同配合等方面。

技术业务能力，主要是指作业人员理论水平及实际处理故障的能力，是准确判断故障点、高效处理的保证。可通过基础类培训增长技术业务水平。

实际故障处理的综合素质，主要是指作业人员在喧闹、嘈杂、紧张、高压的环境下，排除干扰、镇定自信地完成现场故障处理的能力，是准确判断故障点、高效处理的基础。可通过演练、仿真实际等磨炼作业人员的心理抗压能力。

作业人员之间的协同方面，主要是指行车组织中的各岗位之间的联动、协同共管等能力，是高效处理的保障。可通过正确梳理各岗位作业流程、应急预案以及协同演练等方式，提升各专业间配合的默契程度。

2. 列车设备方面

列车设备，主要是指参与行车运营中的载客运营的车辆，是列车司机主要的工作场所。在故障处理中，列车作为主要设备，列车的车辆质量、各系统部件的疲劳程度、列车司机室布局等方面是故障的风险因素。

车辆质量的优劣是车辆故障的主要因素。车辆质量的提升、各系统的稳定运行，是降低车辆故障率的主要基础。所以，在列车修程后，列车司机应着重关注修程内的检修部件引起的有关故障。同时也要关注车辆设计中，各系统部件的稳定性。

各系统部件的疲劳程度，是车辆故障的影响因素之一。车辆的材料、零件和构件在循环加载下，会在某点或某些点产生局部的损伤，这些损伤具有隐蔽性，不易作出预判。所以，应在车辆设计以及驾驶培训中，对各系统部件进行详细的讲解，为准确、快速判断故障提供信息和依据。

列车司机室布局应合理，应以心理学、生理学、解剖学、人体测量学等学科为基础，设计应符合人体结构和生理心理特点，以实现人、机、环境之间的最佳匹配，使处于其中的人能有效地、安全地、健康和舒适地进行工作，减少由于人为原因造成的车辆故障频次。

3. 管理水平方面

管理要素，主要是指管理者在制定各岗职责、处置流程等方面对车辆故障处理的影响。通过制定岗位职责、处置流程、标准化等规章，优化故障处理的流程、有效地提升可操作性。

二、故障处理方案的编制方法

1. 故障处理流程的多目标

列车故障种类繁杂，同时列车在正线运行时所处的环境因素也较为多样，列车司机的水平也参差不齐。所以，在制定故障处理流程时，要考虑多目标性。在故障处理流程中，应考虑到多方面的影响因素，结合"天时（环境）、地利（车辆）、人和（列车司机）"制定有关流程。

多目标，是由于故障影响因素较多，各公司管理目标角度不同造成的。因此，故障处理流程应按照处理后对运营影响较小到影响较大的顺序、步骤处理时间较少到处理时间较长的顺序、故障频次高发到故障频次低发的顺序、独立处置到协作处置的顺序进行多目标分析，综合制定故障处理流程。

2. 减少人为出错的风险点

列车故障处理中的关键节点在于准确判断故障点、高效处理故障、减少后续影响这三点。通过对此三个关键节点的分析，采用智能方法辅助或代替作业人员，进而减少人为出错的风险。

3. 减少处理时间

有效减少处理时间，减少不必要的确认、处理、判断、记录等时间。正线运营过程中，处理故障的时间都是以秒为计量单位。对现有故障处理流程的统计分析表现，在处理过程中仍有等待书面调度命令、记录故障信息、逐级上报、反复处理步骤等环节，应通过智能方法，减少程序性工作，进而减少处理时间，减少对乘客的影响。

第四节　列车故障处理流程的制定原则

知识目标

1. 掌握列车故障处理流程制定原则（高级技师）；
2. 掌握列车故障处理流程制定内容（高级技师）。

技能要求

1. 能协助编制列车疑难故障解决方案（高级技师）；
2. 能根据列车疑难故障解决方案编制列车故障处理流程（高级技师）。

一、编制样式原则

编制样式，即是在编制列车故障处理流程时写清故障处理的要素，包括故障分类、故障现象、故障判断、处理流程、预计处理时间、安全风险、应对措施等。

1. 故障分类

根据实际故障对故障进行分类，以便列车司机能快速地根据故障分类索引查找故障处理方法。常见的故障分类有车门系统故障、制动系统故障、牵引系统故障、控制系统故障、辅助系统故障、PIS系统故障等。

2. 故障现象

为能给各等级的列车司机提供故障处理依据，应精简扼要地写明该故障的具体现象。例如：整列车右侧车门无法关闭、HMI显示4个辅助逆变器故障等。

3. 故障判断

当故障现象给出后，可先期判断为某类故障，但仍要继续写明该故障的判断依据。其中，可包括列车司机给出指令时的列车反馈、执行情况，或者列车的异常状态等。

4. 处理流程

当判断为某故障后，应写明处理该故障的具体步骤。可按照"检查→操作→确认→检查→操作→确认"的形式来编制故障处理的每一步。对于一些常见故障，可以铺画故障处理流程图，以便列车司机在处理故障时一目了然。

5. 预计处理时间

预计处理时间，一般指该故障在处理过程中所用的时长。预计处理时间应基于该故障处理的操作时长、各岗位联系时长，同时考虑该线路最短间隔以及运营公司的指标体系等因素综合确定。

6. 安全风险

在处理故障过程中，会遇到某些短接空气开关、闭合或断开某个继电器等的操作。这会使列车暂时丧失某种功能，或者暂时存在某种安全隐患等，都应该在安全风险中描述清楚。

7. 应对措施

针对安全风险，应提出相应的应对措施，如限速、变更驾驶模式等。

二、编制内容原则

列车故障处理流程的编制，不仅是为了处理列车某个故障，同样也在一定程度上地反映了运营企业的管理理念。部分运营企业，会以列车司机能在正线尽可能准确地找出故障点后，采取高效的处理方式，以尽可能减少影响为理念。此种方式，对于列车司机的业务能力、实际经验要求较高；另有部分运营企业，则会以列车司机快速处理为前提，利用"大旁路"的原则，减少处理步骤和判断步骤，快速处理为理念。此种方式，虽然步骤减少，降低了列车司机业务能力的需求，快速地处理了故障，但可能会因为"大旁路"的使用，造成某些故障对运营影响的扩大化。以下提出几个可遵循的编制原则。

1. 根据列车原理图及排除方式编制

列车故障处理流程应根据列车原理图（电路图和气路图）以及所关联的故障点，按逐个排除的方式进行编制。列车发生的各类故障，可根据其控制原理按图索骥，逐步排查。

2. 列车故障处理流程编制应考虑运营企业的适用性因素

这些因素主要包括：列车司机、车辆的质量、运营影响程度等方面。

1）列车司机

在故障处理流程中，应考虑列车司机业务水平、人因工程等因素。业务水平的高低，取决于列车司机驾驶及处理故障经验的累积等。因此，在编制时，应考虑本企业列车司机的实际业务水平，制定可执行的、人为失误率较低的故障处理流程。同时，应考虑人因工程的因素，将人-列车-环境有机地结合在一起，如将排查、处理的顺序按照先列车司机操纵台、后控制屏柜等排列，减少列车司机的无序排查，减少人为失误造成的次生故障。

2）车辆的质量

在故障处理流程中，应充分考虑车辆的状态。列车是由多个子系统组成的联动体，在编制故障处理时，可根据前续各子系统的故障数据，以及故障频次、动作频次等，考虑故障处理的流程顺序，制定高效的故障处理流程。运营线上故障发生概率较高的，通常是电气部件动作频率较高的系统，如车门系统、制动系统、牵引系统和信号系统等，可在排列排查顺序时，首先排查动作频次、故障频次较高的系统或部件，提高处理效率。

3）运营影响程度

在故障处理流程中，应考虑处理步骤对运营的影响。使用旁路法、重启法等处理故障，都会对运营秩序造成部分影响。其中，有的需要损失列车部分功能、有的需要限速、有的需要立即清客等等。因此，在制定故障处理流程时，应充分考虑处理步骤对运营的影响，可按照对运营影响从小到大的顺序进行排列。

案例：定制的规章

××线全列无牵引故障处理流程

一、××线的运行图要素摘要

（1）技术速度：上行44.7km/h；下行44.8km/h。

（2）旅行速度：上行36.6km/h；下行35.6km/h。

（3）运用车组数：20组。

（4）列车最小间隔：3min。

（5）全日开行列数：482列。

单程里程数按20km计算（站中心单程里程为19.175km）。

二、车辆概况

本线路是××年开通的线路，上线车组20组，配属车辆25组。车辆未进入定、架修等修程，采用下部受流、8节编组、A型车等。

三、司机概况

本中心是××年建成,司机平均驾龄2~3年,男性占比95%。

四、编制要素

根据上述运营要素,本线路运行间隔适宜,如高峰时间发生故障,留给司机判断及处理故障时间较短,因此适合采用少判断、快速处理的方式。

下面以牵引故障为例:

首先根据电路图,梳理造成牵引故障的因素:

当发生全列无牵引的故障时,可分析其低压控制回路中的各空气开关及电器触点。这些空气开关、触点有涉及控制电源的熔断丝,还有开关门状态、制动缓解状态、信号系统状态等继电器触点,通过闭合相关的旁路开关来逐步排查处理。任何一个环节状态不正常,都将造成牵引低压控制回路断路,使列车控制系统无法发出牵引指令。另外,列车之所以能产生动力驱动列车运行,是因为电网高压直流电源(750V或1500V)通过主电路使牵引电机得电,产生牵引力驱动列车。若无电网高压,列车牵引主电路将无法构成回路,造成全列无牵引。故此,有无电网高压也应是排查故障的其中一个环节。

根据影响因素,以及少判断、快速处理的原则,编制处理流程。

故障现象:

将司控器推至牵引位,"牵引系统状态栏"中无牵引力显示。

故障处理:

(1)按压复位按钮牵引试验,检查网压、关门灯状态、相关熔断丝位置是否正常。

(2)按压紧急牵引、保持制动切除按钮、合门关好旁路、牵引回路门选旁路,牵引试验。

(3)与行车调度员联系,得到允许后,切除信号试验。

(4)如以上措施无效,请求救援。(具备推进条件的,换头推进)

如当司机驾龄进一步增长、专业技术等级进一步提升,可进一步细化故障操作流程,以降低对后续运营的影响。

故障处理:

(1)检查HMI上是否有故障提示并按其指示处理。

(2)检查关门灯应点亮,将"门选向开关"扳至站台侧后,回"0"位试验。

(3)检查网压应正常。

(4)通过HMI确认操纵车为激活端。若未激活,将方向手柄在"0"位与向前位之间切换试验。

(5)手动进行牵引试验。(上坡路段视情况进行牵引高级位试验)

(6)按下"复位"按钮后,进行牵引试验。

(7)检查电器开关柜内相关保险应在闭合位,如有跳开立即闭合试验。

(8) 按下"制动强迫缓解"按钮后，进行牵引试验。

(9) 将牵引回路门选旁路置于"旁路"位试验（如正常，立即申请清客掉线或就近返回车辆基地）。

(10) 在确认列车车门已关闭良好后，闭合门关好旁路开关，进行牵引试验（如正常，立即申请清客掉线或就近返回车辆基地）。

(11) 与行车调度员联系，得到允许后，进行信号"切除位"试验。

(12) 更换操纵台试验，正常后推进运行，立即申请清客掉线或就近返回车辆基地。

(13) 断合蓄电池（注意按"复位"按钮）试验（如故障恢复维持运行至终点站掉线）。

(14) 请求救援。

第五节 列车检修修程的编制

知识目标

掌握列车检修修程的分类（高级技师）。

技能要求

能根据列车故障解决方案提出修程修制建议（高级技师）。

城市轨道交通列车运行一段时间后，各部件和构件由于振动或磨耗会产生松动、变形或损坏。为了保证运行安全和提高使用寿命，有关管理部门预先制定了车辆的日常检查、维护规范和车辆检修的各种技术规程。在列车检修过程中，鼓励采用智能化方法进行检查与维修。同时，检修主管部门应组织编制设施设备维护规程。维护规程的发布、修订、废止等应经充分技术论证后方可实施。

一、列车检修制度

1. 按检修方式分类

在列车检修修程中，按照检修方式大致可分为预防性维修和故障维修两种。

1）预防性维修

预防性维修主要是指在列车未发生故障，或者未造成损坏的情况下，对列车设备进行系统性的检查、测试、更换，以防止故障发生的维修方式。在预防性维修中，也同样存在三种维修方式，分别是定期检修、状态检修和主动检修。

（1）定期检修。定期修检也称定修，是指按照列车制造时生产厂家对各部件的寿命时间进行系统计划，并根据计划时间定期维修的工作，也可叫作计划修。此种方式，不考虑设备当时的运营状态。因此，会造成维修过度、资源浪费的情况。但由于可提前制定计划，合理筹划配件、检修人员等因素，从而保证较高的维修质量。

（2）状态检修。状态检修也称状态修，是指根据列车系统的监测设备和检测技术，通过对列车的健康数据及信息进行周期性的检测、分析、诊断、预判等，给出列车的运行状态，并根据必要性进行维修。此种维修，属于趋势类管理，对于列车基础数据的管理、准确性、监测布点、数量等均有较高的要求。同时，监测类的传感器，属于精密仪器，对于工作环境有较高要求。列车的环境常伴有尘土、噪声、振动等不利因素，会给监测数据带来更多奇异值，造成误报警。

（3）主动检修。主动检修也称主动修，是指主动寻求系统设备故障可能产生的故障点，根据长期的数据和经验积累，主动采取事前预防维修的方式。主动维修往往注重于消除故障根源、控制故障因素，但由于故障产生因素错综复杂，其控制只能针对部分可控因素，无法完全防止故障的发生。

2）故障维修

故障维修，是列车发生故障后，针对故障进行的维修，通常是以消除故障为目的。

2. 按检修时间进度分类

在列车检修修程中，按检修时间进度通常分为日常检修（日检、列检、月检）、定修、架修和大修。高修程覆盖低修程。

轨道列车的修程一般根据运营企业对列车的维修要求制定，由于各运营企业维修模式不同，列车的修程也不尽相同。一般列车的修程分为以下几等级：

1）日常检修

日常检修主要是在日常进行，以检查为主，可分为：日检、列检、月修三个等级。

（1）日检。日检是指对当天参与运营后返回车辆基地的列车所进行的检修维护，是最初级的检查。其主要目的是对主电路中的受流器、牵引电机的安装及状态，走行部分的转向架、轮对、齿轮箱及联轴器等进行检查，以目测检查为主，以保证列车走行部分的安全和电气控制性能的良好。

（2）列检。列检是指对主要部件做外观检查，除日检内容外，主要检查转向架、牵引系统、制动系统、门系统等部件的使用状态。列车系统列检间隔时间不超过15天。

（3）月检。月检是指对列车进行全面、细致检查，并且要对接近到限的易损、易耗件进行更换，对主要部件进行检查、测试和维护。月检间隔时间不超过3个月。

2）定期检修

定期检修也称定修，是指对运营稳定要求较高、客流量较大、各子系统磨耗较多的运营企业，会将列车解体，对主要系统部件进行清洁、吹扫；对各电气开关、按钮等进行测量；是以检查为主的修程。

3）架修

架修是从机车修程中演变而来，是指在运行一定里程后列车进入列车架修库，将列车的下部转向架与列车上部分离，并将列车上部用架车机架起来进行检修的修程。在此修程中，凡是到达更换周期的零部件，密封件等均要进行更换；对走行部进行探伤，通常，架修是一般运营企业自主维修中最高等级的修程。

4）大修

大修也称全面恢复性修理，是指对车辆实施全面解体，通过检查、整形、修理、试验、重新油漆、组装及静、动态调试，完全恢复车辆性能，基本上达到新车出厂水平。

按照《城市轨道交通设施设备运行维护管理办法》（交运规〔2019〕8号）要求，车辆等关键设备维护应符合以下要求：

车辆系统列检间隔时间不超过15天，月检间隔时间不超过3个月，架修间隔不超过5年或80万车·km，大修间隔不超过10年或160万车·km，整体使用寿命一般不超过30年或480万车·km。

城市轨道交通列车检修工从事的工作就是根据车辆的修程对列车进行维护和检修。

二、列车检修修程的编制

在编制检修修程时，应明确列车检修修程的等级、适用范围、检修工艺、修程内容、修程标准等项目。列车司机可将日常运营过程中的频发故障、偶发故障、异常现象等经验与列车检修方进行交流，为制定检修修程提供运营基础。

1. 检修规程的编制要求

国内城市轨道交通列车检修制度基本沿用了传统铁路车辆的检修经验，符合车辆检修要求时，根据车辆检修技术管理规程，采用预防性"计划检修"方式和发生列车故障后的"状态维修"方式。无论采用哪种检修方式，均需要制定相应的维修规程。

1）编制依据

应结合城市轨道交通行业规范，借鉴同行列车运营、管理、维修经验，依据车辆技术规格书、维修手册、维修计划、各级修程维修规程等技术文件资料，并结合现有列车的实际使用情况。

2）编制原则

列车各级维修规程应按照"科学、合理、有理、有据"的原则进行编制，按照"严肃、认真、科学、审慎"的原则进行审核。高级别的修程应涵盖低级别的修程，如大修规程包含部分架修规程、定修规程、三月检规程、双周检规程和日检规程的所有内容，以此类推。

3）编制流程

根据运营公司资产设备管理规定，由维修部门根据检修类别划分原则，组织专业技术人员编制列车各检修规程，公司技术管理部门负责对检修规程进行论证和审定。

4）修订完善

经审定实施的检修规程可根据生产实际情况，由维修部门向公司提出对现有规程的修订申请；公司技术管理部门负责组织专业技术人员进行讨论，给出结论意见。

5）修程样表

根据所检修零部件的检修内容、方法、使用的工器具及相应的技术要求，按照表3-1

格式，填写列车检修规程，以便检修时能够有据可循。

列车规程编制样表　　　　　　　表3-1

序号	项目	内容	方法	工器具材料	技术要求
					（项目名称）

版本	编制	日期	校对	日期	项目审核	日期	部门审核	日期	专业审核	日期	分页数

2. 检修规程的作业类型

日常修程作业项目比照示例见表3-2。

日常修程作业项目比照表　　　　　　　表3-2

序号	作业类型	作业项目			
		日检	双周检	三月检	定修
1	车顶电气	—	受电弓	受电弓	受电弓
2		—	避雷器	避雷器	避雷器
3		—	空调机组	空调机组	空调机组
4		—	—	—	列车司机室空调
5	车内电气	列车司机室	列车司机室	列车司机室	列车司机室
6		列车司机显示单元	列车司机显示单元	列车司机显示单元	列车司机显示单元
7		客室通信	客室通信	客室通信	客室通信
8		电气设备柜	电气设备柜	电气设备柜	电气设备柜
9		前部照明	前部照明	前部照明	前部照明
10		系统功能	系统功能	系统功能	系统功能
11		—	—	主处理单元	主处理单元
12		—	—	—	远程输入输出模块
13		—	—	—	车载ATP柜

架修和大修维修等级最高，维修项目更多，维修难度更大，主要以部件修为主，因此修程编制与日常维修修程有明显差异。

架修修程作业项目示例见表3-3。

架修修程作业项目示例　　　　　　　表3-3

序号	作业类型	作业项目	序号	作业类型	作业项目
1	列车预检	列车预检	8	车顶电气	受电弓总成
2	列车预检	预检调试	9	车顶电气	绝缘子
3	列车预检	列车清洁	10	车顶电气	分流导线
4	列车预检	列车解编	11	车顶电气	受电弓调节和测试
5	列车分解和运送	转向架拆卸	12	车顶电气	避雷器
6	列车分解和运送	车体运送	13	车顶电气	熔断器箱
7	列车分解和运送	主要零部件拆卸	14	列车司机室电气	列车司机室驾驶台

续上表

序号	作业类型	作业项目	序号	作业类型	作业项目
15	列车司机室电气	司控器	50	车门	紧急逃生门
16	列车司机室电气	列车司机显示单元	51	车门	贯通道
17	列车司机室电气	列车司机室设备柜	52	车钩	全自动车钩
18	列车司机室电气	列车司机室车头电气	53	车钩	半自动车钩
19	列车司机室电气	列车司机室照明	54	车钩	半永久车钩
20	客室电气	客室设备柜	55	制动系统及气路	供风系统（空压机及控制箱、双塔干燥器、空气过滤器、储气风缸及压力传感器）
21	客室电气	空调控制单元	56	制动系统及气路	制动电子控制单元
22	客室电气	客室照明	57	制动系统及气路	气制动控制单元
23	车下电气	空压机电气	58	制动系统及气路	单元制动机
24	车下电气	辅助逆变器箱	59	制动系统及气路	各种阀类（防滑阀、高度调节阀、均衡阀、差压阀）
25	车下电气	蓄电池箱	60	制动系统及气路	气喇叭及电磁阀
26	车下电气	牵引逆变器箱	61	制动系统及气路	双针压力表
27	车下电气	牵引电机	62	制动系统及气路	各类风管及阀门
28	车下电气	高速断路器	63	空调	客室空调机组
29	车下电气	制动电阻箱	64	空调	风道
30	电子设备	乘客信息系统	65	空调	列车司机室空调
31	电子设备	列车控制单元	66	空调	空调调试
32	电子设备	列车信号模块	67	列车组装和运送	车底主要总成安装
33	电子设备	网络通信模块	68	列车组装和运送	转向架安装
34	转向架	转向架分解	69	列车组装和运送	列车连挂
35	转向架	构架	70	列车组装和运送	车顶总成安装
36	转向架	一系悬挂	71	静态调试	车辆初始状态检查
37	转向架	二系悬挂（空气弹簧总成、抗侧滚扭杆、液压减振器、横向止挡）	72	静态调试	车体尺寸测量
38	转向架	中央牵引装置	73	静态调试	列车得电检查
39	转向架	轮对与轴箱轴承	74	静态调试	设备功能检查（受电弓、列车司机室电气、客室侧门、空调、广播系统、空压机、视频监控系统、紧急逃生门功能测试、旁路开关等）
40	转向架	齿轮箱与联轴器	75	静态调试	列车气密性试验
41	转向架	接地回流装置	76	静态调试	制动压力测试
42	转向架	转向架组装与测试	77	静态调试	蓄电池电压测试
43	车体	车体外部	78	静态调试	车体密封性测试
44	车体	列车司机室与客室内装	79	动态调试	常规牵引试验
45	车体	列车司机室座椅	80	动态调试	制动试验
46	车体	挡风玻璃与雨刮器	81	动态调试	限速模式试验
47	车门	客室侧门	82	动态调试	洗车模式试验
48	车门	列车司机室侧门	83	动态调试	故障模拟试验
49	车门	列车司机室/客室通道门			

3. 检修规程的作业内容

根据修程等级不同，维修作业要求也不同，各修程的作业内容会有较大差异，现以列车客室侧门为例加以说明，见表3-4。

客室侧门各修程内容对比表　　　　表3-4

修程	项目	内容	方法	工器具材料	技术要求
日检	客室侧门	检查车门外观、橡胶件和玻璃窗	目测检查	手电筒	无损伤、无老化
		检查开关门动作以及指示灯、蜂鸣器功能	操作检查	—	指示灯亮，蜂鸣器声音响亮；开关门动作灵活、整齐
		检查车门导向螺栓及导向槽	目测检查	手电筒	相互之间无接触，防松标记无错位
双周检	客室侧门	检查车门外观、橡胶件和玻璃窗	目测检查	手电筒	无损伤、无老化
		检查各装配部件的螺栓	目测检查	手电筒	防松标记无错位
		检查驱动叉卡簧的装配情况。	目测检查	手电筒	固定情况良好，无缺失
		检查关门限位开关、车门切除限位开关、紧急解锁限位开关及主隔离开关的状况	目测检查	手电筒	触点状况良好，安装牢固
		检查车门导向螺栓及导向槽	目测检查	手电筒	互相之间无接触，防松标记无错位
		检查开关门动作以及车厢内外侧指示灯、蜂鸣器功能	操作检查	—	指示灯亮，蜂鸣器声音响亮；开关门动作灵活、整齐
三月检	客室侧门	检查车门外观、橡胶件和玻璃窗	目测检查	手电筒	无损伤、无老化
		检查各装配部件的螺栓	目测检查	手电筒	防松标记无错位
		检查驱动叉卡簧的装配情况	目测检查	手电筒	固定情况良好，无缺失
		检查关门限位开关、车门切除限位开关、紧急解锁限位开关及主隔离开关的状况	目测检查	手电筒	触点状况良好，安装牢固
		检查车门导向螺栓及导向槽	目测检查	手电筒	互相之间无接触，防松标记无错位
		检查开关门动作以及车厢内外侧指示灯、蜂鸣器功能	操作检查	手电筒	指示灯亮，蜂鸣器声音响亮；开关门动作灵活、整齐
		检查障碍物检测功能	操作检查	测试块	测试时，车门再开门触发
		检查退出服务锁功能	操作检查	专用钥匙	门切除，红色警示灯亮
		检查紧急开门装置功能	操作检查	—	触发紧急开门，可手动开门
		关门限位开关尺寸测量、调整	操作检查	测试块	按作业指导书操作
定修	客室侧门	检查车门外观、橡胶件和玻璃窗	目测检查	手电筒	无损伤、无老化
		检查车门盖板上的防尘刷并清洁	目测、操作检查	刷子、白布	无损坏、无脱落、无灰尘堆积
		检查门控单元的紧固情况及门板止挡	目测检查	手电筒	无松动，止挡无弯曲、无脱位
		清洁、检查和润滑门控机构	操作检查	检修工具	按作业指导书操作
		检查障碍物检测功能	操作检查	测试块	测试时，车门再开门触发
		检查退出服务锁功能	操作检查	专用钥匙	门切除，红色警示灯亮
		检查紧急开门装置的功能	操作检查	—	触发紧急开门，可手动开门

续上表

修程	项目	内 容	方 法	工器具材料	技 术 要 求
定修	客室侧门	清洁蜂鸣器灯罩	操作检查	刷子、白布	无灰尘堆积
		关门限位开关尺寸测量、调整	操作检查	检修工具	按作业指导书操作
		检查开关门动作	操作检查	列车司机钥匙	开关动作灵活，整齐到位，开关门时间在 3s 左右
		检查摆臂的滚轮、压轮及携门架上的滚轮	操作检查	检修工具	转动灵活，接触良好
		检查门机构的接地线	目测检查	手电筒	无断裂，无灼伤
		检查门锁闭装置功能	操作检查	检修工具	门锁闭到位
		车门机构尺寸调整	操作检查	检修工具	按作业指导书操作

从表3-4可看出，在日检、周检低等级的修程中，客室侧门主要以状态检查为主。随着修程等级提升，作业内容逐渐增加，且高等级修程涵盖低等级修程。月检和定修时，需要进行客室侧门部件清洁、更换、测量、调整等作业内容。这对城市轨道交通列车检修工的综合能力要求也随之提高。

4. 列车检修作业指导书的编制要求

列车检修作业指导书是指为保证过程受控而制定的程序，是规定生产作业活动的途径、要求与方法的最细化和具体的操作性文件。

列车检修作业指导书是基于列车各类维修规程的要求，按照作业的顺序，对符合列车各类部件检修流程、作业内容及安全、品质的要点的具体化。作业指导书的编制，应从检修作业的操作要求、可靠性角度出发，使列车检修工对有关该作业项的相关要求、具体作业内容能有全面的了解，对在该岗位上工作可能遇到的危害、风险和隐患有充分预测并做好防范措施。

列车检修作业指导书的内容应该包括：作业场地要求、作业人员要求、作业工时、工器具材料、作业内容和要求、记录表单等。

思考题

1. 采取旁路法处置列车电气故障时，操作旁路开关应注意哪些事项？
2. 硬性故障是引起列车网络故障的重要原因之一，请简述硬性故障的定义。
3. 简述因碎石道床线路路基下沉造成线路故障的处理方法。
4. 简述引起供电故障的原因。
5. 列车主电路与低压控制电路同时发生故障时，应如何处置？
6. 列车司机驾驶列车参与行车载客运营，在进行故障处理时，列车作为主要设备，哪些是列车故障的风险因素？
7. 根据列车实际故障进行分类，便于列车司机能快速地根据故障分类索引查找故障处理方法。常见的故障分类有哪些？

8. 制定故障处理流程时，应充分考虑处理步骤对运营的影响，按照对运营影响从小到大的顺序进行处置，可采取哪些方法？

9. 列车日检是对当日参与运营返回车辆基地的列车进行检修维护，属于最初级的检查，主要检查哪些内容？

10. 分别列举日检与三月检检修规程的作业类型。

第四章 非正常行车与突发事件应急处置

第一节 非正常情况下的行车组织

知识目标

1. 了解城市轨道交通非正常行车的基本概念及类型（技师）；
2. 了解城市轨道交通行业对非正常情况下的行车组织的基本要求（技师）；
3. 掌握列车司机在各类非正常情况下的行车组织流程及应急处置措施（技师）；
4. 熟悉各类非正常行车的原因及解决方法（技师）；
5. 熟悉非正常行车时列车司机的应急处置编制流程（高级技师）。

技能要求

1. 能识别各类非正常行车时列车司机的风险点，并制定各类非正常行车时列车司机的应急处置程序（技师）；
2. 能编写列车司机非正常行车的应急处置流程规范（高级技师）；
3. 能优化列车司机各类非正常行车的应急处置流程（高级技师）。

一、非正常行车的基本概念与类型

1. 基本概念

非正常行车是指，因列车晚点、区间短时间阻塞、大客流以及设备故障等原因，造成列车不能按列车运行图正常运营，但又不危及乘客生命安全和严重损坏车辆等设备，整个系统能够维持降低标准运行的状态。

2. 主要类型

非正常情况下的行车组织主要包含运营调整时的行车组织和设备故障时的行车组织两大类。

运营调整时的行车组织具体包括：扣车、多停、越站、限速运行、反向运行、退行、小交路运行等。

设备故障时的行车组织具体包括：区段进路行车法、电话闭塞法、越过关闭信号机、列车ATP失效、列车连挂救援等。

二、非正常情况下的行车组织的基本要求

《城市轨道交通行车组织管理办法》《城市轨道交通运营管理规定》《国家城市轨道交通运营突发事件应急预案》等有关城市轨道交通的具体要求中涉及非正常情况下的行车组织的主要内容如下：

（1）发生突发情况，行车调度员应及时发布调度命令，在保证安全的前提下尽可能维持列车运行。列车司机、车站行车人员等发现可能危及行车安全或运营秩序的情况时，应及时向行车调度员报告；遇突发严重危及行车安全的情况，可先行采取紧急安全防护措施，再报告行车调度员。

（2）因设施设备故障、重大施工等原因，部分区段需限速运行的，应由有关方面论证后提出限速运行方案，方案应明确限速区域、限速值、限速时段及起止时间等。方案要报行车调度员，由其发布限速及取消限速命令。同一区域存在多个限速要求时，应取最小限速值。限速运行方案应在取消限速后至少保存3个月。

（3）列车需越过防护信号机显示的禁止信号时，行车调度员应确认该信号机后方线路空闲、道岔位置正确且锁闭后，方可发布越过禁止信号的命令，首列车的运行速度不应高于25km/h。

（4）列车ATP失效时，列车司机应及时报告行车调度员，行车调度员原则上应组织列车在就近车站清客后退出服务，确实需要继续载客运行至终点站的，应与前方列车至少间隔1个区间并限速运行。

（5）列车停站越过停车标未超过可退行距离需退行时，列车司机应退行列车，推进退行速度不应超过5km/h。当列车越过停车标超过可退行距离或车站不具备安全停站条件时，行车调度员应组织列车越站，并及时告知相关车站和列车司机，车站行车人员应依令做好乘客乘降组织工作。首班车、末班车及乘客无返乘条件的列车不得越站，同方向连续2列载客列车原则上不得在同一车站越站。

（6）列车因故需在区间退行或列车越过停车标超过可退行距离确需退行时，列车司机应及时报告行车调度员。行车调度员应扣停后续列车，在确认列车退行路径空闲、满足安全防护距离、道岔位置正确且锁闭后，方可发布退行命令，必要时应组织车站行车人员做好引导。推进退行速度不应超过10km/h，牵引退行速度不应超过35km/h。

（7）在区间一个方向线路封锁、发生自然灾害、事故中断行车，以及设备故障严重影响列车运行秩序而对向设备良好等特殊情况下，为维持线路运行，行车调度员可在对向线路组织单线双向行车。行车调度员应在确认线路空闲且进路准备妥当后，方可发布反方向运行命令，并需做好运行列车与对向列车的间隔控制。车站行车人员应依令做好

接发列车和乘客乘降组织工作。

（8）正线列车因故障无法动车时，行车调度员应及时组织其他列车实施连挂救援，原则上救援列车应使用空驶列车。当故障列车位于车站时，应清客后进行连挂作业；当故障列车位于区间时，应在列车司机广播告知乘客后进行连挂作业，连挂后应尽快到就近车站清客。连挂过程中及连挂完毕后的运行速度要符合相关的安全规范。

（9）线路出现道岔故障且通过终端操作、现场检查确认等方法仍无法消除的，行车调度员应优先选择变更列车进路组织行车；如不能变更列车进路，行车调度员或车站行车人员应单操单锁相关道岔；如道岔无法单操单锁，行车调度员应组织车站行车人员将道岔钩锁到正确位置。上述操作完成后，行车调度员确认具备行车条件后方可组织行车。通过故障区段的首列车应限速运行，速度不应高于25km/h。

（10）一个联锁区联锁失效时，在保证行车安全的前提下，行车调度员可对故障影响区域使用电话闭塞法组织行车；两个及以上联锁区联锁失效时，行车调度员可视情对故障影响区域使用电话闭塞法组织行车或采取停运等措施。

（11）发现有明显地震震感时，行车相关人员可视情况采取加强瞭望、限速、停运、封站等应急处置措施。根据不同地震烈度，应按照以下要求组织行车调整：

①地震烈度为5（含）至6（不含）度的，列车司机应加强瞭望、监控，行车调度员组织全线全面检查行车相关设施设备运行及受影响情况，必要时采取紧急措施。

②地震烈度为6（含）至7（不含）度的，列车运行速度不应超过25km/h。必要时，行车调度员应扣停开往受影响区段的列车，组织已进入区间的列车退回发车站。

③地震烈度为7（含）度以上或行车关键设施设备损坏的，行车调度员应组织在站列车清客后退出服务，组织区间列车在确保安全的条件下，运行至就近站清客后退出服务，列车运行速度不应超过25km/h。如列车迫停区间，应组织乘客区间疏散。

城市轨道交通运营单位如对地震的应急防控措施有其他细化规定的，可按其内部规定执行，但相关要求及安全防控措施不应低于以上标准。

（12）遇恶劣天气时，行车相关人员可根据情况及时采取加强瞭望、限速、停运、封站等措施，并应按照以下要求组织行车调整：

①对于地面及高架线路，风力波及区段风力达7级时列车运行速度不应超过60km/h，风力达8级时列车运行速度不应超过25km/h，风力达9级及以上时应停运。

②遇雾、霾、雨、雪、沙尘等恶劣天气瞭望困难时，地面及高架线路列车应开启前照灯，限速运行，适时鸣笛。当瞭望距离不足100m、50m、30m时，列车运行速度分别不应超过50km/h、30km/h、15km/h；瞭望距离不足5m时，列车司机应立即停车；列车司机无法看清信号机显示、道岔位置时，应停车确认，严禁臆测行车。

③因降雨、内涝等造成车站进水，严重影响客运服务的，行车调度员可根据车站申请发布封站命令，组织列车越站。线路积水超过轨面时，原则上不组织列车通过。

城市轨道交通运营单位如对恶劣天气的应急防控措施有其他细化规定的，可按其内部规定执行，但相关要求及安全防控措施不应低于以上标准。

三、非正常行车问题分析与解决方法

1. 需要启动非正常行车的条件

导致运营线路启动非正常行车的条件主要有两个，分别是设备故障（包括车辆设备、信号设备等）和突发事件。

1）设备故障

因车辆故障、信号机故障、其他设备故障等原因导致某一站点或某一段线路出现晚点时，应对该区域及前后车站实施扣车、多停、越站等行车调整措施，以保持均衡的行车间隔。若故障影响列车运行安全或无法及时处理时，则需要采取列车清客、救援等措施。

若发生轨旁信号系统故障、联锁故障等导致一片区域降级行车的故障，且短时间无法恢复正常的行车组织时，就需要考虑适当减少线上运行的列车，以便在满足乘客运输同时，减少控制列车的压力。

2）突发事件

导致突发事件发生的因素有自然因素、人为因素、设备因素等。

自然因素主要包括暴雨、台风、雾霾、洪水、高温和地震等因素，这些因素会对车站服务、列车运行造成影响，容易导致地面和高架线路限速运行、封站、停运等。

人为因素主要包括展览、演唱会、体育赛事、人为纵火、投放毒气等因素，这些因素可能给车站造成突发性大客流、乘客恐慌、乘客拥堵等，影响城市轨道交通正常运营服务，可能需要进行客流控制、乘客疏散等。

设备因素包括接触网/轨故障、设备设施侵入运营线路等因素，可能造成接触网/轨停电、中断行车、列车设备损坏等后果，从而影响正常的运营组织。

2. 各类非正常行车的风险分析及应对措施

非正常行车的风险分析及应对措施见表4-1。

非正常行车的风险分析及应对措施表　　　　表4-1

非正常行车类型	存在风险	应对措施
列车扣车/多停	乘客投诉/区间解锁车门	（1）列车在车站扣车或多停时，原则上应在开门状态下，做好乘客服务广播，避免乘客投诉； （2）列车在区间临时停车时，务必做好乘客服务，监控好设备状态，防止乘客触碰设备或解锁车门
列车越站	乘客解锁车门/非停车站停车开门	（1）越站时司机应确认好调度命令和信号显示，避免错误越站或列车在非停车站停车开门； （2）越站时司机应提前播放广播通知乘客，避免乘客解锁车门
列车限速运行	未按规定执行限速命令	（1）信号系统具备限速条件时，应优先使用信号系统设置限速； （2）信号系统不具备条件时，列车司机人工驾驶限速，认真确认限速区段和限速值，严格按照限制速度运行
列车清客	清客不彻底导致乘客进入非运营线路	（1）清客时，司机应提前做好广播，提醒乘客及时下车； （2）清客完毕后，司机与车站认真确认清客完毕信息后，方可关门动车
列车反向运行	列车冲突	（1）行车调度员在排列进路前应确认敌对进路未建立，并且扣停相关列车； （2）列车运行中司机认真确认进路、信号、道岔，发现异常及时采取紧急措施

续上表

非正常行车类型	存在风险	应对措施
列车单线双方向运行	乘客投诉/错开车门/列车冲突	（1）司机注意按运行方向设置广播，做好乘客服务； （2）司机开门时严格执行开门程序，防止错开车门； （3）司机进入两端终点站时，加强瞭望，发现异常及时采取紧急停车措施； （4）信号显示不清或进路无法确认时，司机应及时停车与行车调度员确认进路情况
列车小交路运行	乘客投诉/终点站设置错误	（1）接到列车小交路运行的命令后，司机要设置好终点站广播；在列车运行途中，司机要监听好列车广播，做好乘客服务工作； （2）列车到达终点站时，司机要确认好行车凭证和列车进路，发现运行方向错误及时停车
列车退行	列车冲突	（1）超过列车可直接退行距离又需要退行时，司机在退行前必须得到行车调度员同意； （2）司机在退行时要严格控制速度，发现异常立即停车； （3）列车离开车站后再次退回车站时，司机必须得到行车调度员授权，必要时应在进站前一度停车，得到车站允许后方进站
区段进路行车法	列车冒进信号/超出地面信号允许的行车范围	（1）司机动车前必须确认地面信号和列车驾驶模式； （2）司机在驾驶过程中应按照规定速度运行，运行中确认好沿途地面信号机的显示，发现地面信号显示禁止通过或关闭状态及时停车
电话闭塞法	列车冲突/进路错误	（1）司机在动车前必须与车站人员核对确认行车凭证； （2）司机在驾驶过程中应按照规定速度运行，加强瞭望，发现异常及时采取紧急措施
越过关闭信号机	列车冒进信号/挤岔	（1）司机接到命令后，确认好信号机的编号和位置，避免错误越过未开放的信号； （2）司机动车前必须得到行车调度员的授权，运行中加强瞭望，发现异常及时采取紧急措施
列车ATP失效的行车组织	进路未开通/列车追尾	（1）行车调度员原则上组织非装载ATP的列车在就近的车站清客退出服务；行车调度员需要组织非装载ATP的列车载客运行至终点站时，应与前方列车间隔至少1个区间； （2）司机在驾驶非装载ATP的列车时，要确认好地面信号，限速运行，加强瞭望，发现异常及时采取紧急措施，必要时提前向行车调度员询问前方进路开通情况
连挂救援	列车冲突/未撤除防溜动车/进路未开通	（1）救援列车在信号保护模式下运行至目标点为零后，再以限制人工模式限速运行至距故障列车前方一度停车； （2）救援列车要确认故障列车做好防溜措施后再与其进行限速连挂； （3）连挂完毕车前，救援列车司机必须确认故障列车的制动全部切除，防溜措施已经撤除，得到故障列车司机的允许后方可动车； （4）行驶过程中，故障列车司机与救援列车司机要加强联控沟通，确认好进路情况，控制好速度，发现异常及时采取停车或其他控制措施

四、行车岗位人员在非正常行车时的注意事项

列车司机在驾驶列车运行时，应遵循正常情况下确保列车准点，非正常情况下确保列车安全的原则。在正常情况列车运行时，列车司机发现暂时不影响行车安全或运营秩序的突发情况时，可以一边运行一边向行车调度员报告；在遇到危及行车安全的突发情况时，应先采取紧急安全防护措施，避免事件扩大，同时向行车调度员报告，按行车调度员的指令执行。具体注意事项如下：

1. 列车扣车

（1）当发生设备故障或突发事件造成堵塞时，行车调度员应及时扣停后续列车，必要时也需扣停邻线进入故障影响区域的列车。行车调度员扣车时，尽量将列车扣停在站台待令，遇特殊情况需将列车扣停在区间待令时，要根据扣车时间安排开启区间隧道通风。

（2）列车司机接到扣车指令后，及时核对扣车车次和位置，做好乘客服务，按行车调度员指令执行。列车在区间被扣停时，司机还要监控好列车设备状态，避免因乘客触动列车设备导致列车故障或安全事件的发生。

2. 列车多停

（1）运营线路发生阻塞，导致全线行车能力降低时，行车调度员应组织列车在站多停，拉大行车周期，同时组织列车在两端站晚发，以增加始发站的发车间隔。

（2）列车司机接到行车调度员指令后，要认真确认停站时间，严格执行多停命令，避免列车提前或晚点发车。

3. 列车退出服务

（1）在大面积故障情况下，行车调度员应适当减少线上运行的列车，在满足有限的乘客服务前提下，减少运营阻塞和控制列车的压力。退车数量根据故障处理期间的行车周期和行车间隔，算出所需上线列车数量，及时组织多余的列车退出服务。

（2）列车司机在接到列车退出服务的指令后，要认真核对调度命令和列车进路，监控好列车设备，防止列车运行进路错误和在车站停车开门载客。

4. 列车越站

（1）因运营调整需要或车站不具备乘客安全乘降条件时，由行车调度员组织列车在车站不停车通过，列车司机根据调度命令执行越站作业。

（2）需要组织列车越站时，原则上应至少提前2个运行区间做准备，列车司机和车站在接到列车越站调度命令后，提前广播告知乘客列车不停站信息。

5. 限速运行

（1）因设施设备故障、重大施工等原因需限速运行的，应由行车调度员根据相关限速方案发布限速命令；临时限速时，行车调度员应告知列车司机限速原因。

（2）信号系统具备限速功能时，应由行车调度员组织在信号系统中进行设置或取消限速；信号系统不具备限速功能时，由列车司机按调度命令以人工模式驾驶列车限速行驶。

（3）列车司机接到限速运行的指令后，按规定将列车限速，留意观察设备状态，并做好随时停车的准备。

6. 反向运行

（1）因运营组织需要，行车调度员可组织某一时段的部分列车经配线转到另一方向的线路上反方向运行，均衡双方向列车的运行间隔。

（2）结合信号系统功能条件，列车司机应按照安全级别由高到低的原则选择驾驶模式，运行中要认真确认运行进路情况，根据调度命令及所经区段的速度要求运行。

（3）列车司机和车站人员接到反向运行命令后，应及时告知乘客信息，做好乘客服务，维持好乘车秩序。

7. 单线双方向运行

（1）行车调度员根据运营组织需要可以组织一列车在某一段线路上采取单线双方向运行的模式，行车调度员在组织前需向列车司机和相关车站发布单线双向运行的命令。

（2）列车司机接到调度命令后确认两端终点站信息，在运行时列车司机要注意监控行车进路和列车广播，做好乘客服务。

（3）车站根据需要安排站台门操作员，协助列车司机开/关站台门，保证乘客正常上下列车。

8. 小交路运行

（1）行车调度员组织小交路运行时，需提前向小交路列车司机和相关车站发布小交路折返的命令。

（2）行车调度员与相关车站确认线路满足接车条件后，提前准备好折返的进路。

（3）小交路列车司机接到调度命令后要确认终点站信息，折返时确认好进路，并监控列车广播是否正确。

（4）小交路列车需要使用站前折返时，车站需提前安排站台门操作员协助列车司机开关站台门。

9. 列车退行

（1）当列车在站停车越过停车位置允许退行距离时，列车司机应及时将信息报告行车调度员，并按照行车调度员的指令行车，当行车调度员决定该站不停站通过时，列车司机要做好越站广播。

（2）列车因故需在区间需要退行时，列车司机应及时报告行车调度员，未得到行车调度员允许严禁擅自退行。

（3）载客列车在退行前，列车司机应告知乘客，并低速退行至规定位置停车。

（4）列车退行进入车站时，列车司机要与车站接车人员做好联控，确认车站允许退行方可进站。

10. 电话闭塞法

（1）行车调度员发布启用电话闭塞法组织行车命令前，应确认所有列车停妥，准确掌握实施电话闭塞区域内所有列车位置且进路准备妥当。

（2）故障区域内，占用区段的行车凭证为路票，车站行车值班员应准确填写路票，确认无误并加盖站名印后，交给列车司机作为行车凭证。

（3）故障区域内列车司机以人工驾驶模式驾驶列车运行，要认真确认路票内容，严格按照路票区域行车，故障区域内的信号机显示无效。

（4）列车司机在故障区域内应按规定速度限速运行，加强瞭望，做好乘客服务，发现异常及时采取紧急措施。

11. 连挂救援

（1）因列车设备故障在规定的时间无法动车或运行速度影响正线运营时，行车调度员按应急预案组织列车救援。当行车调度员决定救援时，应向故障列车、救援列车及其相关车站发布救援命令。

（2）故障列车在救援命令发布后不可动车，但司机可以继续处理故障，若故障列车在救援连挂前排除故障，司机应报告行车调度员，申请解除列车救援。

（3）当故障列车位于车站时，应在清客后进行连挂作业；当故障列车位于区间时，应在列车司机广播告知乘客后进行连挂作业，连挂后运行到就近车站清客。

（4）救援列车原则上使用空驶列车，特殊情况下可以使用载客列车，但应尽快组织清客，并在运行中按要求限速和做好乘客服务。

（5）救援列车接近故障列车时应先停车确认，与故障列车联系后进行限速连挂，救援列车与被救援列车连挂后按照规定的速度运行至指定地点。

（6）车站在接到救援命令后要做好乘客服务，列车需要清客时做好协助工作，与列车司机做好联控，避免乘客遗留在列车里。

五、非正常行车处置流程的编制与优化

1. 非正常行车处置流程编制基本原则

（1）编制非正常行车处置流程时，必须严格遵守《中华人民共和国安全生产法》《城市轨道交通运营管理规定》《城市轨道交通行车组织管理办法》等国家、行业有关安全生产和城市轨道交通运营的法律法规。

（2）编制非正常行车处置流程时，应坚持"安全第一，预防为主"的方针，积极将新技术、新方法和先进的管理理念应用在处置流程上，通过不断地优化完善处置流程，使其更为安全高效。

（3）编制非正常行车处置流程时，应按照一种情况对应一种处置流程的原则，不宜直接沿用套用其他的处置流程。编制的处置流程要有理有据、全面客观，避免主观臆测、以偏概全的情况。

（4）编制的处置流程需要列车司机操作时，该流程应符合司机的日常作业习惯，充分考虑司机的操作难度和操作时间，避免处置流程违反常规、无法执行或容易人为失误的情形出现。

2. 非正常行车处置流程编制步骤

1）资料收集

编制非正常行车处置流程前，应收集好关于该类非正常行车编制所需的各种资料。例如，编制连挂救援处置流程前，需要收集国家、本省、本市对于城市轨道交通救援的各项规章规定，同时参考同行业的连挂救援的应急预案、操作流程和安全注意事项等，使得流程编制更加全面且有据可依。

2）风险分析

在全面梳理各项规章、规定的基础上，还应结合本线路设备的特点，制定该类非正常行车的操作流程，并对操作流程中可能出现的各种风险分析，制定防范措施或规避方法，使得应急操作安全可控。例如，在连挂救援的列车运行时，存在无ATP保护而冒进信号的风险，那么在该项程序执行时就应当通过增加联控措施，规范列车司机和行车调度员的互控，及时确认前方进路开通情况，以控制无信号保护行车时的风险。

3）处置流程编制

编制处置流程时，应以时间或阶段节点为基础，根据非正常情况行车的流程，研

究各环节中列车司机需要进行的操作，对其进行专业性细化。其中，若涉及多列车操作相同的，可以只对单列车进行编制；若多列车操作不同的，则需分开进行编制。例如，在电话闭塞法行车组织中，故障区段的各列车操作流程基本相同，可以采用统一的标准流程；但在连挂救援中，救援车列车司机的操作流程和故障车列车司机操作流程完全不同，则在应急处置流程中就需要分开编制。

4）流程评估

处置流程编制完毕后，应通过专家讨论、桌面模拟推演、现场实际演练等方式对相关的流程进行评估。特别是针对可能发生的风险和操作合理性，要通过不断的评估完善，使得处置流程更具安全性和可操作性。

3. 自动运行线路非正常情况行车处置流程编制时的一般要求

（1）编制自动运行线路非正常情况行车处置流程时，应当符合国家和城市轨道交通行业相关法律法规的基本要求。

（2）编制自动运行线路非正常情况行车处置流程时，应充分考虑设备特点和人员配置情况，编制的应急处置流程要具备安全性和可操作性。

（3）编制自动运行线路非正常情况行车处置流程时，应当按照梯度降级的原则，优先选择安全可靠度较高和服务水平较高的降级行车模式。

（4）编制自动运行线路非正常情况行车处置流程时，备选方案应当优先选择自动运行模式；切实需要将自动运行模式改为人工驾驶运行模式时，要充分考虑安全防护是否到位、现场是否有具备资质的操作人员、车辆操纵员的驾驶技能能否满足驾驶要求等限制条件，要防止因无法操作或操纵不当扩大事件影响。

第二节　突发事件应急处置

知识目标

1. 了解城市轨道交通行业突发事件的基本概念及类型（技师）；
2. 了解城市轨道交通行业对突发事件应急处置的基本要求（技师）；
3. 掌握列车司机在各类突发事件中的应急处理流程及措施（技师）；
4. 熟悉主要突发事件产生的原因及解决方法（技师）；
5. 熟悉在突发事件中列车司机处置流程编制的基本要求（高级技师）。

技能要求

1. 能够识别各类突发事件的风险点，并针对性地制定列车司机各类突发事件的应急处置程序（技师）；
2. 能够编写列车司机突发事件中的应急处置流程规范（高级技师）；

3. 能够优化列车司机在各类突发事件中的应急处置流程（高级技师）。

一、突发事件的基本概念与类型

1. 突发事件的基本概念

突发事件是指突然发生，造成或者可能造成严重社会危害，需要采取应急处置措施予以应对的自然灾害、事故灾难、公共卫生事件和社会安全事件。

按照社会危害程度、影响范围等因素划分，突发事件分为特别重大突发事件、重大突发事件、较大突发事件和一般突发事件四个等级。国家法律、法规另有规定的，从其规定。

2. 突发事件的类型

城市轨道交通突发事件主要有运营突发事件、自然灾害、社会安全事件、公共卫生事件等几类。

1）运营突发事件

运营突发事件主要包括人员非法进入行车区域、列车脱钩、列车脱轨、列车冲突、列车挤岔、区间疏散乘客、突发大客流、大面积停电等。

2）自然灾害

自然灾害主要包括发生地震、雷雨大风、洪涝、暴雪、雾霾等。

3）社会安全事件

社会安全事件包括人为纵火、爆炸、投毒、核生化袭击、劫持人质事件等。

4）公共卫生事件

公共卫生事件主要包括群体性传染病、员工食物中毒、职业健康危害等。

二、突发事件应急处置的基本要求

《城市轨道交通行车组织管理办法》《城市轨道交通运营管理规定》《国家城市轨道交通运营突发事件应急预案》等多项有关城市轨道交通的具体要求中涉及突发事件应急处置要求的主要内容如下：

（1）城市轨道交通所在地城市及以上地方各级人民政府应当建立运营突发事件处置工作机制，明确相关部门和单位的职责分工、工作机制和处置要求，制定完善运营突发事件应急预案。

（2）运营单位应当按照有关法规要求建立运营突发事件应急预案体系，制定综合应急预案、专项应急预案和现场处置方案。

（3）因地震、洪涝、气象灾害等自然灾害和恐怖袭击、刑事案件等社会安全事件以及其他因素影响或者可能影响城市轨道交通正常运营时，参照运营突发事件应急预案做好监测预警、信息报告、应急响应、后期处置等相关应对工作。

（4）运营单位应当储备必要的应急物资，配备专业应急救援装备，建立应急救援队伍，配齐应急人员，完善应急值守和报告制度，加强应急培训，提高应急救援能力。

（5）城市轨道交通运营主管部门应当按照有关法规要求，在城市人民政府的领导下定期组织开展联动应急演练。

（6）运营单位应当定期组织运营突发事件应急演练，其中综合应急预案演练和专项应急预案演练每半年至少组织1次。现场处置方案演练应当纳入日常工作，开展常态化演练。运营单位应当组织社会公众参与应急演练，引导社会公众正确应对突发事件。

（7）运营单位应当在城市轨道交通车站、车辆基地、地面和高架线路等区域的醒目位置设置安全警示标志，按照规定在车站和列车上配备灭火器、报警装置和必要的救生器材，并确保能够正常使用。

（8）城市轨道交通运营突发事件发生后，运营单位应当按照有关规定及时启动相应的应急预案。运营单位应当充分发挥志愿者在突发事件应急处置中的作用，提高乘客自救互救能力。

（9）城市轨道交通运营突发事件发生后，现场工作人员应当按照各自岗位职责要求开展现场处置，通过广播系统、乘客信息系统和人工指引等方式，引导乘客快速疏散。

（10）运营单位应当加强城市轨道交通客流监测。可能发生大客流时，应当按照预案要求及时增加运力进行疏导；大客流可能影响运营安全时，运营单位可以采取限流、封站、甩站等措施确保运营安全。

（11）因运营突发事件、自然灾害、社会安全事件以及其他原因危及运营安全时，运营单位可以暂停部分区段或者全线网的运营，根据需要及时启动相应的应急保障预案，做好客流疏导和现场秩序维护，并报告城市轨道交通运营主管部门。

三、突发事件的应对措施

突发事件应对工作实行预防为主、预防与应急相结合的原则。运营单位要对可能发生的突发事件进行综合性评估，分析突发事件产生的原因，减少重大突发事件的发生，最大限度地减小重大突发事件的影响。

部分突发事件的原因及防范措施见表4-2。

部分突发事件的原因及防范措施表　　　　　　　　　　　表4-2

事件类型	主要原因	防范和控制措施
列车冲突、脱轨、追尾、侧撞、挤岔	（1）需要车站排列进路或采用人工闭塞法组织行车时，车站人员错误办理行车进路或发出行车凭证，向占用线路或未准备好的进路接法列车；（2）司机在驾驶过程中擅自转变驾驶模式，降低列车信号系统运行模式，未经行车调度员允许就切除ATP等安全装置；（3）司机在驾驶过程中未认真确认调度命令、行车凭证、前方进路、道岔开通位置、允许运行速度、列车制动等重要的行车要素，造成列车运行进路错误、超出行车凭证允许区域或失去对列车的控制；	（1）车站行车人员人工办理行车进路时，要严格执行双人确认制度，确保进路排列正确；采用人工闭塞法组织行车时，对第一趟列车必须与行车调度员、前方站共同确认区段空闲后，方可办理相关发车手续，对于第二趟及以后的列车，发车站必须在收到接车站给出前一趟列车的出清点后，方可请求闭塞；接车站在确认本站接车进路准备完毕，现场人员到达安全位置后，方可同意发车站的发车请求；（2）严禁司机擅自转变驾驶模式，特别是降低信号系统保护等级时，必须经行车调度员同意，未经行车调度员允许，严禁切除ATP等安全装置；

续上表

事件类型	主要原因	防范和控制措施
列车冲突、脱轨、追尾、侧撞、挤岔	（4）遇雷雨大风等恶劣天气时，列车司机驾驶列车速度控制不当，进路瞭望不彻底，对运行进路上存在的风险预想不足； （5）采用人工闭塞法组织行车或越过故障信号机等需要列车降级行车时，司机未确认行车凭证和进路安全，错误执行调度命令，未按要求限制速度，臆测行车路径； （6）列车调试、试验时，司机因经验不足、操作不当、违章作业、不按调试实验流程、行车安全指令行车等情况，危及行车安全； （7）信号联锁故障或授权越过故障信号机等降级模式行车时，行车调度员未按照故障应急组织流程发布调度指令，不按要求排列列车进路，未确认列车位置和进路安全情况，导致出现错误排列进路，行车指挥失误，错误发出行车指令等情况； （8）设备设施维护不到位，导致出现信号联锁设备失控、信号错误开放、车辆制动装置失灵、制动力不足等威胁行车安全的情况发生	（3）司机在驾驶过程中要认真确认调度命令、行车凭证、前方进路、道岔开通位置、允许运行速度、列车制动等重要的行车要素，并执行联控、互控制度，符合动车条件才能动车，运行过程中发现异常及时停车； （4）遇雷雨、大风、大雾等恶劣天气，列车司机要根据应急预案控制好列车速度，加强瞭望，发现异常及时采取紧急措施，保证运行安全； （5）需采用人工闭塞法组织行车或越过故障信号机时，司机要确认好行车凭证、发车信号、运行速度、道岔位置等关键作业环节，严格按照降级模式下行车的要求速度运行； （6）列车调试、试验时，应当提前做好调试、实验预想和准备工作，安排具备相关资格和经验的人员负责监督司机驾驶和调试流程，遇有违章操作、危及行车安全的情况，及时采取措施； （7）信号联锁故障或授权越过故障信号机等降级模式行车时，行车调度员应严格行车安全操作流程，排列进路时执行双人确认制度，发布调度命令要规范、严谨，确认好受令人对命令的理解和执行情况； （8）设备检修人员严格按照检修规程维护行车设备，对于设备的异常情况做到早发现、早处理，避免设备带病运行
人员非法进入行车区域	（1）乘客未按照安全要求候车，存在越出安全线、跳下站台等行为； （2）行车人员未关闭站台端门或未锁闭列车司机室通道门，未确认人员身份就允许进入行车区域； （3）运营列车故障停车时，乘客擅自解锁和打开车门，进入行车区域； （4）正线区域、行车区域设备通道、车辆基地等行车区域未严格进行围蔽，设置安全警示和防护，存在人员进入的风险； （5）正线施工人员作业时超出施工区域，或是施工结束后未及时清退相关人员	（1）车站人员加强对站台的监控和巡视，加强严禁乘客越出安全线候车的宣传，发现有乘客越出安全线时及时提醒或制止，发现有乘客跳下站台时立即采取紧急措施； （2）司机、车站、设备维修人员等进出重点行车区域或列车时，要及时锁闭好相关通道，防止无关人员尾随进入；重点行车区域要规范好身份信息确认流程，做好安全封闭和监控，严禁无关人员进入； （3）运营列车故障停车时，司机做好广播，监控好车门状态，防止乘客擅自开车门进入行车区域； （4）正线区域、行车区域设备通道、车辆基地等可能进入行车区域的位置要严格进行围蔽，设置安全警示和防护装置，必要时按照报警系统，防止无关人员进入； （5）正线施工时做好安全预想和教育，清点好施工人员人数，防止施工人员遗留在行车区域
突发大客流	（1）车站附近举办展览、演唱会、体育赛事等，导致人群突发聚集； （2）地面突发交通管制，造成人群聚集； （3）城市轨道交通设备设施故障，运行能力下降，导致乘客不能有效疏导	（1）周边有大型场馆、旅游景点的车站要及时收集有关活动信息，遇有大型活动时提早准备； （2）与地面交通主管部门做好区域联控协调，遇交通管制时做好客流引导； （3）城市轨道交通运能下降时，及时启动相关应急预案，告知乘客，引导乘客采用其他出行方式
车站或列车着火	（1）乘客携带易燃、易爆物品进站乘车； （2）人员站内吸烟，在车站内存放易燃、易爆危险品； （3）动火施工作业未按要求防护，施工清场不彻底，遗留火种或隐患； （4）员工违章用电、乱接、乱拉电线，使用电器时未按照使用要求； （5）人为纵火	（1）加强安全检查，严控乘客携带易燃、易爆物品进站乘车； （2）严禁在站内吸烟，严禁在车站内存放危险品； （3）严控动火作业施工审批，落实动火作业安全互控，监督落实工清、场清，清除火种； （4）严禁员工违章用电、乱接、乱拉电线，使用不符合安全要求的电器； （5）做好安全宣传，提醒乘客知法守法。发生人为纵火事件后，及时控制相关纵火人员，同时组织人员灭火； （6）发生火灾后，立即组织疏散乘客、排除险情。同时立即向"119""120"、城市轨道交通公安指挥室报告，组织开展应急处置和调查处理工作

续上表

事件类型	主要原因	防范和控制措施
爆炸	（1）电气设备短路、接触不良或超负荷运行引起的电气爆炸； （2）乘客携带易燃、易爆危险品进站乘车	（1）加强设备设施维护，特别是电气设备要防止因老化、接触不良、超负荷运行等不良因素导致不良后果； （2）做好安全宣传，提醒乘客知法守法，加强综合治理不稳定因素的排查和处理； （3）加强对出入城市轨道交通控制中心、车站、主所和车辆基地人员的检查安检工作，防止人员携带易爆危险品进站乘车； （4）发生爆炸后，立即组织疏散乘客、排除险情。同时立即向"119""120"、城市轨道交通公安指挥室报告，组织开展应急处置和调查处理工作
恐怖袭击	人为破坏	（1）做好安全宣传，提醒乘客知法守法，加强综合治理不稳定因素的排查和处理； （2）加强对出入城市轨道交通控制中心、车站、主所和车辆基地人员的检查。防止人员携带易爆、有毒、管制刀具等危险品进站乘车； （3）发生恐怖袭击、劫持人质等事件后，立即向"119""120"、城市轨道交通公安指挥室报告，积极配合公安等开展事故现场的期处置和组织
大面积停电	（1）运营线路供电、接触网等设备故障； （2）城市供电系统停电	（1）加强主变电站等供电设备的维修维护； （2）根据突发停电的情况及时调整城市轨道交通供电方式； （3）大面积停电事件发生后，做好信息发布工作，车站做好乘客紧急疏散、安抚工作，协助做好治安防护工作； （4）列车司机负责维持列车到站停车，组织列车上乘客向车站疏散；如果列车在区间停车，必须立即报告行车调度员，由行车调度员通知相关车站进行支援，组织列车上乘客向车站疏散
运营隧道变形塌陷	（1）设计建筑时存在缺陷或不良； （2）外部环境变化导致隧道变形	（1）严格按照规程对线路设备进行维护、维修，确保线路设备正常； （2）加强设备巡检和专项普查； （3）隧道发生变形塌陷时，在确保人员安全前提下，开展应急处置救援工作，当隧道结构影响到周边安全时，立即报请上级单位通知周边地外人员，必要时进行人员疏散
地震	自然灾害	（1）定期开展安全检查，检查防震抗震应急准备工作； （2）地震发生后，紧急启动相关预案，在确保人员安全前提下，开展应急处置救援工作
台风	自然灾害	（1）加强特殊气象、自然灾害的监测和预报； （2）根据气象预报及时采取应对措施和准备应急物资； （3）台风多发时期，组织开展安全检查，检查应急准备工作； （4）台风来临前，按要求启动预案，及时组织受影响区域停运和告知乘客，做好户外、高架线路设备加固、人员撤离危险区域，台风过后做好安全确认及运营恢复工作
雨涝	自然灾害	（1）加强特殊气象、自然灾害的监测和预报； （2）根据气象预报及时采取应对措施和准备应急物资； （3）雷雨多发时期，组织开展安全检查，检查应急准备工作； （4）因暴雨积水涌入车站或其他城市轨道交通场所时组织抢险，按要求启动预案，组织停运、封站等应急措施，并通报相关部门及外部单位
地质灾害	自然灾害	（1）加强特殊气象、自然灾害的监测和预报； （2）根据气象预报及时采取应对措施和准备应急物资； （3）定期开展安全检查，检查应急准备工作； （4）发生地质灾害影响城市轨道交通运作时，按要求启动预案，在确保人员安全前提下，开展应急处置救援工作

四、列车司机在突发事件应急处置时的基本原则

运营单位应按照统一指挥、逐级负责、快速反应、配合协同的原则，针对可能发生的突发事件编制行车应急预案，建立与相关单位的信息共享和应急联动机制。发生突发事件后，运营单位应按规定及时启动相应的行车应急预案，采取应急抢险措施防止事态扩大，并按规定及时报告，在确认行车条件允许的情况下最大限度地维持列车运行。突发事件处理完毕，确认具备运营条件后，运营单位应尽快恢复正常运营。在突发事件发生后，涉及列车司机和乘客服务的基本原则如下：

（1）在具备行车条件时，列车司机负责维持列车到站停车，组织列车上乘客向车站疏散；如果列车被迫在区间停车，列车司机必须立即报告行车调度员，由行车调度员通知相关车站进行支援，组织列车上乘客向车站疏散。

（2）车站人员要加强客运服务工作，组织乘客和相关人员疏散。要检查紧急照明的启动情况，巡查各部位如升降电梯中是否有人员被困等，根据控制中心命令清客或关闭车站。要检查事故照明装置情况，保障事故状态下事故照明装置的良好动作。

（3）列车司机要确保通信畅通，通信中断时应设法与外界取得联系，并做好自救工作。

（4）遇到接触网/轨停电时，列车司机要做好停电设备的安全防护，特别是蓄电池等设备的防护，严防蓄电池过度放电而无法恢复。若因供电设备故障造成大面积停电，立即组织供电抢修，尽快恢复供电。

五、突发事件处置流程的编制与优化

1. 各类突发事件处置流程编制基本原则

（1）编制突发事件的处置流程时，必须严格遵守《中华人民共和国安全生产法》《中华人民共和国突发事件应对法》《城市轨道交通运营管理规定》《国家城市轨道交通运营突发事件应急预案》《城市轨道交通行车组织管理办法》等国家、行业有关安全生产和突发事件应急的法律、法规。

（2）编制突发事件的处置流程时，必须坚持"安全第一，预防为主"的方针，积极将新技术、新方法和先进的管理理念应用在编制突发事件的处置流程上，通过不断优化处置流程，使其更为贴近应急预案的相关要求。

（3）编制突发事件的处置流程时，应按照一种情况对应一种处置流程的原则，不宜直接沿用套用其他的处置流程，编制的处置流程应全面客观、有理有据，不得与现行法律法规和应急预案的要求相违背。

（4）编制突发事件的处置流程时，应综合考虑处置人员的人身安全、专业能力、作业时间、操作习惯等因素，将人为操作失误的风险降到最低。

2.各类突发事件处置流程编制步骤
1）资料收集

编制突发事件的处置流程前，应收集有关突发事件处置流程编制所需的各种资料，特别是相关应急预案和操作流程。例如，编制火灾情况下的处置流程时，需要收集国家、省、区、市城市轨道火灾情况下的应急预案，同时参照同行业的火灾的演练方案、发生火灾时的操作流程等。

2）风险分析

在各项规章、规定的基础上，结合应急预案的相关指引，确定处置流程中可能出现的各种风险，进行流程的风险分析，分析的风险将作为处置流程编制的依据，在流程编制中采取方法进行规避。例如，列车火灾中可能出现无法动车的情况，为了保证列车的相对安全，那么在处置流程中就需要对列车进行施加停放制动、降下受流装置等一系列操作，以减小火灾对于列车的安全影响。

3）处置流程编制

编制突发事件处置流程应以时间节点或阶段节点为基础，根据突发事件的应急预案要求，研究应急预案下列车司机需要进行的操作，对列车司机操作进行专业性细化。例如，火灾应急预案中，针对不同情形下的火灾，列车司机职责有不同的规定，具体处置流程需进行分开描述。

4）流程评估

处置流程编制初步完成后，还应对流程进行评估，考虑可能发生的风险和操作合理性，同时制定相应的措施来规避或提醒风险，使得处置流程更具安全性和可操作性。

3.各类突发事件处置流程优化方法
1）细化分类，逐一分析

优化处置流程时，应先对处置流程进行细分，细分的角度可以从不同的方向出发，目的是将各种不同的设计的方面进行区分，便于统一分析。例如，从列车司机的操作角度可分为设备操作类、标准作业类、安全防护类和互联互控类等。

2）筛查重点，针对防控

通过对流程的细化分类，把重点内容和重点环节筛选出来，着重研究操作流程和安全防控措施，针对司机操作有可能失误的环节或步骤，增加安全操作确认、呼唤应答、互联互控等针对性的防控措施，保证重点环节不出现重大失误。

3）梳理流程，减少冗余

对重点流程梳理完毕后，对其他环节也要进行梳理，对非必要冗余工作进行缩减，在确保安全的前提下减少不必要的应急操作。

4）总体分析，安全高效

对处置流程的各个环节分析完毕后，要再次对整体流程进行分析，制定应急处置操作流程图。在安全作业的基础上，结合现场人员作业习惯，将应急处置的各个环节规划成一个总体环节，避免各个流程脱节，做到安全高效。

第三节 应急演练的方案编制与组织

知识目标

1. 熟悉列车司机非正常行车演练方案编制原则、基本要求、流程及注意事项（技师）；
2. 熟悉列车司机突发事件演练方案编制原则、基本要求、流程及注意事项（技师）；
3. 掌握各类非正常情况下列车运行的演练组织形式与方法（高级技师）；
4. 掌握各类突发事件演练组织形式与方法（高级技师）。

技能要求

1. 能编制列车司机各类非正常行车的应急演练方案（高级技师）；
2. 能编制列车司机各类突发事件的应急演练方案（高级技师）；
3. 能组织列车司机开展各类非正常情况下列车运行的演练（高级技师）；
4. 能组织列车司机开展各类突发事件的演练（高级技师）。

一、应急演练方案的编制原则

1. 结合实际、合理定位

编制应急演练方案时，应紧密结合非正常行车及突发事件应急处置的相关预案，根据资源条件确定演练方式和规模，明确演练目的，合理定位参演岗位在演练中的角色和承担的任务。

2. 着眼实战、讲求实效

编制应急演练方案时，应以提高列车司机的实战能力为着眼点，尽可能真实地模拟应急事件场景，重视演练结果，及时组织观摩、评估、考核，总结推广好经验，及时整改存在的问题。

3. 精心策划、确保安全

编制应急演练方案时，要围绕演练目的，精心策划演练内容，科学设计演练方案，周密组织演练活动。对于演练中可能发生的风险或突发事件，要制定严格的安全措施，确保演练中人身安全和设备设施安全。

4. 统筹规划、厉行节约

编制应急演练方案时，要考虑应急演练活动的总体统筹性，充分利用现有资源，协调各单位积极配合，达到演练预期效果。编制方案要具有成本意识，能够合并演练的内容应总体考虑，尽可能覆盖到能够评估的岗位或流程，避免铺张浪费和重复性的演练，减少对运营生产的影响。

二、列车司机演练方案编制的基本要求

在编制列车司机演练方案时，应遵循以下要求：

（1）演练目标需结合应急预案相关要求，具有针对性，从提高列车司机的应急能力角度进行考虑，明确该演练需要列车司机完成的任务、依据的标准和取得的效果。

（2）演练方案要内容全面准确，具体应包括演练时间、演练地点、人员安排、演练指挥、场景信息、演练过程、安全注意事项等要素，避免含糊不清、模棱两可的描述。

（3）演练组织要强调统一指挥、属地为主、逐级负责的原则，各岗位要分工明确、职责清晰，参演成员应在演练总指挥的具体指挥下，按照演练方案进行操作，避免分工不明、各自为战的情况。

（4）演练的模拟场景应力求真实还原现场的实际情况，使演练能够真实地反映列车司机在遇到实际情况时的应急处理方式，便于查找薄弱环节和针对性地制定防范措施。对于无法设置真实场景的，应尽可能采取其他方式模拟。当演练场景确定后，参演人员不可随意更改。

（5）除特殊原因不便公开的演练外，一般的演练方案应对列车司机具体的操作流程细化，落实各个操作步骤，使列车司机清楚知道自己的工作内容和安全注意事项。

（6）演练方案还应包含对演练的观摩评估，评估列车司机的具体操作环节，以检验列车司机对于应急操作程序的执行程度和应急响应效率，必要时可先制定演练评估细化表，确保演练评估客观、真实。

（7）演练方案要精准定位，设立的目标必须符合相关应急预案的规定，非特殊情况，不得随意扩大演练方案中的内容。需要动车时，必须满足各项行车安全条件，涉及行车进路、行车速度、通过道岔等安全重点环节，需要着重强调，避免出现行车安全风险。

（8）演练方案编制时要牢固树立"安全第一"的思想，要充分考虑到在实施过程中可能发生的突发情况及出现的安全风险，要针对性地制定监控和防范措施，必要时组织制定相关的应急抢险方案。

三、列车司机应急演练方案的编制流程

1. 明确演练目的

编制方案时，首先要明确演练需要达到的目的。演练目的一般有：检验某项应急预案或应急处置程序的适用性和有效性；检验设备的应急响应能力；检验列车司机非正常行车的应急处理技能；检验各行车岗位之间的协同配合能力等。例如，降级行车演练目的是检验降级行车程序是否合理，各个行车应急环节是否存在不足等；火灾演练的演练

目的主要是检验各岗位在火灾时的应急响应速度和应急处理技能、消防设备在火灾时的应急响应能力是否符合要求等。

2. 演练前期准备

根据演练目的要求，确定演练时间和地点，设定演练场景，主要包括作业区域申请、列车使用申请、人员职责安排、防护措施落实等演练开始前的准备工作。作业区域主要是指参与演练的区域，演练时不能超出申请区域。使用列车情况主要是指演练需要的列车数量、列车状态及演练前列车的摆放位置。其他演练开始前的准备工作包括场景的模拟、故障的设置、各配合岗位的演练前安排等。突发事件应急场景的设置涉及自然灾害或不良环境，如无法完全设置可采取模拟告知的方式进行，例如雷雨大风、地震塌陷或隧道被异物击穿等。

3. 细述演练内容

演练内容主要包括演练流程和处理程序。演练流程主要是对演练从开始至结束的发生过程进行叙述性描述，一般以时间作为节点，包括演练启动、演练经过和演练结束三个阶段。涉及模拟应急的，启动时需通知到各岗位，并按实际发生情况开始演练。处理程序主要指根据应急预案对列车司机岗位的相关要求，细化司机的具体操作程序，让参加演练的司机能够提前做好预想和准备，减少演练过程中的失误。同时，还可以根据处理程序对列车司机的演练结果进行评估，并提出改进建议。

4. 完善注意事项

完善注意事项主要从安全管理的角度出发，结合应急预案中可能出现的人身安全风险、行车安全风险、操作流程风险或其他可能导致不安全情况发生的环节，对参与演练人员提出相应的注意事项。例如，降级行车演练中存在行车安全风险，需要重点注意行车凭证、模式转换、进路瞭望等；乘客区间疏散演练中存在人身安全风险，需要提醒列车司机和乘客做好个人防护，注意上下疏散平台的高度差，谨防摔倒碰伤等。

四、列车司机应急演练组织流程

列车司机应急演练组织应包括演练准备、演练实施、评估总结和改进落实四个阶段。

1. 演练准备

应急演练前，应根据演练计划成立演练机构，设计演练总体方案，检查落实相关准备情况，做好安全交底，进行必要的培训和预演，做好各项保障工作安排（包括设备、物资及人员等），为演练的安全有序实施奠定基础。

2. 演练实施

演练实施包括应急演练启动、应急演练执行、应急演练结束与停止。当演练准备工作完毕后，按照演练总体方案启动演练，执行演练程序，做好演练过程的记录，在演练结束后做好设备恢复和施工清场。演练过程中遇突发情况时，现场指挥可根据实际情况暂停演练或终止演练。

3. 评估总结

演练结束后，应对演练的效果进行评估，提交评估报告，说明演练过程中发现的问题。演练结束可通过记录演练情况、组织评估会议、填写演练评价表和对参演人员进行访问等方式收集演练实施情况评估资料，根据演练记录、演练评估报告、应急预案、现场总结等材料，对演练进行总结，对应急预案和参演人员都要进行分析，形成演练总结报告。

4. 改进落实

根据演练总结报告中的存在问题，制定改进措施和计划，要求相关单位实施落实，并对改进效果进行监督检查。具体可通过下发报告、总结宣讲、现场抽考、情景重置等多种方式检验核查，以达到提升业务技能目的。

五、列车司机参与应急演练的注意事项

演练过程，涉及的专业工种多、现场人员多、处置流程多，存在各种安全风险和隐患，列车司机在参与应急演练时应重点注意以下事项：

（1）演练的整个过程要有总体现场指挥控制，要贯彻"统一指挥，逐级负责"的原则。参加演练人员必须在现场指挥统一指挥下，根据演练方案的要求，履行各自的职责。现场指挥要把控好演练环节，确保演练过程中不超出方案允许的范围。

（2）参加演练的各岗位要熟悉本单位的规章制度和操作流程，严禁违章指挥和违章作业。参演过程中的程序要符合本线路的安全作业守则、行车组织规则、应急预案及处理程序、列车司机手册、故障应急处理指南等相关要求，不得随意操作或是不按标准程序作业。

（3）故障或应急场景模拟负责人应能熟悉设备状态及设备原理，按照演练要求设置模拟场景，同时要注意设置场景时的设备状态，避免造成设备损坏或发生安全事件。

（4）在演练过程中，如有非演练设置的突发事件或设备故障发生，应立即向演练现场指挥报告，按现场指挥的要求执行。原则上应先处理突发事件或设备故障，在应急处理结束后再次报告现场指挥，收到现场指挥命令后方可继续进行演练。

（5）在演练过程中，列车司机在驾驶列车的过程中要严格按照规定行车，在列车运行时加强瞭望，行车调度员、车站人员要密切监视列车的运行。发现异常时，应立即采取紧急停车措施，保证行车安全。

（6）在演练过程中，各相关演练人员要做到安全有序、行动迅速、自控互控，下线路人员必须按照要求穿戴安全防护用品，按规定的行走线路走行，确保人身安全和设备安全，防止在演练中发生意外事故。

（7）参加演练评估的工作人员除做好岗位评估外，还应监控好车站人员、列车司机等员工的操作，发现危及行车安全和人身安全的情况时，应及时采取措施，防止发生意外。

（8）演练结束后，应急场景和设备故障设置人员应及时恢复相关设备状态，检查相

关设备设施的功能，确保设备设施正常完好、行车区域安全出清后，上报现场指挥。

（9）在演练过程中，任何人发现有影响安全的问题，都有权停止演练，并将情况汇报给现场指挥。

六、演练备案与归档

一个完整的演练组织，除了演练过程的组织，演练的备案与归档也是必不可少的。

（1）演练开始前，演练组织单位应当根据演练计划和演练影响，将具体的演练计划及演练防控措施向上级单位备案；必要时，还需要得到相关单位的审批同意，方可组织演练。

（2）演练结束后，应保存好演练方案、参演人员及其他书面评估记录资料，形成演练总结报告，演练总结报告以及记录演练过程的相关图片、视频、音频等资料要归档保存，以便查验。

第四节　应急演练方案编制案例

技能要求

1. 能编制列车救援演练方案并进行风险评估（高级技师）；
2. 能编制电话闭塞法演练方案并进行风险评估（高级技师）；
3. 能编制区间列车火灾应急处置演练并进行风险评估（高级技师）；
4. 能编制其他司机应掌握的应急处置演练并进行风险评估（高级技师）。

一、列车救援演练方案

1. 演练目的

（1）检验目前列车救援程序的安全性和可操作性。

列车故障救援
应急处置

（2）检验行车专业人员对列车救援程序的熟练程度，能否正确地处理列车故障和组织行车。

（3）检验现阶段列车救援程序的时效性，验证在目前的列车救援处理程序下能否保证在列车故障发生15min内完成连挂救援并动车。

2. 演练时间和地点

（1）演练时间：2021年××月××日。

（2）演练地点：A站—B站下行线，车辆基地线路。

3. 演练安排

1）场景设置

（1）列车安排：本次演练使用两列ATP完好的电客车，分别担任故障列车和救援列车；0101次停在B站至A站的下行区间，0201次停在C站下行站台（图4-1）。

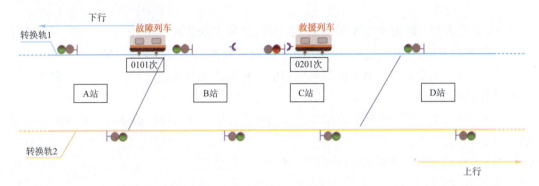

图4-1 列车救援演练方案开始场景图

（2）救援模式和路径：本次演练计划采用推进运行模式，救援列车连挂故障列车后，以推进运行模式回到车辆基地解钩。

（3）故障设置：车辆检修人员按要求在0101次列车上设置故障，故障现象为列车产生紧急制动，按列车故障处理指引无法排除故障。

2）人员安排

（1）现场指挥1人。负责演练的总体指挥和统筹，有权决定演练的开始、结束或停止。

（2）施工负责人1人。负责演练开始前，确认满足请点条件后按要求请点；演练结束后，确认设备恢复正常状态，演练线路出清后，负责销点工作。

（3）OCC参演人员3人。2名行车调度员、1名OCC值班主任，按相关应急处置程序指挥和组织行车相关工作。

（4）列车司机2人。故障列车司机1人，救援列车司机1人，按要求执行故障处理程序和列车救援程序。

（5）车辆检修人员1人。演练开始前，按要求设置车辆故障；演练结束后，恢复设置的故障，检查车辆设备完好。

（6）现场记录人员4人。故障列车、救援列车、清客车站、OCC各安排1名现场记录人员，记录演练各个节点的时间和处置情况。

4.演练过程模拟

1）演练前准备

（1）参演人员和列车按要求到达指定地点，完成相关准备工作（故障设置）后，向现场指挥报告，现场指挥确认所有准备工作都已完成后，通知施工负责人演练场景已经设置完毕，可以申请演练。

（2）施工负责人接到指令后，确认满足请点条件，向行车调度员请点演练。

（3）行车调度员确认符合请点条件，待相关车站做好请点防护后，同意请点。

（4）施工负责人将请点完成情况汇报现场指挥。

（5）现场指挥根据现场实际情况，选择时机发布指令，宣布演练正式开始。

2）演练过程

（1）载客列车0101次在B站下行出站100m处发生紧急制动故障停车，列车司机按要求报告行车调度员，同时进行故障处理（具体故障处理程序按各线路标准）。

（2）行车调度员接到0101次列车司机的汇报后，立刻做好行车调整准备，要求0201次列车在C站开门待令。

（3）0101次列车司机按照故障处理指南操作完毕，无法排除故障，将情况报告行车调度员。

（4）行车调度员接到司机汇报后，通知司机做好救援准备，救援来车方向为列车尾部，采用推进运行方式。

（5）0101次列车司机接到行车调度员指令后，做好救援前的准备工作，并广播安抚乘客。

（6）行车调度员通知0201次列车司机和C站行车值班员，要求0201列车在C站清客。

（7）0201次列车司机和C站行车值班员执行清客命令，在C站清客。

（8）行车调度员同时向0101次列车、0201次列车、A站、B站、C站、车辆基地发布列车救援命令：因B站至A站下行区间的0101次列车故障无法动车，现在决定列车救援，救援列车由0201次列车担任，连挂后采用推进运行的方式回车辆基地，0201次列车在C站清客完毕后动车，0101次连挂动车后在A站清客，清客完毕后再次动车回车辆基地（具体命令格式以本线路要求为准）。

（9）0201次列车清客完毕后动车，到达0101次列车前1m处一度停车，与故障列车司机确认连挂前准备完毕后，执行按要求连挂作业（图4-2）。

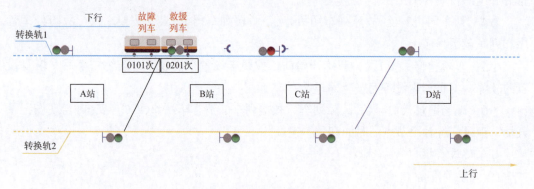

图4-2　列车救援演练方案连挂场景图

（10）0201次列车与0101次列车连挂和试拉完毕后，按照调度命令推进运行，由0101次列车司机指挥列车运行。

（11）0101次列车在A站下行对标开门清客，清客完毕后列车再次启动回车辆基地。

（12）车辆基地行车值班员需提前准备好救援列车进路和停车股道，提前告知列车司机进路和停车股道情况。

（13）故障列车和救援列车到达车辆基地指定的股道停稳，故障列车司机做好防溜措施后，救援列车司机操作列车解钩。

（14）救援列车司机解钩完毕，再次在指定股道停稳后，将信息报告行车调度员。

（15）行车调度员接到信息后，发布救援结束行车指令，救援过程结束。

3）演练结束

（1）现场指挥确认列车已经停稳，并解钩完毕后，通知各个参演人员做好收尾工作。

（2）0201次列车司机接到现场指挥指令后，做好防溜措施，报告现场指挥。

（3）0101次列车司机接到现场指挥指令后，恢复列车救援作业中操作的设备后，将列车交给车辆检修人员。

（4）车辆检修人员恢复0101次列车设置的故障，检查车辆性能良好后，将信息报告现场指挥。

（5）现场指挥确认所有设备完好、线路已经出清后，宣布演练结束。

（6）施工负责人接到现场指挥演练结束指令后，向行车调度员销点。

（7）行车调度员确认满足销点条件后，同意销点。

5. 风险评估

（1）列车发生故障时，列车司机和行车调度员均应当按照正常的故障处理流程进行故障处理和应急指挥，不得违章指挥或违章作业。

（2）故障列车司机如发现故障不能排除时，应及时报告行车调度员，按要求施加停放制动，做好防止列车溜动措施，打开两端的列车运行灯或是设置红闪灯防护，做好救援准备。

（3）当行车调度员发布救援命令时，应明确救援列车的来车方向、救援方式、运行线路、清客要求及救援目的地等关键因素。

（4）当车站和列车司机接到清客指令后，要按规定清客，防止因清客不彻底造成乘客滞留在列车上。

（5）救援列车与故障列车连挂前，要确认故障列车的救援前期准备工作已经完成，并按规定速度进行连挂，避免列车过度撞击造成设备损坏或列车溜动。

（6）连挂列车运行途中，故障列车（运行前方列车）司机要不间断地瞭望，加强与救援车列车司机联系，指挥列车运行，发现异常立即通知救援车列车司机，并采取停车措施。

（7）接近目的地和尽头线时，故障列车要与救援列车及时做好沟通，控制好运行速度，避免列车冲出停车位置的情况。

（8）演练结束后，要及时施加列车停车制动，恢复列车状态，保证设备设置完好，确认各项收尾工作都已完成后方可进行施工销点。

6. 其他要求

（1）参演人员严格按照方案要求提前到达指定集合地点，认真学习演练方案。

（2）在演练过程中，各参演人员要严格执行演练方案，不得超出演练范围和施工请点区域，发现危及安全的情况要及时制止。

（3）演练结束后，相关设备维护人员要及时恢复设备状态，施工负责人要做好施工清场工作。

（4）演练评估人员应按实际情况做好评估记录，按要求提交演练小结。

二、电话闭塞法演练方案

1. 演练目的

（1）检验电话闭塞法行车组织流程的合理性。

（2）检验信号突发故障情况下列车司机的应急处理技能。

（3）检验行车调度员、列车司机、车站人员对电话闭塞法的熟练程度，以及故障时各岗位之间的配合情况。

（4）测算采用电话闭塞法组织行车时的行车间隔和行车效率。

2. 演练时间和地点

（1）演练时间：2020年××月××日。

（2）演练地点：A站至D站上下行车站及区间。

3. 演练安排

（1）演练场景。2020年××月××日××时，Y号线××联锁区信号联锁故障，HMI显示全灰，联锁区内列车产生紧急制动，进路无法排列。行车调度员确认故障后，按信号系统故障应急预案处理故障，经抢修故障无法恢复。OCC值班主任决定××联锁区信号联锁区（A站到D站，不含A站和D站站台）上下行线采用电话闭塞法组织行车（图4-3）。

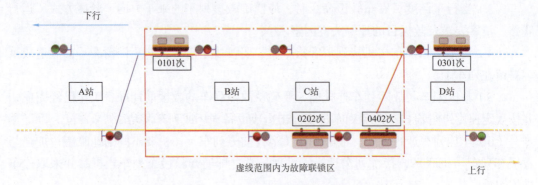

图4-3　电话闭塞法演练方案开始场景图

（2）用车情况。演练共开行4列车：0101次，摆放在B站至A站下行区间；0301次，摆放在D站下行站台；0202次，摆放在C站上行站台；0402次，摆放在C站至D站上行区间。

（3）故障设置。信号故障设置人员关闭××联锁区信号设备，设置××联锁区信号联锁故障。

（4）人员安排。演练现场指挥1人，施工负责1人，信号故障设置人员1人，OCC参与演练人员3人，列车司机4人，演练评估人员4~8人。

4. 演练程序（简化）

（1）演练开始前，由行车调度员组织所有参演列车到指定位置，所有列车保证ATP设备完好。

（2）现场指挥通知信号人员关闭信号设备，模拟××联锁区联锁故障，故障模拟完成后，发布命令，通知演练正式开始。

（3）行车调度员发现××联锁区联锁故障后，通知故障区域内的各次列车原地待令，并汇报列车位置。

（4）行车调度员确认所有列车位置后，依次组织停在区间的0101次和0402次列车人工驾驶到前方车站待令。

（5）行车调度员确认故障区域内的列车均已在车站站台停稳，准确掌握实施电话闭塞区域内所有列车位置且进路准备妥当，发布调度命令：××时××分，××联锁区故障，现在A站至D站上下行采用电话闭塞法组织行车。

应确认所有列车停妥，准确掌握实施电话闭塞区域内所有列车位置且进路准备妥当。

（6）列车司机和相关车站按电话闭塞法应急处理程序组织故障区域内的列车运行。

（7）当所有列车全部离开故障区域后，行车调度员组织各次列车在相关车站待令，并将信息报告现场指挥。

（8）现场指挥通知信号故障设置人员恢复信号设备。

（9）信号故障设置人员恢复信号设备后，报告现场指挥。

（10）现场指挥确认现场所有设备完好，人员已经出清后，宣布演练结束。

5. 风险评估

（1）列车司机在降级组织行车时必须贯彻"安全第一"的原则，发现异常立即停车。

（2）行车相关岗位人员任何时候均需在确认行车凭证正确后，方可给出动车指令或动车。

（3）行车调度员发布启用电话闭塞法组织行车命令前，确认所有列车停妥，准确掌握实施电话闭塞区域内所有列车位置且进路准备妥当。

（4）采用电话闭塞法行车时，列车按要求进行限速，每一站间区间及前方站内线路内只允许一趟列车占用。

（5）参加演练评估的工作人员监控好车站、列车司机的操作，危及列车运行安全时及时采取紧急措施，防止发生意外。

（6）演练过程中出现影响安全或导致演练不能顺利进行的因素时，任何人均有义务向演练指挥报告，必要时及时采取措施。

6. 其他要求

（1）参演人员严格按照方案要求提前到达指定集合地点，认真学习演练方案。

（2）演练过程要严格执行演练方案，不得超出演练范围。

（3）演练结束后要及时恢复设备状态，做好施工清场。

（4）评估人员按实际情况做好评估记录，按要求提交演练小结。

三、区间列车火灾应急处置演练方案

1. 演练目的

（1）检验列车火灾处理程序的适用性和合理性。

列车区间火灾
应急处置

（2）检验列车司机在列车火灾应急情况下的应急响应速度和应急处理技能。

（3）检验列车发生火灾时，各个岗位的配合情况。

2. 演练时间和地点

（1）时间：2020年××月××日。

（2）地点：B站至A站下行区间。

3. 演练安排

（1）演练场景。OCC提前组织0101次列车在B站下行站台，待列车出站后，演练工作人员在列车最后一节车厢点燃烟饼，模拟乘客携带危险品着火（图4-4）。

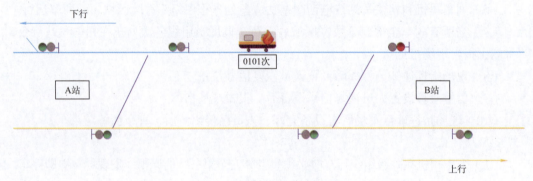

图4-4　区间列车火灾演练方案示意图

（2）人员安排。演练现场指挥1人，OCC调度5人，车站人员3人，列车司机1人，评估监控人员2人，模拟乘客10人。

4. 演练流程（简化）

（1）现场指挥确认各岗位准备完毕后，通知行车调度员可以开始演练。

（2）行车调度员通知B站下行0101次列车可以按信号显示动车。

（3）0101次列车从B站下行开出后，演练工作人员在列车最后一节车厢点燃烟饼，模拟乘客携带危险品着火。

（4）B站至A站区间运行的0101次列车出现火警报警信息，同时有乘客按压车厢乘客按钮求助，列车司机确认列车尾部起火后按要求维持列车进站，报告行车调度员和引导乘客灭火。

（5）行车调度员接到信息后发布调度命令，要求各个岗位按照列车在区间火灾的应

急处置程序执行。

（6）列车进站后，司机按要求打开车门/站台门，车站按要求操作相关车站设备，共同组织疏散乘客和灭火。

（7）火灾扑灭后，列车司机确认车辆状态良好后，报告行车调度员。

（8）火灾扑灭后，车站人员确认车站设备正常后，报告行车调度员。

（9）行车调度员确认所有设备均已恢复正常后报告现场指挥。

（10）现场指挥确认所有设备正常，演练线路已经出清，宣布演练结束。

5. 风险评估

（1）演练过程中若出现危及安全的情况时，任何人均有权停止演练。

（2）各岗位在演练过程中操作相关设备时，要严格执行操作程序，避免人为失误或造成设备损坏。

（3）列车司机做好监控，危及列车运行安全时及时采取紧急措施，防止发生意外。

（4）演练人员要按规定穿戴好劳保防护用品。

（5）做好演练过程中人员伤害的应急处理预想，模拟乘客要做好个人防护。

（6）演练期间，涉及对外（110、119、120）信息均采用模拟方式报告。

6. 其他要求

（1）参演人员严格按照方案要求提前到达指定集合地点，认真学习演练方案。

（2）演练过程要严格执行演练方案，不得超出演练范围。

（3）演练结束后要及时恢复设备状态，做好施工清场。

（4）评估人员按实际情况做好评估记录，按要求提交演练小结。

第五节　应急演练组织与总结

技能要求

1. 能组织列车故障连挂救援演练并进行演练总结（技师）；
2. 能组织电话闭塞法演练并进行演练总结（技师）；
3. 能组织运营期间列车越站演练并进行演练总结（技师）；
4. 能组织异物侵限演练并进行演练总结（技师）；
5. 能组织正线接触网停电演练并进行演练总结（技师）；
6. 能组织其他司机应掌握的演练并进行演练总结（技师）。

一、列车故障连挂救援演练组织

1. 演练背景

××年××月××日0时32分，0101次列车在运营服务期间，列车在站关门作业后，动车时出现紧急制动不能缓解，司机按列车故障处理程序处理后仍然无法动车，列车司机向行车调度员申请连挂救援，行车调度员决定组织救援，各岗位执行相关救援程序。

2. 场景设置

本次演练需要2列ATP良好的电客车，列车按以下要求摆放（图4-5）。

（1）B站下行站台：故障列车0101次列车。

（2）C站下行站台：救援列车0201次列车。

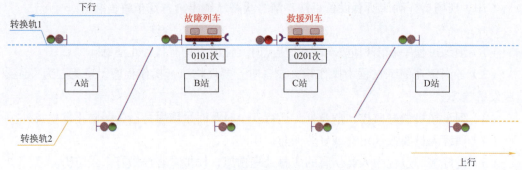

图4-5 列车故障救援演练现场摆放位置图

3. 演练简要经过

（1）0时32分，B站下行站台0101次列车报告行车调度员：B站下行0101次列车动车时列车产生紧急制动，气压表制动压力值约3bar，无其他故障现象，列车司机申请处理故障。

（2）0时32分，行车调度员呼叫C站下行站台0201次列车司机，要求列车开门待令，列车司机执行调度命令。

（3）0时35分，行车调度员确认0101次列车故障仍无法排除故障，要求C站下行站台0201次列车在C站清客后关门待令。

（4）0时37分，B站下行站台0101次列车司机按列车故障处理指引和应急操作处理后，仍然无法动车，列车司机申请向行车调度员申请救援。

（5）0时37分，行车调度员同意0101次列车司机的救援申请，要求0101次列车司机在本站清客后做好救援准备，救援来车方向为列车尾部。

（6）0时38分，行车调度员发布调度命令：因B站下行站台的0101次列车故障无法动车，现在组织C站下行站台的0201次列车担任救援任务，连挂B站下行站台的0101次列车，连挂完毕后以推进运行模式，经下行线和转换轨1道回车辆基地。

（7）0时39分至0时43分，C站下行站台的0201次列车以ATO模式动车，运行至目标点为零后以URM模式继续动车至离0101次列车1m外一度停车。

（8）0时43分，0101次列车做好救援准备工作，到达连挂端指挥救援列车连挂。

（9）0时44分，救援列车确认故障列车已做好防护可以连挂后，直接限速5km/h动车连挂并试拉。

（10）0时47分，故障列车司机确认试拉良好后切除气制动，缓解故障列车制动，确认所有制动缓解绿灯亮,确认前方进路安全,通知救援列车司机动车。

(11)0时49分,救援列车连挂故障列车推进动车,并报告行车调度员。

(12)1时10分,救援列车连挂故障列车运行至入车辆基地线,车辆基地行车值班员通知列车司机回车辆基地进路已准备好,司机可以凭信号显示回车辆基地,停车股道为10道。

(13)1时28分,救援列车连挂故障列车在车辆基地10道停稳,救援列车确认故障列车做好防护后解钩,列车解钩并做好防护后,报告车辆基地行车值班员和行车调度员。

(14)1时35分,故障列车做好防护和列车设备恢复正常状态后,报告车辆基地行车值班员和行车调度员。

(15)1时40分,行车调度员确认所有设备状态良好,线路已经出清后,宣布演练结束。

4. 救援演练总结

1)救援演练整体效果

(1)本次演练检验了救援处理程序的合理性,救援处理程序总体流畅,安全风险点把控较好,能够满足相关预案的要求。

(2)本次演练检验了列车司机对列车故障的判断和处理,检查了列车司机对于救援程序中各关键点的掌握情况,达到了演练预期目的。

(3)本次演练从列车故障发生到列车连挂动车共计用时17min,为以后列车救援的行车组织安排提供了参考。

2)救援演练存在不足

(1)故障列车司机处理故障5min后,才确定无法处理故障,流程不够紧凑,未达到高效处置故障的要求。

(2)从救援列车到达故障列车准备连挂开始,到连挂动车用时6min,期间多次互相联系,沟通不畅,需要加强应急联控培训,提高应急处理效率。

(3)救援列车连挂故障列车时,连挂速度过高,对列车造成一定的冲击,需要提高司机特殊情况的驾驶技能。

3)后续改进评估

(1)全体司机加强对救援流程的学习,定期开展救援实作演练,提升全员的救援应急处置能力。

(2)规范应急操作中的行车指挥和联控用语,进一步提高列车司机的沟通、协作能力。

(3)针对演练过程中发现的问题,及时落实整改,做好检查和归档。

二、电话闭塞法演练组织

1. 演练背景

××年××月××日0时40分,×联锁区信号设备联锁故障,进路无法排列,影响区域A站至D站上下行线。行车调度员确认故障后,信号人员按信号系统故障处理规程操作无法恢复，OCC值班主任决定采用电话闭塞行车组织法组织行车。

2. 场景设置

本次演练需要4列ATP良好的电客车，列车按以下要求摆放（图4-6）。

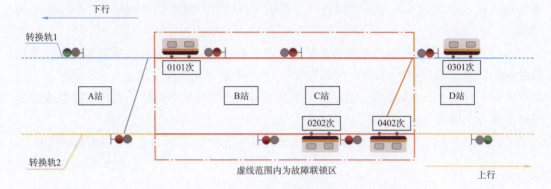

图4-6　电话闭塞法演练列车现场摆放位置图

（1）下行：0101次列车停在B站至A站下行区间离开B站200m处；0301次列车停在D站下行站台。

（2）上行：0202次列车停在C站上行站台；0402次列车停在D站进站500m处。

3. 演练经过

（1）0时40分，OCC中央HMI突然显示××联锁区全部灰色，行车调度员无法监控A站至D站（不含A站和D站站台）的列车位置和进路情况。

（2）0时40分，运行途中的0101次列车、0402次列车分别报告行车调度员，列车在运行过程中产生不明原因紧急制动；行车调度员要求0101次列车、0402次列车原地待令，做好乘客服务。

（3）0时40分，A站、B站、C站、D站行车值班员分别报告行车调度员，所在车站LOW无法监控A站至D站进路情况；行车调度员要求车站做好降级行车的准备。

（4）0时41分，在站停车的0301次列车、0202次列车分别报告行车调度员，列车运行前方信号机显示关闭状态；行车调度员要求0301次列车、0202次列车原地待令，做好乘客服务。

（5）0时44分，行车调度员群呼全线各次列车司机和车站：因××联锁区信号设备联锁故障，无法监控A站至D站进路情况，现在行车调度员对A站至D站上/下行列车位置进行核对，现在要求在此区域的列车司机向行车调度员汇报具体位置情况。

（6）0时47分至0时51分，0101次列车、0301次列车、0202次列车、0402次列车分别向行车调度员汇报列车位置。

（7）0时52分至0时53分，行车调度员与0101次列车司机确认列车前方运行进路开通，与A站行车值班员确认下行站台无列车占用，组织0101次列车以RM模式限速进入A站下行站台。

（8）0时53分至0时54分，行车调度员与0402次列车司机确认列车前方运行进路开通，与D站行车值班员确认上行站台无列车占用，组织0402次列车以RM模式限速进入D站上行站台。

（9）0时54分，行车调度员确认故障区域内所有列车均已在车站停稳，确认所有列车停妥，准确掌握实施电话闭塞区域内所有列车位置且进路准备妥当，发布调度命令采用电话闭塞法组织行车。因××联锁站联锁区信号联锁设备故障，至发令时起，A站至D站上下行线（不含A站下行站台和D站上行站台）采用电话闭塞行车组织法组织行车，其他区域按信号显示行车。

（10）0时55分，0101次列车在A站下行站台升级回CBTC模式，升级成功后恢复以ATO模式正常运行。

（11）0时56分，0402次列车在D站上行站台升级回CBTC模式，升级成功后恢复以ATO模式正常运行。

（12）0时55分至1时04分，车站人员准备好D站至C站的下行列车运行进路，沿途道岔已经加锁，填写完成D站至C站的下行路票。

（13）1时05分，D站行车值班员将D站至C站下行路票交给0301次列车司机，司机与D站行车值班员核对路票正确后，凭车站发车信号以人工驾驶模式限速动车往C站。

（14）0时56分至1时05分，车站人员准备好C站至D站的上行列车运行进路，沿途道岔已经加锁，填写完成C站至D站的上行路票。

（15）1时06分，C站行车值班员将C站至D站上行路票交给0202次列车司机，司机与C站行车值班员核对路票正确后，凭车站发车信号以人工驾驶模式限速动车往D站。

（16）1时10分，0301次列车在C站下行停车，正常开门作业，司机将旧路票后交予车站人员后，未接到新路票就关门准备动车，被车站人员制止。

（17）1时11分，0202次列车在D站上行停稳，正常开门作业，司机确认乘客上下列车完毕后，未将列车升级为CBTC模式就直接动车。

（18）1时12分至1时17分，0301次列车在C站下行办理完闭塞手续后动车前往B站下行。

（19）1时18分至1时22分，0301次列车在B站下行办理完闭塞手续后动车前往A站下行。

（20）1时23分，0301次列车在A站下行停稳，列车升级为CBTC模式后，以ATO模式运行离开故障联锁区。

（21）1时25分，信号设备人员修复××联锁区信号设备故障，将信息报告报告行车调度员。

（22）1时26分，行车调度员群呼全线各次列车和车站：××联锁区信号设备联锁故障已恢复，现在全线各次列车司机按信号显示行车，运行到前方车站停车待令。

（23）1时28分，行车调度员确认全线各次列车均已在车站停车待令，安排车站人员下线路拆除钩锁器和移除行车应急备品，出清行车线路。

（24）1时40分，行车调度员确认现场设备全部正常，线路已经出清，宣布演练结束。

4. 电话闭塞法演练总结

1）演练整体效果

（1）本次演练检验了信号联锁故障时，车站、司机、OCC各个岗位的应急组织程序。各岗位的应急组织程序设置合理，安全把控到位，能够达到预期效果。

（2）本次演练检验了信号联锁故障时，车站、司机、OCC各个岗位的应急处置能力和协调配合能力。各个岗位总体对电话闭塞法的行车组织较熟悉，能够有序配合行车组织，未有较大疏漏。

（3）本次演练测算出采用电话闭塞法进行行车组织时，行车间隔大约为10min，为后续联锁故障行车组织提供了参考时间。

2）演练存在问题

（1）0301次列车司机在C站下行存在未确认行车凭证就准备动车的情况，交了旧路票后，未与车站交接新路票就关门准备动车，由车站人员提醒后才发现，需要引起重视。

（2）0202次列车司机存在未及时升级车载CBTC信号的情况，在非故障联锁区未及时升级车载信号导致列车无法以ATO模式运行，需要加强后期培训。

3）后续改进评估

（1）下发本次演练总结，组织全体司机学习，特别是针对演练过程中存在的不足，要吸取经验教训。

（2）不断组织司机培训，讲解信号知识和信号降级模式下的行车组织方法，提高司机在信号设备故障时的应急处置技能。

（3）对降级行车业务知识薄弱的司机重点关注，通过抽问、抽考、演练等方式提升员工业务技能，并将抽查情况做好记录及汇报。

三、运营期间列车越站演练组织

1. 演练背景

某活动将于6月26日开幕，并于6月26日至6月30日在××广场举行灯光作品展，届时B站和C站地面道路将进行交通管制。为了配合地面交通管制，安全有序输运乘客，运营期间组织列车在B站、C站上下行不停站通过，各次列车司机做好乘客服务，车站做好配合。

2. 场景设置

本次演练需要3列ATP良好的电客车，列车按以下要求摆放（图4-7）。

（1）下行：0101次列车停在C站下行站台；0301次列车停在D站下行站台。

（2）上行：0202次列车停在A站上行站台。

3. 演练简要经过

（1）0时30分，行车调度员群呼：因B站、C站地面道路交通管制，自发令时起至另有通知时止，各次列车在B站、C站上下行不停站通过，各次列车司机做好乘客服务。

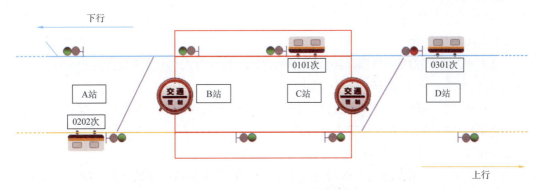

图4-7 列车越站演练列车现场摆放位置图

（2）0时33分，0101次列车在C站下行站台正常关门作业。0101次列车在C站下行以ATO模式动车出站后，司机人工广播本次列车在B站不停靠广播。

（3）0时36分，0202次列车在A站上行站台正常关门作业。0202次列车在A站上行以ATO模式动车出站后，司机人工广播本次列车在B站、C站不停靠广播。

（4）0时37分，0101次列车在A站下行站台停稳，司机正常开关门作业，确认列车设备已恢复至正常运营模式，动车离开A站。

（5）0时38分，0202次列车以ATO模式运行，列车经过B站上行站台时，司机确认显示屏有越站图标，列车以通过车站的速度运行后，使用对讲机联控车站：上行进站的0202次列车在本站不停站通过。

（6）0时40分，0301次列车在D站下行站台正常关门作业。0301次列车在D站下行以ATO模式动车出站后，司机人工广播本次列车在C站、B站不停靠广播。

（7）0时43分，0202次列车以ATO模式运行，列车经过C站上行站台时，司机确认显示屏有越站图标，列车以通过车站的速度运行后，使用对讲机联控车站：上行进站的0202次列车在本站不停站通过。

（8）0时46分，0301次列车以ATO模式运行，列车经过C站下行站台时，司机确认显示屏有越站图标，列车以通过车站的速度运行后，使用对讲机联控车站：下行进站的0301次列车在本站不停站通过。

（9）0时48分，0202次列车以ATO模式运行至D站上行站台停稳，司机正常开关门作业，确认列车设备已恢复至正常运营模式，动车离开D站。

（10）0时52分，0301次列车以ATO模式运行，列车经过B站下行站台时，司机确认显示屏有越站图标，列车以通过车站的速度运行后，使用对讲机联控车站：下行进站的0301次列车在本站不停站通过。

（11）0时57分，0301次列车在A站下行站台停稳，司机正常开关门作业，确认列车设备已恢复至正常运营模式，动车离开A站。

（12）0时58分，行车调度员群呼：各次列车运行至前方车站待令。

（13）1时00分，行车调度员确认所有列车均已在车站停稳，群呼：本次演练结束，各次列车凭信号显示动车。

4. 列车越站演练简要总结

1) 演练整体效果

（1）本次演练检验了列车司机越站操作程序的合理性，目前的操作流程总体合理，能够防止列车在非停车站停车开门的情况。

（2）本次演练检查了列车司机对列车越站的安全关键环节掌握程度，增强了列车司机对乘客服务的意识，达到了演练的目的。

2) 存在不足及后续改进措施

（1）存在司机未在越站车站前一个车站开出后播放越站广播的现象，需要加强司机对乘务服务意识的培训，避免乘客投诉或解锁车门。

（2）存在司机在列车越站车站进站前未通知车站本次列车不停车通过的情况，需要加强司机联控互控意识的培训，避免沟通不畅产生不良影响。

（3）存在司机未及时确认越站图标的现象，需要教育司机要加强行车凭证和关键信息的确认，防止列车越站失败。

四、异物侵限演练组织

1. 演练背景

××年××月××日0时40分，因××公司违反《城市轨道交通运营管理办法》中有关轨道交通保护区的范围及安全管理规定，擅自在城市轨道交通保护区的范围进行钻探作业，导致城市轨道交通隧道被打桩机击穿，异物侵入行车限界，影响列车安全运行。

2. 场景设置

演练列车0101次在B站至A站下行区间运行中，司机发现区间公里标K188+000m处隧道上方有长度约1m的不明物体（模拟），立即采取紧急停车措施，列车运行端头部撞上不明物体，停车时列车前端受电弓已经越过异物地点。列车司机立即报告行车调度员，行车调度员组织车站、列车司机等岗位按照异物侵限流程处置。

本次演练需要2列ATP良好的电客车，列车按以下要求摆放（图4-8）。

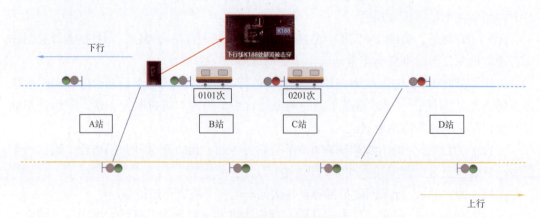

图4-8　异物侵限演练列车摆放示意图

（1）B站下行站台：0101次列车。

（2）C站下行站台：0201次列车。

3. 演练简要经过

（1）0时32分，B站下行站台0101次列车正常关门作业后以ATO模式动车出站。

（2）0时33分，C站下行站台0201次列车正常关门作业后以ATO模式动车出站。

（3）0时35分，0101次列车以ATO模式在B站至A站下行区间运行中，列车司机发现区间公里标K188+000m处隧道上方有类似钢管、长度约1m的不明物体（模拟），立即按下紧急停车按钮，列车运行端头部撞上不明物体，列车司机施加停车制动，将初步信息报告行车调度员。行车调度员要求司机现场再次确认情况和列车状态。

（4）0时36分，0201次列车在B站下行站台停稳，行车调度员要求0201次列车在B站开门待令，同时通知B站值班站长做好添乘准备。

（5）0时36分至41分，0101次列车司机人工广播安抚乘客，现场确认列车前方受电弓已经越过异物，车辆状态正常，将情况报告行车调度员。

（6）0时42分，行车调度员命令0101次列车司机执行异物侵限处理程序，司机执行调度命令。

（7）0时42分，行车调度员呼叫B站下行站台0201次列车执行清客程序，任命B站值班站长为事故处理主任，稍后添乘确认隧道设备情况。

（8）0时43分，行车调度员根据线路情况，模拟组织其他列车在车站多停、小交路折返、反方向运行等。

（9）0时44分，0101次列车到达A站下行站台，行车调度员命令0101次在A站清客完毕后，按信号显示动车经下行线回车辆基地，沿途注意监控列车状态。

（10）0时46分，0201次列车清客完毕后，行车调度员命令0201次列车限速开往事故地点确认现场情况。

（11）0时55分，0201次列车到达事故地点前停车，事故处理主任现场确认事故情况为隧道被外部设备击穿，将信息报告行车调度员。

（12）1时05分，行车调度员确认隧道被外部设备击穿，不具备行车通过条件，组织0201次列车退行回B站下行站台。

（13）1时15分，0201次列车在B站下行站台停稳，司机报告行车调度员。

（14）1时20分，行车调度员确认所有列车均已经在车站停车，现场线路已经出清，宣布演练结束。

4. 异物侵限演练总结

1）演练整体效果

（1）本次演练检验了列车司机遇到异物侵限时操作程序的合理性，目前的操作流程总体合理，能够按照相关预案的要求确保安全行车。

（2）本次演练达到了检验列车司机在遇到突发应急事件的迅速反应能力，列车司机能够按照规定程序处理应急事件，具有扎实的应急基础知识，达到了演练预期目的。

（3）通过演练提高了列车司机对隧道击穿应急处理程序熟练程度，提高了列车司机执行力及应变能力。

2）演练存在问题

（1）对事件发生后，列车长时间在隧道内停车，司机未能间隔2min播放广播安抚乘客，容易发生乘客解锁车门的事件，需要引起重视。

（2）确认现场情况的列车司机对公里标位置掌握不熟，长时间低速运行确认公里标，需要加强培训。

3）后续改进评估

（1）组织全体司机学习本次演练总结，抽查司机对异物侵限应急处置的掌握情况，巩固司机的业务基础知识及提高应急处置能力。

（2）工作中抓细节、促标准，促使司机严格执行相关规定及标准化作业，养成良好的安全习惯。

五、正线接触网停电演练组织

1. 演练背景

××年××月××日运营时间，××主变电站开关跳闸，单边供电失败，造成A站至D站下行接触网停电，行车调度员确认短时间无法恢复正常供电，按接触网停电应急预案组织行车。

2. 场景设置

0时50分，××主变电站121、122开关跳闸且单边供电失败（模拟），造成A站至D站下行接触网（1A1供电分区）停电。停电期间有载客列车被迫停在区间，行车调度员确认短时间无法恢复正常供电，按要求组织停在区间的列车上乘客疏散，并按应急预案组织其他列车运营。具体列车摆放示意图（图4-9）。

下行：B站下行站台0101次列车，D站下行站台0301次列车。

上行：B站上行站台0202次列车。

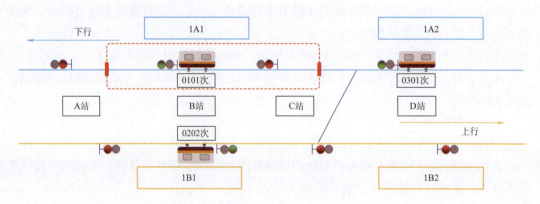

图4-9　正线接触网停电列车摆放示意图

3. 演练简要经过

（1）0时49分，B站下行站台0101次列车正常关门作业后以ATO模式动车出站。

（2）0时49分，B站上行站台0202次列车正常关门作业后以ATO模式动车出站。

（3）0时50分，D站下行站台0301次列车正常关门作业后以ATO模式动车出站。

（4）0时50分，0101次列车司机发现列车在运行途中无法提速，显示屏显示列车网压为零，客室照明为紧急照明，空调为紧急通风，司机维持列车进站，同时将信息报告行车调度员。

（5）0时50分，电力调度员通知行车调度员，突发××主变电站开关跳闸，尝试单边供电失败，目前A站至D站下行接触网（1A1供电分区）无电，预计需要40min才能恢复供电。

（6）0时51分，行车调度员呼叫D站下行出站的0301次列车司机，要求司机立刻停车，并报告目前列车状态。

（7）0时51分，0301次列车在D站至C站区间停车，司机确认车辆设备状态良好后回复行车调度员。

（8）0时52分，0101次列车司机呼叫行车调度员，0101次列车凭自身动力无法进站，已在A站进站前300m处停车。

（9）0时52分，行车调度员命令0101次列车司机在区间待令，做好乘客服务，司机执行调度命令。

（10）0时53分，0202次列车在C站上行站台停稳，行车调度员要求0202次列车站台上下乘客完毕后，立即关门动车到D站上行站台待令，司机执行调度命令。

（11）0时53分，行车调度员发布调度命令，目前A站至D站下行接触网（1A1供电分区）无电，现在行车调度员正在组织运营调整，各次列车严格按信号显示和行车调度员指令行车，严禁驶入该区域，驾驶过程中如有列车异常及时报告行车调度员。

（12）0时54分，行车调度员发布调度命令，因接触网停电短时无法恢复，现在决定组织0101次列车在区间疏散乘客，任命A站值班站长为事故处理主任，事故处理主任到达现场后联系0101次列车司机，指挥疏散乘客，疏散方向为列车头部A站站台。

（13）0时55分，行车调度员通知0101次列车司机，因接触网停电短时无法恢复，现在决定区间疏散乘客，疏散方向为列车头部A站站台，司机做好乘客服务，等待事故处理主任到达后执行区间疏散程序。

（14）0时55分，0101次列车司机执行调度命令，做好乘客服务，施加停车制动，分主断，降下受电弓。

（15）0时56分，事故处理主任携带相关备品后进入B站至A站下行区间。

（16）0时56分，行车调度员呼叫0301次列车司机，因A站至D站下行接触网停电，现在组织0301次列车退行回D站待令，退行方式为司机换端牵引。

（17）0时58分，0301次列车司机换端完毕，确认进路开放后人工驾驶退回D站。

（18）1时05分，0301次列车在D站下行站台停稳，行车调度员要求司机换端开门待

令，司机执行调度命令。

（19）1时05分，事故处理主任到达0101次列车上，与司机确认信息后按照区间疏散乘客程序组织乘客疏散。

（20）1时15分，行车调度员组织0301次列车经D站下行渡线反方向运行至A站上行站台投入服务，司机和车站按要求做好行车组织和乘客服务。

（21）1时20分，0101次列车司机确认列车乘客已经疏散完毕，无乘客遗留，在两端列车司机室设置红闪灯做好防护，分列车蓄电池，同时将信息报告行车调度员。

（22）1时25分，事故处理主任确认所有乘客均已到达A站站台，区间无乘客遗留，报告行车调度员。

（23）1时30分，电力调度员组织恢复送电成功，告知行车调度员下行接触网已恢复正常供电。

（24）1时31分，行车调度员呼叫0101次列车司机，下行接触网已经恢复正常供电，司机恢复列车设备，确认设备状态后报告行车调度员。

（25）1时36分，0101次列车司机确认车辆设备状态良好后报告行车调度员。

（26）1时40分，行车调度员确认所有设备均已恢复正常，线路已经出清后，宣布演练结束。

4. 正线接触网停电演练总结

1）演练整体效果

（1）本次演练检验了接触网停电和区间疏散乘客应急处置程序的合理性，目前的操作流程总体合理，能够按照相关预案的要求确保安全。

（2）本次演练检验了列车司机对接触网停电的应急处置流程掌握程度，丰富了列车司机突发应急情况下的行车经验，提高了列车司机与行车调度员、车站等其他岗位的沟通能力，达到了演练预期目的。

2）演练存在问题

（1）0101次列车司机在列车被迫区间停车后，未及时施加停车制动，存在列车溜动的风险。

（2）0301次列车司机在列车退行回车站时，未第一时间告知乘客信息，容易造成乘客恐慌。

3）后续改进评估

（1）加强列车司机调度命令和标准化用语的培训工作，通过与行车调度员进行调度命令仿真演练，提高列车司机对调度命令的理解。

（2）针对不方便组织实作的应急演练，通过以模拟演练代替实作演练的方式提升全员的应急处置能力，避免实作能力不足的情况。

（3）针对演练中存在的问题，做到"发现问题、查找原因、制定措施、落实整改"。做好全员的查漏补缺工作，切实整改员工的薄弱环节。

思考题

简述列车在进站过程中,列车司机发现有人跳/掉下轨道时,列车司机应执行的应急处置流程、风险点以及防控措施(风险点和防范措施请一一对应答题)。

第五章

技术管理与技能培训

第一节 城市轨道交通发展趋势

📖 知识目标

1. 掌握城市轨道交通发展趋势（技师）；
2. 掌握城市轨道交通全自动运行技术基础知识（高级技师）。

一、城市轨道交通的发展趋势

《国家中长期科学和技术发展规划纲要》中提出"以提供顺畅、便捷的人性化交通运输服务为核心，加强统筹规划，发展交通系统信息化和智能化技术，安全高速的交通运输技术，提高运网能力和运输效率，实现交通信息共享和各种交通方式的有效衔接，提升交通运营管理的技术水平，发展综合交通运输"。未来的城市轨道交通将向智能化、集成化、网络化、多元化、标准化、可持续化发展。

1. 城市轨道交通智能化趋势

将信息化、大数据分析和人工智能（AI）等智能化技术应用到城市轨道交通行业的目的是使其管理更高效，在提高其运营、维护、安全和服务水平的同时降低成本。目前，城市轨道交通智能化技术应用主要涉及以下方面。

（1）提高系统的安全性、可用性和可靠性。例如，研制智能化列车，提高列车相关系统的自主在线诊断、自主运行控制以及远程控制能力；探究灵活编组列车的可实施性，以运营成本和乘客出行时间为优化目标，构建列车开行方案模型；实现信号系统的高稳定性、高可靠性及自主化生产。

（2）实现网络化运营调度。城市轨道交通线路数量不断增加，部分城市逐步构建了成规模的线路网络，为提升运输组织效率，要求对各条线路进行网络化运营。为此，需要应用更合理的优化算法和更可靠的通信技术，建立智能化的线网级调度指挥中心，实现线路间的联动及网络化运营调度。虽然，目前部分城市已实现相同制式线路的共线管理，如上海地铁3号、4号线的共线运营，以及重庆市轨道交通多条线路列车的共线运行，但其中涉及变量甚多，需要建立的标准非常复杂，还需考虑配线设计和换乘等诸多条件，因此大面积推广还需要时间和努力。

（3）采集多源客流监测数据，构建智慧客流分析及预测系统。依托物联网、城轨云、大数据平台及数据挖掘技术，动态监测客流状况，对采集的客流数据进行分析和处理，实现对短期、长期及特殊时期客流的预测、预警，并自动输出客流疏、导、管、控解决方案，如根据客流量确定列车每站的停靠时间、发车间隔和频次等。

（4）提升机电设备、车辆和轨道设施的自动化检测和诊断水平，促进设备设施的维护由故障修、计划修向状态修、预测修转变。基于状态感知、物联网、建筑信息模型（Building Information Modeling，BIM）、云计算及5G等技术，构建必要的在线监测、数据采集、传输和存储平台，建立数据与设备状态关联的知识图谱和运算模型，通过算法的不断优化、自学习和校准，实现对机电设备、车辆和轨道设施状态的科学诊断，并为诊断设定阈值，进而自动生成应急处置预警提示和维护计划。目前，将BIM技术应用从建设阶段扩展到运维阶段，搭建基于BIM的城市轨道交通基础设施运维管理平台已成为该领域的重要研究方向。

（5）实现安全保障工作的智能化。智能化巡检和综合监控技术的应用是当前行业安全保障智能化的主要体现。例如，将激光雷达、雷达和图像自动识别等技术用于对隧道、道床、钢轨和扣件的自动化巡检，以及对侵入车辆限界异物的快速识别；研发安检自动判图软件以及基于视频的分析技术，以实现对大客流、火灾、治安事件等突发情况的预警提示，为城市轨道交通工作人员在此种情况下做出快速准确地判断、采取合理的应对方案提供依据。

（6）实现服务的便捷化及人性化。例如，实现有闸机条件下的售检票电子化；基于状态感知、物联网等技术，构建智能环境控制系统，对车厢、站厅、站台的温度、湿度、灯光照度等进行智能调节，提高乘客的舒适度；推进基于实名制、个人信用体系的跨平台、跨场景乘车票务服务，利用生物识别、无感支付等技术，提高售检票及乘车的智能化水平；通过丰富终端设备的便民应用功能，聚合多平台出行服务内容，根据乘客出行需求订制化提供多种出行解决方案以及"职、住、憩、游"等方面的延伸服务。

2. 城市轨道交通集成化趋势

城市轨道交通的集成化趋势主要体现在集成化管理城市快速轨道交通系统。城市轨道交通集成化管理城市快速轨道交通系统（地铁、轻轨等）是属于集多工种、多专业于一身的复杂系统，只有采用快速轨道交通系统作为公共交通的骨干网络，才能有效地解决城市交通问题。

从单一的线路布置，发展到采用先进技术组成的复杂而通畅的城市轨道交通网络，为城市交通建设引入了立体布局的概念，给城市的可持续发展提供了条件。城市轨道交通提供了资源集约利用、环保舒适、安全快捷的大容量运输服务方式，它与城市其他交通工具互不干扰，具有强大的运输能力、较高的服务水平、显著的资源环境效益，是解决特大型城市交通问题和可持续发展的根本出路。城市轨道交通工程管理的特点就是必须考虑全寿命周期集成化管理，应该面向项目涉及的各种管理单元（要素），包括项目资源、组织、技术等，按照一定的集成模式进行整合，考虑项目的全过程、全方位、全系统管理，提高项目的整体功能和管理效应。

3. 城市轨道交通网络化趋势

以北京为例，城市轨道交通的网络化趋势主要体现在北京轨道交通网络化运营管理模式。例如，提出了基于乘客旅行信息的"两阶段、双比例"清分方法模型，以乘客旅行时间最短作为决定出行路径的关键因素，通过各运营商承担的运营里程确定清分比例，从而实现4h内对1000万人次出行数据的清算处理。在工程设计阶段，通过多次设计联络会议，以城市轨道交通运营业务需求为主导，充分考虑系统的兼容性、可扩展性、资源共享性，统一与创建北京轨道交通网络化运营管理模式相关的技术标准、业务规则、服务规范，使不同制式和技术水平的专业系统得到充分衔接和整合，提高了运营管理的规范性及网络系统的整体运行效率。

目前，我国城市轨道交通网络化建设的研究和实践还处于起步阶段，北京轨道交通网络化运营管理模式的创新与实践，将推动我国轨道交通等领域加快实现"四个转变"，即：

（1）运营管理体系由单线运营管理向网络化运营管理的转变；
（2）建设模式由传统分散建设向集约化、系统化建设的转变；
（3）监管方式由粗放型向数字化、精细化管理的转变；
（4）数据管理由信息孤岛向集中共享的转变。

这对加快基础设施"政府科学监管、适度竞争机制、投融资方式多元化"格局的形成，实现城市轨道交通路网"安全、高效、均衡"的运输提供了组织保障，奠定了技术基础。

4. 城市轨道交通多元化趋势

科学技术的进步，使不同类型的城市轨道交通进入了并行发展时期，呈现多元化发展态势，城市轨道交通与城市环境需要注重协调发展。不同运量等级的线路，有不同形式的交通系统适应，在同一等级线路上，有多种可供选择的交通形式以满足不同地区交通的发展。

城市轨道交通建设主要着眼于解决大城市交通拥堵问题和环境污染问题。地铁建设标准规定，百万人口以上的大城市在主要客运通道上单方向高峰小时达3.5万人以上，远期单方向高峰小时达5万人以上，允许建设地下铁道。实践证明此标准定得偏高，全世界的地铁线路，很少有这样大的运量。但按照城市发展的要求，迫切需要进行城市轨道交通建设。因此，有的城市规划在次繁忙客运通道上，以及在居民住宅小区与主客运通道或客运枢纽间，建设轻轨系统，以形成合理的轨道交通网；有的城市正在探索建设直线电机轨道交通系统；还有的城市在旅游观光地区拟建磁浮试验线；上海、广州、北京建设近郊和远郊的市郊铁路，以促进城市规模效应和城市边缘卫星城镇的发展。城市轨道交通的服务领域也将从单一走向多元，"服务就是软实力，服务就是生产力"。优质的服务是城市轨道交通相关企业塑造软实力的关键，在打造一流服务过程中，企业的品牌、文化、创新能力、团队意识等也都同步得到了加强和提高。这些都表明我国不同种类的城市轨道交通进入了多元化发展时期。

5. 城市轨道交通标准化趋势

标准化是一项综合的技术基础工作，是组织现代化大生产、提高生产效率的重要方法，是科学管理的重要组成部分，是实现资源共享、执行国家技术政策的基础措施。通过标准设计的编制和组织实施，可以有效地保证和提高产品质量、工程质量和服务质量，提高经济效益和社会效益。

工程建设标准设计，是指不针对特定工程项目而是按通用性条件编制的、供建设中大量重复使用的设计图纸。它是工程建设标准化的重要组成部分，对贯彻国家主要技术政策、保证和提高工程质量、加快建设进度、节约建设材料、降低工程造价、推广先进技术和提高劳动生产率等，都具有重要的作用。同时，它也是科技成果和先进技术转化为生产力的桥梁和纽带，是加快勘测设计的可靠方法，是完成工程建设的有效保证，是推行设计标准化、构件厂制化、施工机械化的主要设计文件。

6. 城市轨道交通可持续化趋势

城市轨道交通建设一次性投资大、建设周期长、运营和管理成本高。城市轨道交通建设的融资问题，已成为我国各城市地方政府和业界急需突破的瓶颈性难题。

香港制定的交通发展策略是"交通发展与土地发展一体化，并配合各卫星市镇的交通需要，优先发展铁路运输，建立以轨道交通为骨干的公共交通系统"。这是结合土地用途、运输及环境的科学化规划理念，符合现代化的工程管理策略。经过30多年的发展，香港地铁建立了"铁路+物业"（或称R+P）综合发展的成功模式。香港的地铁系统被公认为全球首屈一指的铁路系统，其以安全、可靠、卓越的客户服务及高成本效益见长，日均载客量逾430万人次，香港地铁公司成为全球少数有盈利能力的铁路运营公司。公共交通便利性也成为香港社会整体竞争力突出的优势。香港地铁公司"铁路+物业"综合发展的成功经营模式，实质上是香港地铁公司与香港特区政府密切合作、共同规划，将地铁建设、运营和沿线物业开发科学地结合起来，实现了城市轨道交通的可持续发展。

城市轨道交通可持续发展主要也聚焦在降低运营过程中的能源消耗，其主要涉及以下方面。

（1）各类节能设备、可再生能源技术的应用。在城市轨道交通领域，节能型照明光源及智能化控制系统、列车再生制动能量的吸收和利用、列车的"节能惰行"运行模式、列车的轻量化、永磁牵引技术的应用、根据环境感知实时进行变频调节的通风空调系统、变频自动扶梯、磁浮压缩机等是目前研究应用的焦点。此外，还有部分示范项目开始应用绿色能源发电技术，如太阳能、地热能及并网发电技术。

（2）城市轨道交通能耗计量技术的应用。目前在城市轨道交通前期施工及后期运营管理过程中缺乏全面的计量措施，因此建设和运营单位在评估城市轨道交通能耗时存在一定的困难。为降低能耗，需要完善各用能环节的能耗计量，从而为节能评估奠定基础。目前较为先进的能耗计量技术包括远程无人计量、物联网等技术。

（3）建立能耗评价指标体系，打造智能化能源管理系统。通过建立合理的能耗评价指标体系，结合数据挖掘技术，能够以采集的能耗数据为基础，对城市轨道交通用能进行精准分析，从而在"技术节能"和"管理节能"两方面不断实现优化。目前，虽然国家和一些地方已制定了相关的城市轨道交通能耗评价指标体系，但在数据采集和评价模式数字化尚未实现的现实条件下，此项工作还有待进一步完善。

7. 交通强国建设

2019年9月19日，中共中央、国务院印发了《交通强国建设纲要》的通知，建设交通强国是以习近平同志为核心的党中央立足国情、着眼全局、面向未来作出的重大决策，是新时代做好交通工作的总抓手。

《交通强国建设纲要》以习近平新时代中国特色社会主义思想为指导，深入贯彻党的十九大精神，重点是"五个坚持""三个转变"。

"五个坚持"是坚持稳中求进工作总基调，坚持新发展理念，坚持推动高质量发展，坚持以供给侧结构性改革为主线，坚持以人民为中心的发展思想。

"三个转变"是推动交通发展从追求速度和规模向更加注重质量和效益转变，由各种交通方式相对独立发展向综合交通发展转变，由依靠传统的要素驱动向更加注重创新驱动转变。

交通强国建设，在"人民满意、保障有力、世界前列"总的目标下，又提出两个阶段的目标。

第一个阶段，从2020—2035年，用15年的时间基本建成交通强国。现代化综合交通运输体系基本形成，人民满意度明显提高，支撑国家现代化建设能力显著增强，交通国际竞争力和影响力显著提升。

第二个阶段，从2036—2050年，就是到21世纪中叶全面建成交通强国。要全面建成人民满意、保障有力、世界前列的交通强国。基础设施的规模质量、技术装备、科技创新能力、智能化与绿色化的水平位于世界前列，交通安全水平、治理能力、文明程度、国际竞争力及影响力达到国际先进水平，全面服务和保障社会主义现代化强国建设、人民享有美好的交通服务。

"三张交通网"和"两个交通圈"是具体的目标。

"三张交通网"：一是发达的快速网。主要包括高速铁路、高速公路、民航，主要突出高品质、速度快等特点。二是完善的干线网。主要是由普速铁路、普通国道、航道，还有油气管线组成，具有运行效率高、服务能力强等特点，人流、货流、物流快速有效的输送。三是广泛的基础网。主要是由普通的省道、农村公路、支线铁路、支线航道、通用航空组成，覆盖空间大、通达程度深、惠及面比较广。

"两个交通圈"是指围绕国内出行和全球的快货物流建立起来的快速服务体系。一是"全国123出行交通圈",力争要实现都市区1h通勤,城市群2h通达,全国主要城市3h覆盖。二是"全球123快货物流圈",力争货物国内1天送达,周边国家2天送达,全球主要城市3天送达。

二、城市轨道交通全自动运行技术

全自动运行(FAO)将列车司机执行的工作,完全交由自动化的、高度集中控制的列车运行系统完成,全自动运行系统通常具备列车自动唤醒、启动和休眠、自动出入车辆基地、自动清洗、自动行驶、自动启停车、自动开关车门等功能,并具有常规运行、降级运行和灾害工况等多重运行模式。

国际电工标准《铁路应用——城市轨道交通管理与控制系统 第1部分:系统原则和基本原理》(IEC 62290-1),将城市轨道交通自动化分为GoA0、GoA1、GoA2、GoA3、GoA4五个等级,其不同等级的功能见表5-1,其中GoA3和GoA4等级即为全自动运行。

城市轨道交通自动化等级表　　　　　表5-1

基本功能		GoA0	GoA1	GoA2	GoA3	GoA4
列车安全运行	安全进路	人工	系统	系统	系统	系统
	列车间隔控制	人工	系统	系统	系统	系统
	速度监控	人工	人工	系统	系统	系统
列车驾驶	加速和减速	人工	人工	系统	系统	系统
乘客监控	障碍物监测	人工	人工	人工	系统	系统
	避免与轨道上的人员碰撞	人工	人工	人工	系统	系统
乘客监控	客室门控制	人工	人工	人工	人工	系统
	乘客跌落车厢或跌落轨道上	人工	人工	人工	人工	系统
	列车安全启动条件	人工	人工	人工	人工	系统
列车监控	列车进入、退出运营	人工	人工	人工	人工	系统
	监测列车状态	人工	人工	人工	人工	系统
危险检测与处理	列车诊断、烟火、脱轨、紧急情况处理(疏散监督)	人工	人工	人工	人工	系统检测+人工处置

城市轨道交通全自动运行系统利用现代通信、自动控制、计算机技术全面提升城市轨道交通的可靠性、安全性、可用性、可维护性,提高运行效率及整体自动化水平,实现城市轨道交通的最佳化运行。它是未来城市轨道交通技术的发展方向。

1. 城市轨道交通自动化运行

1)车辆基地自动化运行

(1)车辆自动出入车辆基地。将正线CBTC延伸到车辆基地,实现车辆基地的全自动运行,需要在车辆基地新增ATP/ATO设备,纳入正线一体化管理(由控制中心统一管理),全自动运行区实现车辆的自动出入车辆基地,车辆基地设专门的ATS远程终端。

全自动运行系统功能

（2）全自动洗车。洗车机设于车辆基地全自动运行区，洗车作业由行车综合自动化系统控制全自动完成，与洗车机接口界面在洗车机控制柜的输出端子。自动洗车功能应由车辆基地工艺专业实现、信号专业与其接口、信号系统增加自动洗车模式，以便支持自动洗车功能，信号系统的计算机联锁设备与洗车机以硬线接口，信号系统接收洗车机发来的洗车线状态和清洗模式，控制车辆以设定的模式和速度通过洗车机，完成洗车作业。

行车控制系统向洗车机发送洗车请求，如洗车机状态允许，行车控制系统自动办理到洗车线的进路，列车接到信号指令运行到洗车线前，车载信号系统与洗车机交互控制洗车机进入洗车模式，信号系统控制车辆已设定的模式通过洗车机进行洗车。洗车结束后信号控制车辆返回车辆基地或直接进入正线运营。

（3）车辆基地车库门自动化运行。车辆基地车库门由建筑专业实现，信号系统与其接口实现联锁控制。通过唤醒车辆前或入库前信号系统采集车库门开、关状态并纳入联锁，进行安全防护，在行车综合自动化系统上显示车库门的开关状态。实现车辆自动出、入库。信号系统可将何时需要车门开闭的触发信息通知门控系统以便在适当的时机自动开闭车库门，接口方式为网络和硬线两种。车辆基地信号与车库门控制器采用网络接口，通过网络接口发出车库门的开关命令；车辆基地联锁与车库门采用继电接口采集车库门打开及锁闭状态。

2）列车自动折返

全自动运行与人工ATO驾驶自动换端的区别在于，行车综合自动化系统根据运行图自动触发折返启车命令，而人工ATO折返需要车辆先建立折返模式，再人工触发站台端的折返按钮。

全自动运行列车应能根据移动授权的方向，自动确定运行方向，并自动激活/关闭相应的运行端，实现运行端的自动转换。实现列车的自动折返。系统可以支持远程人工发指令换端的功能，是否实施此功能取决于运营组织的方式。

3）车载信号系统的唤醒与休眠

全自动运行的车辆采用自动唤醒与休眠模式，当车辆退出运营回到车辆基地或正线存车线（点）上，由行车综合自动化系统发出休眠命令给车载信号系统，唤醒休眠模块关闭处于运行状态的列车供电，这种最佳化的运行控制可节省能源。

（1）休眠的步骤。

车辆停在休眠唤醒停车区域（停车列检库线、正线存车线、终端折返线、指定站台），行车综合自动化系统向车载信号激活端发送休眠命令。

车载信号收到中心行车综合自动化系统的休眠命令，完成自身休眠准备工作，撤销方向及列车司机室激活指令后，车载信号向列车控制管理系统发出休眠请求命令。

车载信号收到列车控制管理系统的休眠确认后，车载信号通过休眠唤醒模块向车辆发送休眠指令，检测唤醒/休眠反馈线状态。

休眠唤醒模块发送单端休眠指令后，两端车载设备同时断电。

休眠唤醒模块将休眠结果及时反馈行车综合自动化系统。若休眠不成功，报警提示,通知人工检修。

(2) 休眠的方式。

自动休眠:根据当日运行图时刻表,列车返回车辆基地于休眠区精确停车,记录好位置信息后,自动执行此功能。

远程人工休眠:通过ATS面板对列车执行休眠操作,立即执行。

就地人工休眠:列车司机通过按压列车上的休眠按钮执行休眠操作。

(3) 唤醒的步骤。

唤醒阶段包括上电自检和静态测试。

上电自检:行车综合自动化系统自动根据运营时刻表发出的唤醒命令给车载信号系统唤醒休眠模块,用于启动处于休眠状态在存车线上的或是车辆基地内的列车。唤醒休眠模块同时发送唤醒要求命令至列车。当列车接到该命令时,车载系统会产生一个"主电源打开"信号来启动列车电源。当接收到初始化命令时,列车控制管理系统、ATO/ATP会对系统状态进行上电自检和静态测试,比如对列车制动系统的控制、车门、空调系统、车内乘客广播系统及车载信号设备的ATO/ATP电自检。在自检结束后,列车控制管理系统、ATO/ATP会将它们各自的状态信息报告给行车综合自动化系统,行车综合自动化系统根据列车上电自检的情况决定是否允许进行下一阶段的测试。

静态测试:在车辆移动离开车辆基地前对车载各系统的验证测试,包括制动牵引(常用、紧急、停放)、照明、列车广播、车门(两侧)的测试。测试结果上传中心,如无故障,则列车根据运营时刻表投入正线运行或转入待命状态。如果上述测试或上电自检有故障,相关的故障信息会传送至控制中心,控制中心根据故障的严重程度决定列车是否可以上线运营。

(4) 唤醒的方式。

自动唤醒:根据当日运行图时刻表,处于休眠区的列车提前30min系统自动执行此功能。

远程人工唤醒:通过ATS面板对列车执行唤醒操作,立即执行。

就地人工唤醒:列车司机通过按压列车上的唤醒按钮执行唤醒操作。

4) 车辆动态测试

车辆出库前或者出库到转换之间运行时,完成车辆牵引和常用制动测试;若不满足投入正线运营条件,则信号触发不能缓解的紧急制动,此状况的报警信息上报中心车辆监控调度台、行车调度台和派班终端,等待人工处理。

在列车上电自检和静态测试完毕并通过后,待命状态前,列车在列检库停车位或出库到转换之间运行时,分别做前向和后向的跳跃指令,车辆反馈牵引、制动结果状态给车载信号,用以判断动态测试是否通过,ATP进行跳跃距离的防护。

5) 自动化列车工况管理

正线服务和车辆基地内列车移动前,应设定列车工况,并通过信号系统向正线或车辆基地内指定的列车发布工况命令。信号系统接收到工况命令后,将启动ATC以达到被请求的工况状态。同时，信号系统应向车辆TMS发出相同的命令，使车辆及车载各系统进入相同的工况状态。列车根据运行图目的地信息自动执行工况模式转换工作。

根据工况命令，各子系统根据各自的作业流程进行启动，如自检、静态发车测试、打开列车服务设备、广播等。完成状态准备后，TMS将向信号系统通知工况状态，包括各自的故障代码和诊断信息（如有故障时），信号系统确认所有的子系统达到请求的工况状态后，将向ATS报告列车工况状态。如果信号系统确认没有达到请求的工况状态，将向ATS传送故障代码或是诊断信息。工况设定中的任何故障，都应在ATS终端报警并显示故障代码及诊断信息。

列车工况可由信号系统自动产生，如"唤醒""正线服务"命令可由ATS时刻表产生，"全自动调车"命令调车进路排列成功后自动生成。

列车工况也可由调度人员通过ATS工作站人工下达，调度人员应能下达除"关闭"外的所有工况命令。

列车工况包括但不限于唤醒、调车、正线服务、停止正线服务、待命、清扫、休眠、洗车、关闭、自动区与非自动区之间转换运行、清客，见图5-1。

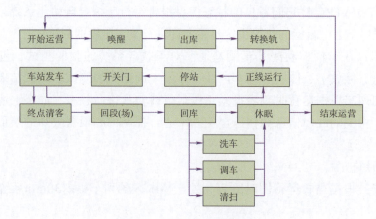

图5-1 列车运行状态迁移示意图

6）自动停车

轨道上碰上异物，灾害情况下的人员疏散，或者列车故障情况下的紧急停车，要求信号系统能够在任意地点停车；列车自动出入车辆基地，要求系统实现自动在指定地点停车。在全自动运行线路中控制由信号系统自动完成，或者由中心远程控制实现。

（1）车辆基地停车。车辆基地定位为全自动车辆综合基地，分为全自动运行区和非全自动运行区（内含试车线和检修车库）。车辆基地全自动运行区和非全自动运行区之间设有联络线。相比于传统车辆基地，全自动运行系统需要在自动运行区实现车辆基地全自动化的管理，车辆在基地内运行有ATP防护，可以在ATO控制下以FAM模式自动化运行。为实现全线自动化运行，基地内的ATP/ATO设备纳入正线由控制中心统一管理，车辆基地内列车自唤醒至休眠需全部纳入时刻表管理与控制。车辆基地设专门的ATS远程终端，车辆基地ATC系统与正线功能一致，列车基地内运行限速为20km/h。停车线停车时，保证列车之间的距离及列车与车挡之间的距离不大于设定距离（设定距离可调整）。

车辆基地全自动运行区被划分成若干防护分区，各防护分区入口需设置人员防护开关（Staff Protect Key Switch，SPKS），车辆基地信号系统需为各防护分区建立逻辑防护，当SPKS被激活时，该区域被封锁，禁止该分区内的列车自由移动，该分区也不能接、发车或调车。当人员离开防护分区后，封锁解除。

正常情况下，车辆基地全自动运行区域内列车自动运行，控制中心调度员或本地调度员可以人工指挥列车运行。

车辆基地进路命令由信号系统自动生成，调度人员通过控制中心设立的车辆基地调度工作站为每一运营服务行程确定列车，车辆基地内按派班计划触发进路，赋予车次号的时机，建立列车、排班计划和时刻表的对应关系，根据对应的行程，触发列车唤醒，同样也将适时地为该车触发出车辆基地进路。车辆基地信号系统根据进路命令，为列车建立进路，并将移动授权传送到列车。信号系统将根据移动授权和列车时刻表定义的出车辆基地时间触发列车启动。

调度员将预先为每一列停止正线服务的列车人工地或是由控制中心ATS根据下达一个列车计划，自动确定列车的存放点，并存入列车车次号和存车点的对应关系表中。当处于停止正线服务工况的列车运行到转换轨时，控制中心ATS根据目的地自动触发进路，列车将直接运行到指定的存车点。

（2）正线车站停车包括停车对位自动调整功能和停车倒退防护功能。

①停车对位自动调整：信号系统需增强停车对位的自动化程度，增强停车对位控制逻辑，合理安排列车停车器的安装位置、有源标志器的发送电平、列车车载对位天线接收灵敏度及安装位置，且为了避免同一列车在不同车站、不同列车在同一车站的停车精度与规定精度由于设备、车辆规格的差异造成的较大差异问题。对于误差大于设定停车精度时，允许列车自动再启动对位停车或允许列车倒退一次对位停车，如果误差仍大于设定精度，则跳站，由信号专业实现。列车车站停车设定精度及对位调整允许倒退的次数可设置。应能在ATS显示上识别未实现正确停站及进行停站位置调整的列车，当调整次数和调整精度大于设定值时，应向行车调度人员、站台人员、车内乘客发出报警、通知。

新增跳跃模式（信号输出硬线高电平信号，此模式给车辆牵引单元和制动单元），欠标和过标在规定的范围内时均启动跳跃模式，信号与车辆间采用硬线连接。牵引由信号控制，制动由车辆控制。牵引指令提供硬线，牵引提供牵引指令的脉宽、牵引参考值的电流环信息。制动接收到跳跃模式降低保持制动力（具体步进值及降低的保持制动力试验时确定）。

②停车倒退防护：为适应全自动运行信号系统，需增强倒退防护功能，增加倒退防护控制逻辑。欠标大于设定距离，列车应继续停车对位，过标误差大于设定距离时，不允许列车倒退，而直接控制列车运行至下一站停车，由信号系统实现。其中误差距离可根据实际情况设定。同时，应向行车调度人员、车内乘客发出报警、通知。

7）列车初始位置确定

全自动车辆基地需要安装信标或者采用相关定位技术确定车辆的初始位置，正线、停车线也需要同样的信标或相关定位技术以确定车辆的停车位置。

列车在进入CBTC区域时或车载设备故障修复后，系统能自动进行列车初始化定位并确定列车位置，而不需要人工输入列车位置和列车长度数据。为满足全自动运行的列车运营中确定列车初始位置（包括车辆基地、正线等位置）的需要，采用的相关定位技术，由信号专业实现。线路重新初始化，初始化区域由智能标签读取器和位标组成，在列车由于某种原因停在区间时，列车可采用人工驾驶模式通过初始化区域，此时系统就可以知道列车的位置、列车号、列车编组等信息，进而可以重新恢复到全自动运行模式。

2. 实现全自动运行功能的关键措施

1）紧急操作装置联动控制

紧急操作装置安装于客室内，乘客操作后，经单车列车控制管理系统数字输入（Digital In，DI）模块采集后，统一同时发送给车载信号和车载CCTV实现联动，同时在列车控制管理系统显示屏上提示。

车载信号上报中心调度台，行车综合自动化系统触发联动功能，调度员按以下控制策略处理：

（1）列车在区间运行过程中紧急操作装置激活时，系统应控制列车继续运行至安全区域（宜为站台）并打开车门/站台门，在人工干预前应保持车门打开状态。

（2）在停站过程中车门未关闭前，如紧急操作装置激活，系统应保持车门/站台门打开状态；车门/站台门关闭后，如列车未启动，系统应切除牵引，并打开车门/站台门。

（3）列车出站过程中紧急操作装置激活时，车载信号判断紧急制动停车后，列车车身若与站台位置有重合（至少一节车）时，则紧急制动停车；否则，按运行至下一停车站处理。

2）低黏着运行

全自动运行线路如有高架段，黏着力很容易受天气状况、树叶、昆虫的影响，而发生变化。因此，需要监测轮轨黏着参数，并对黏着力状况进行评估，通知控制人员潜在的差别、降低制动率或终止自动运行。UTO运行时更需要这样一个系统，可以考虑增加雨雪天的特殊驾驶模式，在该模式下系统自动减速运行，按照实际测算的打滑状况，确定对应的减速控制等级，根据雨雪天气状况采用适当措施提高摩擦力，如撒沙，甚至退出自动运行等。

国内相关技术通过综合计算黏着综合指标（基于速度差控制量、减速度、爬升率）调整制动缸来防止滑行。同时，通过综合计算黏着综合指标（基于速度差控制量、减速度、爬升率）调整制动缸来防止滑行，根据速度传感器、转矩传感器的反馈控制车辆驱动电机，使得驱动轴获得的牵引力最大化，减少获得合适黏着度条件（牵引力、转矩、蠕滑率）下最大牵引力的时间，并通过与车载信号系统的接口将特定条件下可以达到的合理牵引力指标反馈给信号系统。上述黏着综合指标可通过车地无线的接口实时上传至控制中心，控制中心能够人工或自动指挥列车调整驾驶模式以适应不同的路况。

第五章 技术管理与技能培训

3）站台门的控制

站台门控制是实现全自动运行的前提条件。据国外相关统计，有60%的城市轨道交通线路行车延迟情况是有人进入站台轨道区或者干扰该区域。全自动运行要求安装站台门，对单个站台门施加更精确的控制，并对单个站台门联动。站台门能够防止人员、物体落入轨行区产生意外事故，尤其是在拥挤的车站，能降低安全风险，防止未经许可的人员进入隧道，改善候车环境、节约能源。但是，由于车辆的限界要求，站台门在安装时必然与车门之间留有间隙，乘客或物品停留在车门和站台门之间的情况时有发生，给运营安全带来隐患，对全自动运行提出了新的挑战。

（1）对位隔离锁定功能。

实现车门与站台门故障对位锁定功能，即当列车车门故障隔离后，本列车停站时对应的站台门应能保持锁闭，不参与停站的开、关门作业。相应地，当车站站台门故障或被人工锁闭隔离后，停在该侧站台的所有列车相对应的车门也保持锁闭，不参与停站的开、关门作业。

为实现此功能，联锁与站台门之间增加网络通信接口，开关门指令仍采用硬线方式。

对于站台门故障，信号系统在列车到站前将通知列车控制管理系统将到站站台故障站台门位置，车辆应将对应车门锁定。使列车停站时对应的车门与站台门均不打开。车辆应通过车载广播系统、声光提醒或是其他方式通知乘客停站时不打开的车门位置。

当个别站台门故障时，应人工将站台门关闭并锁定，通过机电站台门专业与信号专业的接口及时报告被锁定站台门的位置（站台号或门编号），信号系统收到故障信息后，在列车到达站台前，应向车辆门发送故障站台门的位置信息，车辆电气隔离对应的车门，使其在该站停站时不参与开、关门的动作。可以通过信号与通信、车辆的接口发送相关信息到广播系统通知乘客绕行，或通过信号与车辆的接口以门旁指示灯的形式通知乘客。

当个别车门出现开门故障时，车辆应自动将故障车门关闭并锁定。对于个别车门关门故障，应人工将车门关闭并锁定，通过车辆与信号的接口及时报告被锁定故障车门的位置（门编号），信号系统收到故障信息后，在车门故障列车到达每一个车站前，向该站站台门发送故障车门信息，由站台门系统电气隔离对应的站台门，使其在该站停站时不参与开关、门的动作。通知乘客绕行方式同上。

（2）站台门与车门之间空隙的人员物品探测。

站台门设在站台边缘，将站台候车区域与隧道轨行区完全隔离，为乘客提供了一个安全、舒适、美观的候车环境。从安全性讲，站台门可有效增加站台候车面积，防止人员或物体落入轨行区产生意外，减少因候车拥挤造成人员坠落的风险。从舒适性上来说，站台门可减少列车运行噪声及对车站的影响，减少灰尘进入车站，改善地下车站的空气质量；从节能上来说，站台门减少了站台区与轨行区之间的冷热气流交换，同时列车运行时产生的热量不直接进入站台区域，降低了通风和空调系统能耗。然而，站台门也存在安全隐患，即车辆是运动的，站台门是静止的，为避免它们之间发生碰撞，从结构限界设计角度来说，就必须留有一定的安全距离。但这个安全距离对乘客来说却成了有害的危险空间，并且这一安全距离越大，对乘客的危险性就越高。

常规站台门安全措施有：站台门内有紧急拉手，乘客可以拉动拉手解围；如果乘客面向车门被困住，不便使用拉手，就只能依靠其他乘客的帮助，车上乘客可以拉动列车门附近的紧急操作装置，此时列车将不能启动，站台上的乘客也可按动站台紧急停车按钮，阻止列车启动。站台门、车门均有防夹功能，当夹到25mm×30mm的物体时，车门会自动弹开。这类方法的缺点是被动反应，不能主动预防，可作为全自动运行线路的辅助方案运用。

为确保行车安全，避免有乘客或大件物品有意、无意地被夹在站台门与列车车体之间造成危险，可在站台门与列车车体之间设置障碍物激光探测报警系统。该系统由光源发射器、光束接收器、报警装置等组成，站内无车时，站台门闭合，探测系统处于待机状态，列车进站后，乘客上下车完毕，站台门闭合，激光探测器从与站台门的接口取站台门关闭锁紧信号作为系统启动探测的依据，一旦激光探测器发现人、物被夹，立即声光报警通知车站工作人员处理险情，站台门通过与车站信号系统的硬线接口传递告警信息给信号系统，信号系统应将车辆扣在站内，并且将相关的告警信息发送给车站行车调度和控制中心行车综合自动化系统，问题排除后列车方可再次投入运营。

目前站台门与车门之间空隙防夹有列车司机看灯、激光探测、红外探测、防爬板和挡板等技术，全自动运行高架线路综合考虑选择采用激光探测、防爬板和挡板的技术措施，配合以土建设计上尽可能减小车门和站台门间隙作为解决站台门与车门之间的空隙的人员物品探测综合技术方案。地下线路方案类似，只是射线探测方面更适合采用红外探测。此外，为克服乘客万一面向车门困住，不便使用站台门解锁拉手，就只能依靠其他乘客帮助的缺陷，安全门上设置一个竖向按压式解锁按钮，乘客在被困情况下只要用背部挤压该按钮，站台门就会自动打开，实现自救功能。激光探测可以作为加强自动化检测的方案，结合土建设计、防爬板、橡胶安全挡板等技术措施及人工监控的管理方法综合考虑制定适合全自动运行线的技术方案。

3. 全自动运行场景建设

全自动运行系统主要以《铁路应用——城市轨道交通管理与指挥控制系统》（IEC 62290）、《铁路应用设施都市自动化有轨运输安全性要求》（IEC 62267）为标准，是全自动运行项目设计的最关键输入内容，包括车辆顶层参数，顶层功能要求都来自场景文件要求。

在全自动运行场景中，日常运营场景、远程控制场景、故障场景、应急场景一般是基于IEC 62290为标准的运营场景输出。而涉及轨行区监控/障碍物碰撞防护/人员碰撞防护、乘客上下车监控（车门控制、列车和屏蔽门间隙、安全发车条件）、确保紧急情况的探测和管理一般是基于IEC 62267为标准的危害场景输出。

全自动运行场景的基础是运营场景文件，运营场景文件一般分为场景描述、基本流程、注意事项和功能分配四部分。

（1）场景描述是运营场景的基本描述；

（2）基本流程从运营维护角度出发描写场景所对应的基本处置流程；

（3）注意事项是对基本流程的补充和相关方面的一些特别要求；

（4）功能分配是对基本流程和注意事项中涉及的功能按专业进行分配，且侧重全自动运行相关功能。

另外，如果故障场景会对正常运营造成影响，还需在场景文件中补充"运营影响"的章节描述，以确定是否对全自动运行产生影响及影响程度。

4. 发展趋势

全自动运行系统在我国的应用已经有了良好的开端。目前，上海地铁10号线实现了有人值守的全自动运行，14号线、15号线、18号线已实现GoA4运行；北京全自动运行线路也在自主化系统集成、安全运行技术及信号、车辆装备的研发和制造等方面取得了阶段性的成果。2008年7月19日开通的北京首都机场线、2017年12月30日开通的北京地铁燕房线（主线）均已实现了有人值守的全自动运行。

全自动运行系统是我国未来城市轨道交通建设发展的趋势和技术制高点，认真总结国内外发展全自动运行的经验，积极进行探索和应用，以期打破国外在该领域的技术垄断和技术封锁，实现城市轨道交通可持续的科学发展，是我国城市轨道交通领域的一个重要的战略目标。

全自动运行是未来城市轨道交通的发展趋势，城市轨道交通全自动运行技术在世界轨道交通领域发展迅速，越来越多的新建线路计划或已采用全自动运行设计，如新加坡、洛桑、迪拜等城市的多条城市轨道交通线路。已建成的线路运行情况良好，尤其是阿联酋迪拜，全网5条线均规划设计为全自动运行，其中红线、绿线已经开通运营。新加坡设计建设了10条全自动运行线路，城市线网自动驾驶总里程61km，其中轨道交通环线总长33km，仅次于迪拜轨道交通红线。

在城市轨道交通发展成熟的地区，更多的城市正在考虑或是正在将既有的城市轨道交通线路改造为全自动运行，如法国巴黎、里昂、马赛，德国纽伦堡、汉堡、法兰克福、柏林，芬兰赫尔辛基等，典型代表为法国巴黎轨道交通1号线。2005年，1号线营运单位巴黎大众运输公司（RATP）与西门子公司签订合同，斥资3080万欧元用于巴黎轨道交通1号线自动化项目建设，其中包括完全自动运行、数据传输系统、中央控制调度等新技术设备。相关自动化工程于2007年开始逐步进行，2013年4月开始巴黎轨道交通1号线实现完全自动化，成为继德国纽伦堡U2、U3线之后将传统轨道交通转变为全自动轨道交通的典范。

随着新技术的不断发展，未来城市轨道交通的技术融合趋势更加强烈。全自动运行、基于车车通信的列控系统、基于新一代无线通信技术的车地通信及互联互通技术等新技术、人工智能将融合到以全自动运行为核心的技术发展潮流当中。

基于车车通信的列车控制技术由车载控制器计算移动授权，将会进一步减少轨旁设备的数量，提高系统的可靠性、安全性，满足全自动运行对高可靠性、安全性的需要。

基于新一代通信技术4G、5G的车地通信将会大幅度提高车辆与地面控制中心的数据传输带宽、数据传输实时性，为全自动运行列车的远程控制、状态检测、应急处置提供强有力的技术支撑。

互联互通的范围和内涵将有很大扩展。目前欧洲正在研究基于新一代通信技术互联互通的列控系统，旨在实现铁路与城市轨道交通互联互通的技术标准。我国城市轨道交通互联互通的国家重点研发项目也在开展当中，未来融合互联互通技术、新型车地通信技术、车车通信列控技术、人工智能技术的全自动运行技术将不断创新和发展，为实现安全、高效、准点、舒适、节能的运营目标发挥更大作用。

第二节　乘务管理

知识目标

1. 掌握乘务派班员的工作职责（技师）；
2. 掌握列车运营图知识、列车交路图的构成要素及编制方法（技师）；
3. 掌握乘务规章制度的主要内容和规章制度的编制结构、编制流程和方法（技师）；
4. 掌握城市轨道交通运营核心指标的含义、计算方法（高级技师）。

技能要求

1. 能组织管理列车司机出退勤作业（技师）；
2. 能根据列车运行图编制乘务交路表（技师）；
3. 能根据运营模式优化及编制各类乘务管理制度（高级技师）；
4. 能根据输入条件对城市轨道交通运营核心指标进行计算（高级技师）。

一、乘务派班管理

快速、高效、运载量大的城市轨道交通是城市公共客运的主体，列车司机承担的心理压力、值乘任务以及对突发事件的处理等，都关系到乘客的生命安全、满意度、准点服务等。因此，如何合理安排列车司机的作息时间，制定科学的值乘方案，分配人员显得尤为重要。值乘方案的制定不仅要与运营实际相结合，而且要有一定的科学依据，做到在人员精简、高效的同时确保运营的安全。

乘务派班管理主要包括乘务计划编制与下发、出退勤管理、请销假管理、信息统计等。乘务派班员一般分为车辆基地乘务派班员和正线派班员，根据乘务派班地点的不同职责略有不同。乘务派班员主要负责提前了解当天所采用的乘务时刻表，并提前接收调度员所发的调度命令和线路限速及行车注意事项，并以此为依据，根据乘务部门制定出的交路表，结合前一日各乘务车队列车司机的综合作休及请销假情况，综合考虑后尽量合理安排人员交路表，做出第二天的排班表，并提前一天通知到各班列车司机。根据第二天早班出车计划，综合考虑各车辆基地当晚的实际情况，对晚班退勤的各班列车司机的休息公寓做出尽量合理的安排。同时，对晚班退勤列车司机的操纵里程数及工时数进行统计，以便对列车司机的工作量进行客观合理的评价。

二、乘务交路表的编制

在乘务日常的运作之中，列车的运行以运营时刻表为准，基于运营时刻表而衍生出便于乘务人员日常工作的乘务交路表，直观反映了列车司机的具体工作情况，结合实际运作情况，并加以合理化安排作息时间，保证正线列车的不间断运行。

乘务交路表是列车司机上岗后工作量的决定性因素、乘务日常台账统计的基础、乘务列车司机排班表的最重要依据、管理者配置人员的准则、优化列车司机工作量的重要依据。

1. 交路表编制的原则

在交路表的编制过程中，最主要的是根据列车运营时刻表来确定一天的出勤人数，同时，根据运营情况和线路情况合理确定列车司机的出勤地点及时间。

2. 交路表的编制因素

列车司机的人数：交路数量需根据实际可用的列车司机人数作为基本参考。

列车司机的折返休息时间（含就餐时间）：根据《城市轨道交通行车组织管理办法》（交运规〔2019〕14号）第十二条规定"运营单位应合理安排驾驶员工作时间，单次值乘的驾驶时长不应超过2h，连续值乘间隔不应小于15min"；同时需协调考虑运营间隔和线路长度以及折返时间。

运营线路的基本情况：正线运营线路的情况，例如Y字形线路，车辆基地数量、出车数等直接影响列车司机的出/退勤地点和时间。

高峰时刻运营需求：运行图所提供的高峰与低谷的转峰时刻需要安排及时加、减人员，更好地配合列车运行图所提出的行车要求。

节假日运营调整需求：根据节假日及工作日运营需求的不相同，在运营图转换过程中需考虑人员及车辆调整。

3. 交路表的编制过程

1）绘制列车车底交路图

根据列车运营时刻表确定每天上线列车数，同时了解每天所需运营的列车基本情况，绘制每一列车在运营一整天内的运动轨迹。

2）制作列车出入库计划

根据运营时刻表和列车车底交路图，制作列车在不同车辆基地的出车计划表，根据出入库计划安排人员出勤、退勤及接车情况。

3）制定乘务交路表

根据列车车底交路图及出入库计划表制定出乘务交路表初稿，兼顾终点站所需折返人员数及合理的休息、用餐时间，结合列车车底交底图截取交路表，同时考虑高峰时段车辆基地出车情况完善乘务交路表初稿。乘务交路表编制流程见图5-2。

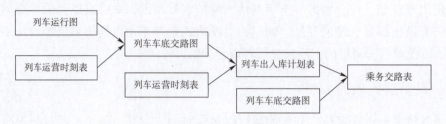

图5-2　乘务交路表编制流程

编制科学、合理的乘务交路表需要注意以下事项：

（1）将完成的乘务交路表初稿进行拆分，形成早晚班乘务交路表，同时根据人员劳动综合情况、用餐地点及时间完善乘务交路表。

（2）结合列车出入库计划，安排人员值乘，到达规定接车地点，使乘务交路表正常运转。

（3）乘务交路表编制完成后需对交路及情况进行注解说明。

4. 交路编制的改进过程

交路的改进可针对个别交路存在的作息时间不合理、出勤地点的距离以及班制所造成的退勤/夜班休息时间不合理情况进行适度调整。在出现高峰时段运营时，需考虑高峰列车出库时对列车司机的安排、不同的车辆基地和车辆基地数量等因素。

交路改进的重要一点在于根据列车车底交路图及出入库计划制定交路表初稿，其中交路截取是否合理，直接关系到列车司机的日常运作。交路的截取可以决定交路总数，每一条交路的长短跟列车司机上班直接相关，所以在人员充足的情况下合理增大最大交路号也是确保一套交路整体合理的方法之一；在不同的城市，列车司机管理方式不相同，涉及里程数补贴的城市，应综合考虑列车司机的薪酬和劳动强度。

三、乘务管理规章制度的编制

乘务管理规章制度主要包括乘务岗位职责、作业实施细则、应急预案及事件处置。每一种类型的规章制度又可以根据岗位、作业内容、事故或事件进行细分。

1. 规章制度的结构

1）内容划分

管理制度文件一般由表头、目的、适用范围、职责、管理内容、参考文件、附件、附录、页码等部分组成。

2）层次的描述与编号

章：章是管理制度内容划分的基本单元。在每项管理制度中，应使用阿拉伯数字从"1"开始对章编号。编号应从"目的"一章开始一直连续到附录之前。每一章均应有标题，标题应置于编号之后，并与其后条文分行。

节：节是章的细分，使用阿拉伯数字对节编序。如：1.1、1.2、1.3、…，节可给出标题，标题应置于序号之后，并与其后的条文分行。

条：条是节的细分。应使用阿拉伯数字对条编号。如：1.1.1、1.2.1、1.2.2、…，同一节中有两个或两个以上的条文时才可设条。例如，第3章的条文中，如果没有3.2条，就不应设3.1条。条一般不列标题，序号后为正文内容，但有无标题全文应进行统一。

款：款是条的细分，同样使用阿拉伯数字对款编序。如：1.1.1.1、1.1.1.2、…，同一条文中有两个或两个以上的款项时，才可细分序号，款以下的条文不再进行细分序号。同一制度文件中，尽可能地避免采用款的细分序号，款不列标题。

列项：列项可用下述形式引出：一个句子；一个句子的前半部分，该句子由分行列举的各项来完成。列项中每一项前面用项目符号(·)。如果需要识别时，则在每一项后加上带半括号的小写英文字母序号a)、b)、c)、…。列项可以在章、节、条、款内独立使用。

2. 管理规章制度的内容

1）表头

表头里面包含公司名称及LOGO、制度类型、制度名称、制度编写部门、编号、版次以及编写及审核批准负责人。

管理制度名称的结构为"管理主题+管理制度"。例如：劳动合同管理制度。制度名称除采用"管理制度"以外，也可采用管理活动的主题与"程序""规则""办法""规定"等的组合，例如：《××非正常行车作业规定》《危险源识别、风险评价和风险控制管理规定》等。

2）目的

目的为必备要素，主要描述编写文件的目的或意图。它应置于每项管理制度正文的起始位置。编写目的之陈述应使用"为了……，特制定本制度（或本办法、本规定、……）"。

3）适用范围

适用范围为必备要素。它应置于"目的"之后。适用范围主要描述制度适用的区域、部门、组织、人员等。

4）职责

职责为可选要素，主要简述执行制度的职责和权限分工。当管理制度中的事项需要两个或两个以上部门参与完成，且需要界定它们的职责时，应明确加以说明。必要时，即使管理制度中的事项只需一个部门完成，也可明确其职责。

5）内容

主要描述相关人员所进行的工作，描述内容包括执行工作的时间、由谁于何时何地以何种方式执行什么工作。管理内容和方式是管理制度的主体内容，可用一章或若干章予以表述。

6）其他

其他为必备要素。它应作为每项管理制度正文的最后一章。在这一章中应明确表明该管理制度的解释部门。当与现行管理制度相冲突时，应表明处理原则。处理原则的陈述可根据需要使用下列表述其中之一项：

××制度自本制度实施之日起即行废止；

现行制度与本制度有抵触的，以本制度之规定为准；

现行制度中与本制度之规定不相符的，应参照本制度予以修改。

7）参考文件

参考文件为可选要素。如在编写管理制度时，在内容中有引用其他制度中的内容（如流程、表单等附件或附录），需在此章内分条列明被引用制度的文件编号与文件名称。

8）附件

附件为可选要素。附件即为制度内容中所包含的记录、表单（空白模版），须为公司其他管理制度文件中所未包含的。

制度内容中首次出现第一个附件时，需在该附件名称后作"（见附件1）"标注，首次出现第二个附件时则作"（见附件2）"的标注，依此类推。

9）附录

附录为可选补充要素，主要是帮助理解管理制度内容，以便正确贯彻执行。附录的主要内容由范例、管理制度中所引用的专业术语解释或系统介绍、对管理制度中内容的说明性资料或指导操作性资料等组成。

3.乘务岗位职责

乘务岗位职责一般采用岗位标准化作业实施细则的形式，细则中包含范围、规范性引用文件、管理职责以及对各项作业的管理要求。其中，范围用以说明正文包含的内容以及适用对象；规范性引用文件是规章制度编写的依据，具有一定的权威性；管理职责说明适用本实施细则的岗位人员和相关部门；各项作业要求是针对该岗位各项标准化作业的实施细则。

4.作业实施细则

乘务岗位职责是对乘务人员的规范管理，其中包括了该岗位所涉及的所有作业要求，而作业实施细则则是根据作业的性质不同，针对某一项作业进行更加具体的说明。作业实施细则一般包括范围、规范性引用文件、管理职责、术语和定义、基本原则、作业各阶段及作业过程、作业风险防控（如有）、其他相关规定等要素。

5.应急预案及事件处置

应急预案及事件处置主要是针对突发事故的提前预防和处理，旨在面对突发事件时能够及时有效地采取适当的措施进行补救，保证列车能继续正常运营。应急预案和事件处置规章制度的重点在于要有预防措施、信息汇报及处置方法。应急预案及事件处置编制要素一般包括范围、规范性引用文件、管理职责、预防措施、信息报告、处置流程、处置过程中的风险防控（如有）等。

四、城市轨道交通运营指标体系

为促进城市轨道交通规划、投资、建设、运营管理一体化协调发展，提升城市轨道交通运营企业运营管理与服务的规范化、科学化和信息化水平,我国北京、上海、广州等城市轨道交通运营企业相继指定了城市轨道交通运营指标体系。但是,由于其运营指标体系的架构不同、侧重点不一、定义与算法互相冲突,使全国范围内运营指标的统计和计算缺少统一的基础,给运营水平评价和对标带来很大的困难。

2019年12月31日,《城市轨道交通运营指标体系》(GB/T 38374—2019)由中华人民共和国国家市场监督管理总局、中华人民共和国国家标准化管理委员会发布,并于即日起正式实施。

1. 指标体系构成与内容

1) 指标体系构成

城市轨道交通运营指标体系包括基础指标、客流指标、运行指标、安全指标、服务指标、能耗指标和财务指标7类。

2) 指标体系内容

(1) 基础指标:包括基础线网、发展水平2类,具体指标见表5-2。

基础指标　　　　　　　　　　　　　　　　表5-2

分 类	指 标	分 类	指 标
基础线网	运营线路条数	发展水平	线网密度
	运营里程		万人线网拥有率
	运营车站数		站点密度
	换乘车站数		站点覆盖率
	站均出入口数		万人车站拥有率
	平均站间距		城市轨道交通客运分担率
	平均走行距离		票价支出占居民收入比
	配属车辆基地/车辆基地/停车场数		

(2) 客流指标:包括基础客流、拥挤情况、出行特征、强度和客流不均衡5类,具体指标见表5-3。

客 流 指 标　　　　　　　　　　　　　　表5-3

分 类	指 标	分 类	指 标
基础客流	进站量	出行特征	线网换乘系数
	出站量		换乘比例
	换乘量		付费(非付费)乘客比例
	客运量	强度	客运强度
	车站乘降量		客流密度
	断面客流量		线网出行强度
	客运周转量	客流不均衡	方向不均衡系数
拥挤情况	断面满载率		断面不均衡系数
	高峰小时站台单位面积服务人次		时间不均衡系数
出行特征	平均运距		

（3）运行指标：包括车辆利用、运力与运能、行驶里程、运行速度、计划兑现、延误事件、清客和下线8类，具体指标见表5-4。

运行指标　　　　　　　　　　　　　　　　　　　表5-4

分类	指标	分类	指标
车辆利用	配属列车数	行驶里程	走行车公里
	配属车辆数		车公里利用率
	上线列车数	运行速度	技术速度
	完好列车数		最高运行速度
	架、大修列车数		速度利用率
	列车上线率	计划兑现	计划开行列次
	列车完好率		计划兑现列次
	每公里配车数		加开列次
	配属列日数		停运列次
	完好列日数		晚点列次
	上线列日数		实际开行列次
	完好车利用率		列车运行图/时刻表兑现率
运力与运能	列车平均编组数	延误事件	5 min 及以上延误事件数
	列车定员		5min 及以上延误率
	运力	清客	清客列次
	客位里程		清客频次
	线网利用水平		救援列次
	平均满载率	下线	掉线列次
行驶里程	运营车公里		掉线率

（4）安全指标：包括事故、人员伤亡和财产损失3类，具体指标见表5-5。

安全指标　　　　　　　　　　　　　　　　　　　表5-5

分类	指标	分类	指标
事故	运营事故数	事故	等效事故率
	行车事故数	人员伤亡	伤亡人数
	行车事故		伤亡率
	行车责任事故数		重伤人数
	行车责任事故率		死亡人数
	运营险性事件数		死亡率
	行车险性事件数		工伤人数
	行车险性事件率		工伤率
	行车责任险性事件数	财产损失	运营事故直接经济损失
	行车责任险性事件率		运营险性事件直接经济损失

（5）服务指标：包括乘客服务、人力指标和设备设施可靠度3类，具体指标见表5-6。

服务指标　　　　　　　　　　　　　表5-6

分类	指标	分类	指标
乘客服务	线路运营时间	人力指标	员工数
	最大/最小发车间隔		每公里人员配比
	换乘时间		全员生产率
	正点率		司机生产率
	旅行速度	设备设施可靠度	车辆服务率
	限流		车辆系统故障率
	列车服务可靠度		信号系统故障率
	百万乘客有效投诉率		供电系统故障率
	有效乘客投诉回复率		站台门故障率
	乘客满意度		机电设备可靠度
人力指标	经营业户数		

（6）能耗指标：包括牵引能耗、动力照明能耗、运营能耗和节能环保4类，具体指标见表5-7。

能耗指标　　　　　　　　　　　　　表5-7

分类	指标	分类	指标
牵引能耗	牵引能耗	运营能耗	运营总能
动力照明能耗	动力照明能耗	节能环保	CO_2排放量

（7）财务指标：包括成本、收入2类，具体指标见表5-8。

财务指标　　　　　　　　　　　　　表5-8

分类	指标	分类	指标
成本	完全成本	成本	安保费用
	折旧成本	收入	运营收入
	维修成本		运营票款收入
	管理成本		非票款商业收入
	牵引电费		收入全成本比
	非牵引电费		票价优惠比例
	总电费		运营补贴补偿

2. 运行指标

以下就部分运行指标中与乘务管理相关的重要指标进行释义。

1）5 min及以上延误事件数

（1）线路5 min及以上延误事件数。

定义：统计期内，线路中发生的5 min及以上延误事件数。

单位：件。

注：列车在运行图或者时刻表执行过程中，在任意车站的延误时间大于或等于5min时，记为本单向运行造成5min及以上延误事件1次。

（2）线网5min及以上延误事件数。

定义：统计期内，线网中各线路5min及以上延误事件数之和。

单位：件。

计算方法：

$$\text{线网5min及以上延误事件数} = \sum \text{线路5min及以上延误事件数}$$

注1：5min及以上延误事件分5（含）~15min（含）、15（含）~30min（含）、30min（含）及以上3个等级。

注2：因同一原因引起的多个5min（15min、30min）延误，按事件造成的最大影响范围只计1个延误事件。

注3：同样原因造成列车在单向运行中多个站晚点，只计本方向晚点1次。

2）5min及以上延误率

（1）线路5min及以上延误率。

定义：在统计期内，线路列车每运营百万车公里所发生的5min及以上。

单位：件每百万车公里。

计算公式：

$$\text{线路 5min 及以上延误率} = \frac{\text{线路 5min 及以上延误事件数}}{\text{线路运营车公里}} \times 10^{-6}$$

（2）线网5min及以上延误率。

定义：在统计期内，线网中全部列车每运营百万车公里所发生的5min及以上延误事件数。

单位：件每百万车公里。

计算方法：

$$\text{线网 5min 及以上延误率} = \frac{\text{线网 5min 及以上延误事件数}}{\text{线网运营车公里}} \times 10^{-6}$$

3）正点率

（1）线路列车正点率。

定义：统计期内，线路正点列车次数与线路全部开行列车次数之比。

单位：以百分数计。

计算方法：

$$\text{线路列车正点率} = \frac{\text{线路实际开行列次} - \text{线路始发与到达晚点列次之和}}{\text{线路实际开行列次}} \times 100\%$$

（2）线网列车正点率。

定义：统计期内，线网正点列车次数与线网全部实际开行列车次数之比。
单位：以百分数计。
计算方法：

$$线网列车正点率 = \frac{线网实际开行列次 - 线路始发与到达晚点列次之和}{线网实际开行列次} \times 100\%$$

4）司机生产率

定义：统计期内，每个司机平均每天完成的运营车公里。
单位：车公里每人日。
计算公式：

$$司机生产率 = \frac{线网日均运营车公里}{列车司机数}$$

注：列车司机数包含线网配属的所有列车司机，不包括新线储备列车司机。

5）最大/最小发车间隔

定义：统计期内，正常运营情况下同一线路的相邻两列同向列车驶离起点站的时间间隔的最大/最小值。
单位：s。

6）日均客运量

（1）车站日均客运量。

定义：统计期内，城市轨道交通运营车站日客运量的平均值。
单位：万人次每日。
计算方法：

$$车站日均客运量 = \frac{\sum 车站客运量}{统计天数}$$

（2）线路日均客运量。

定义：统计期内，城市轨道交通线路日客运量的平均值。
单位：万人次每日。
计算方法：

$$线路日均客运量 = \frac{\sum 线路客运量}{统计天数}$$

（3）线网日均客运量。

定义：统计期内，城市轨道交通线网日客运量的平均值。
单位：万人次每日。
计算方法：

$$线网日均客运量 = \frac{\sum 线网客运量}{统计天数}$$

7）配属车辆数

（1）线路配属车辆数。

定义：统计期末，运营线路所拥有的用于运营服务的全部车辆数。

单位：辆。

注1：以本单位固定资产台账中已投入运营的车辆数为准。

注2：新购、新制和调入的运营车辆，自投入运营之日起开始计算；调出、报废和调作他用的运营车辆，自上级主管机关批准之日起不再计入。

（2）线网配属车辆数。

定义：统计期末，运营线网所拥有的用于运营服务的全部车辆数。

单位：辆。

注：根据需要可分别统计A型车、B型车、C型车等不同车型配属车辆数。

8）列车上线率

（1）线路列车上线率。

定义：统计期内，线路配属列车数中上线列车数所占的比例。

单位：以百分数计。

计算方法：

$$线路列车上线率 = \frac{线路日均上线列车数}{线路日均配属列车数} \times 100\%$$

（2）线网列车上线率。

定义：统计期内，线网配属列车数中上线列车数所占的比例。

单位：以百分数计。

计算方法：

$$线网列车上线率 = \frac{\sum 线网日均上线列车数}{\sum 线网日均配属列车数} \times 100\%$$

第三节　乘务演练方案编制与评估分析

知识目标

1. 了解乘务演练的形式、目的及意义（技师）；
2. 了解乘务演练的主要内容（技师）；
3. 掌握乘务演练方案编制的相关知识（高级技师）；
4. 掌握乘务演练评估方法与改进（高级技师）。

技能要求

1. 能编制各类乘务运作演练方案（高级技师）；
2. 能根据乘务演练进行方案评估（高级技师）。

城市轨道交通乘务演练是对突发事件应急工作中需要的某种特殊或专门的行动或功能实施的练习。乘务演练应遵循全面覆盖、总专结合、协同联动、有效融合的原则。演练通常用来试验新装备，检验新政策或新程序，训练和保持现有的技能，找出演练应对中存在的问题并消除这些问题，以改进应对突发事件的准备工作。

在城市轨道交通运营企业中，演练是一种重复性活动，是经常性的训练，常由城市轨道交通运营企业多个部门、组织和系统之间合作行动，依据预先制定的各项应急预案，协同完成某项演练行动，并予以评估。通过演练实践，以加强个人应急能力的培训，部门间协调能力和默契性，使部门之间能更好地协调配合，发现和改进现有预案中存在的问题和不足。

一、乘务演练的形式、目的及意义

1. 乘务演练的形式

典型的乘务演练主要包括：指导讨论会、桌面演练、功能演练、全面演练。

1）指导讨论会

指导讨论会的目的是使所有演练参与者熟悉各种角色、方案、程序和装备，协调各岗位的职责和工作联系问题，是一种简单的演练方式，重点在于预案的概况介绍。

指导讨论会集中主要人员进行非正式的讨论，不必去做仿真，一般通过讲授、讨论、幻灯片、录像、计算机演示、专家讲座等形式来完成，在一定程度上实现演练的功能。指导讨论会适用的范围非常广，与应急处理有关的任何事情都可以讨论，可以讨论新政策、新预案、新方法等；对新员工进行应急预案的讲解；介绍应急演练的基本知识和方法等。指导讨论会的时间不宜太长，2h左右即可。主持人和骨干人员应提前做好准备，考虑会议的议题和发言的要点，其余参与者做好笔记和记录。

2）桌面演练

桌面演练也是城市轨道交通运营企业常用的一种演练形式，城市轨道交通行业有其特殊性，演练尽可能不要干扰到正常的运营工作。因此，桌面演练非常适合城市轨道交通应急演练的需要。

顾名思义，桌面演练就是在桌面上演练。参与的员工围坐在一个大桌子旁边，根据应急预案的内容，合练预案规定的步骤和过程。参与的员工通过桌面演练可以清楚自己在预案中扮演的角色，掌握自己的工作程序，明确自己的责任。

桌面演练是一种简单的仿真形式，可以通过车站地图、图表、卡片等工具强化演练的真实效果。参与者在这种轻松的状态下联合演练，人员相互配合，依照预案程序逐步执行。应急演练部门的负责人、预案的编制者及其他部门负责人可以参与演练现场，但不干预演练过程，避免影响演练的进程。一般来说，桌面演练重点岗位都应配备观察员，观察和发现重点环节出现的问题，记录下来并反馈给参与者，以保持持续改进的效果。

桌面演练一般应配备一个主持人引导整个桌面演练正常执行，时间控制在1~4h之间，但是为保证桌面演练顺利进行，需要提前让参与者做好准备，如预案的熟悉、政策的把握、关键点的控制等。

桌面演练方法成本较低，主要是为了功能演练和全面演练做准备，它只是演练的初级形式，其目的是：培养参加者相互配合的协同性，检验应急预案的合理性、系统性和完整性。

3）功能演练

功能演练比桌面演练规模要大，需要动员更多的应急响应人员和组织，主要是针对某项应急响应功能或其中某些应急响应活动举行的演练活动。功能演练一般在应急指挥中心进行，可同时开展现场演练，调用有限的应急设备，主要目的是针对应急响应功能，检验应急响应人员以及危机管理体系的策划和响应能力。

功能演练的参加者一般是应急预案的制定者和职责所在的管理者。功能演练常常采用突击形式，主要检验运营部门面对某项突发事件的应急反应能力，也检验应急预案的程序、组织机构、任务分配和指挥者之间沟通联络的科学性和合理性，以期培养基层专业人员应对突发事件的应急能力。

4）全面演练

全面演练，是针对某项应急预案完整的应急响应功能，检验、评价应急组织机构应急运行能力的演练活动。演练过程尽可能创建逼真的环境，动用真实的设备、工具和操作人员进行实际演练。全面演练的参加者主要为应急演练方案所包含的人员，也包括协调、考评、行动和组织人员。全面演练每次都检验一项预案的演练实践，地点基本都选择在设定现场，时间多在30min~2h之间。

全面演练之前应充分做好准备工作，特别是新员工，演练前应有一定的指导和要求在全面演练实施前应起草一份演练方案或说明，说明演练的设定、内容、目标和考核指标。演练过程应全程、全范围监控，以便考核和评估。

设定、内容、目标和考核指标。演练过程应全程、全范围监控，以便考核和评估。应急演练是一个系统的工程，涉及多个部门和个人。在制定好各项应急预案后，就应该根据预案的要求，制定完整的演练方案或规划。这个方案或规划应按照预案的要求，由浅入深、由简单到复杂，分步实施和推进，在演练前做好大量有必要的培训和专项训练，为应急演练做好充分的准备。此外，应急演练不是一个孤立的行动，不但需要事前的准备，也需要事后的经验教训和总结，并且依据这些经验教训，对应急预案和其他相关工作予以改进，为以后的应急演练和实际事件应对积累经验。

2. 乘务演练的目的及意义

城市轨道交通列车司机肩负着行车安全的主要责任，为进一步提高行车作业人员应急处置能力,最大限度降低列车故障时人为因素造成对运营的影响,定期进行城市轨道交通列车司机乘务演练,使乘务班组熟练掌握作业流程优化的重要内容与关键节点,并通过常态演练提高认识,加以总结提升。

因此,乘务演练方案的制定不仅要与实际运营相结合,而且要有一定的科学依据,做到在人员精简、高效的同时确保运营的安全。

二、乘务演练方案编制

1. 乘务演练方案的主要框架

城市轨道交通运营企业在反复组织乘务应急演练过程中一般会凝练出相对固定的、特有的模式,即会形成具备一定共性的演练方案框架,构成方案内容的骨架,为演练程序、动作提供支撑。

乘务演练方案框架一般涵盖:演练的具体目的;演练类型、规模与响应级别;假设演练背景和模拟突发事件及其演练时间;演练组织分工及参演人员构成及其职责;演练准备与演练过程;演练步骤;演练检查清单或演练执行效果评估清单;演练记录与总结表格相关说明等。

2. 乘务演练方案的主要内容

演练方案的内容是成功进行演练的关键,内容的缺陷或偏差会导致演练组织者的目的不能顺利实现,因此,演练方案的内容设置至关重要。演练方案中各部分应主要包括以下内容:

1)演练的目的

在应急管理体系中,应急预案的类别、级别是不同的。城市轨道交通运营企业建立了综合预案、专项预案以及现场预案。进行演练时,一并将所有预案一起实施是不可能的,只能选择其中一两项来进行,每个项次的演练都有不同的目的。因此,演练方案首先要规定某项演练的具体目的,为演练活动指明总体目标。

2)演练类型、规模与响应级别

(1)明确演练类型:预案的演练类型分为桌面演练、功能演练和全面演练等多种类型。演练活动应以由简及繁、循序渐进的方式从桌面演练开始,逐步推进为全面演练;由口述场景演练开始,逐步推进为动作行动演练。

(2)明确演练规模与响应级别:无论是政府主管部门制定的预案,还是城市轨道交通运营企业制定的预案,都规定了突发事件后应急响应的级别,级别越高则影响范围越大,演练规模也就越大。在演练方案中,应当明确参与人员是单部门参加还是多个部门参加或外部资源响应或支持。例如:火灾事故应急救援实战过程中,是否需要单位外部资源给予响应配合,应在方案中明确出来。

3)假设演练背景和模拟突发事件及其演练时间

为保障演练的真实性和实效性,演练方案都需要假设一个演练背景。背景中一般会介绍演练地点、时间、组织部门、参演设备、突发事件设置方法、启动何种应急程序等一系列演练概况内容。

确定演练的具体时间时，首先应充分考虑各类参演人员参加演练的时段不影响正常的城市轨道交通运营工作；其次应尽量避免过多干扰居民生活、社会道路交通。演练方案中明确演练启动时间是必需的要素，但是在演练前应当对参与演练的行动人员保密，以利于真实地反映应急行动人员的应急处置能力。

4）参演人员构成及其功能、职责

为了达到演练的目的，在演练行动中，需要各类参演人员，即应急行动人员、进程控制人员、评价人员、模拟人员、观摩人员等的协调、配合，才能完成预案规定的程序或动作。参演人员需要对演练进程和关键动作进行记录，才能得出对预案文本和演练行动的评价结论。因此，在演练方案中，应明确各参演人员的类别、数量及其职责。

（1）应急行动人员：即指根据模拟场景和紧急情况做出反应，执行应急预案中预定程序或动作的人员。由预案中规定的现场指挥、现场救援、应急通信、物资支援等类人员构成。

（2）演练进程控制人员：即管理并设置场景，控制演练行动节奏，监护行动人员的安全，指挥解决现场出现问题的人员，承担现场导演的职责。在演练中，演练进程控制人员应确保应急预案规定的程序或动作得到充分演示，确保演练活动对于演练人员具有一定的挑战性，通过"演"的方法达到"练"的目的。由于演练进程控制人员是关系演练能否成功的关键人员，所以应当由熟悉应急预案、掌握演练方案的人员担任。

（3）评价人员：即指在演练行动中观察行动人员和模拟人员的行动，并记录演练详细经过的人员，其职责是评价时间、地点、人物、出现的事件、行动是否有效等。在演练过程中，评价人员不应干涉演练人员执行的具体任务，应根据观察到的现象做好记录，便于在演练效果评价时点评演练过程并出具演练报告。为了能够便捷地进行记录，评价人员应事先根据预案和演练方案设计制作评价记录表，以便记录各个事件或动作。进行规模较大的功能演练或全面演练前，评价人员还应当对不同的行动人员进行分工评价，以确保对演练效果进行客观公正的评价。

（4）模拟人员：即指在演练场景中，与应急行动人员相互作用的人员。其主要职责是：模拟事故场景中的人员（负伤者、干扰者等）、外部救援机构的人员、围观人员、自愿行动的志愿者等。模拟人员的设置应当与场景设置相统一，其现场动作越逼真，就越能够检验出应急行动人员现场处置能力的水平。

（5）外部观摩人员：一般由政府应急管理机构的人员、企业上级主管部门的领导、应急管理专家、友邻单位或附近居民的代表构成。对于生产经营单位内部来说，各级领导、相关部门的人员都可构成演练观摩人员，不同类别和规模的演练可邀请不同的观摩人员参与。观摩人员到场实地观摩演练过程，是一个关键环节，因为外部人员的评价意见缺少感情色彩，更具有客观性，且外部专业管理人员和专家的指导对提升本单位应急管理水平的作用明显；同时，城市轨道交通运营企业还可以借此机会向政府、上级部门、友邻单位、附近居民展示本单位应对突发事故的能力。

5）演练准备与演练过程

演练准备与演练过程是方案中的重点章节，是演练方案的重心，各种类型、规模的演练都应事先做好详细的准备工作。在应急救援预案中，一般只对应急措施进行了规定，而没有对潜在事故的场景进行详细描述。因此，演练设计人员在策划演练过程时，还应设想事发具体部位、破坏程度、伤亡情况、人员受困情况等场景，并设计编排何时推出场景以及场景出现的顺序，以便训练并检验应急行动人员的临场处置能力。最后，还可以通过应急人员对模拟场景的处置状况，检验应急救援预案是否存在缺陷。

相关说明属于演练方案的附录内容，用以说明演练方案的细节。其主要内容包括：演练现场示意图、演练费用预算、聘请外部人员名单、风险评估及控制措施等。

综上所述，演练方案是演练策划人员依据预案和假设的事故场景编制的"演练剧本"，目的是检验和锻炼提高应急人员应对生产安全事故的现场处置能力，并通过潜在的事故场景模拟事故在发生或发展阶段出现的景象，以贴近实战的方式对生产安全事故预案进行演练。因此，演练方案是预案由文本转为行动必不可少的过渡性文件，只有完善的演练方案，才能指导和掌控预案演练行动顺利并有效实施。

三、乘务演练评估方法

应急演练评估是指观察和记录应急演练活动，比较应急演练参与人员的表现和演练目标的要求，并提出改进意见的过程。

应急演练评估过程主要包括评估组织与准备、评估指标的建立、观察演练和收集资料、分析资料、完成评估报告等基本步骤。

1. 评估组织与准备

在演练前做好评估指标和组织工作是演练评估的最基础的工作，特别是评估指标体系的建立是检验评估效果的核心工作。应急演练评估的组织工作非常有必要，这样可以更有效地完成演练评估。这项工作主要有组织评估团队、确定评估计划、召开演练前会议等几个方面。

城市轨道交通突发事件应急演练往往涉及的范围大、岗位众多、演练逻辑复杂，需要检验的目标较多，所以通常需要组织一个有针对性的评估团队。评估团队应该有一个熟悉演练目标、政策、计划、内容并具备管理和分析能力的资深技术人员担任评估负责人。

正式演练前都需要确定评估计划。评估计划应包括如下4个方面的内容：

（1）评估时间表；

（2）评估人员的组织安排、职责分配和具体位置；

（3）评估指标的解释；

（4）给评估人员下达的指示。

在演练开始之前，评估负责人召开有关控制人员和评估人员进行会议，核实各项准备工作，确保评估人员理解计划的各个事项，回答评估人员的疑问，从而保证评估工作顺利进行。

2. 评估指标的建立

评估指标是进行突发事件应急演练评估的基础，任何评估行为都需要运用指标来进行。一组既独立又相互关联并能够完整地表达评估要求的评估指标就组成了评估指标体系。评估指标体系的建立必须遵循以下原则。

1）科学性原则

科学性原则主要体现在理论和实践相结合，以及所采用的科学方法等方面。在理论上要站得住脚，同时又能反映客观实际情况；抓住最重要、最本质和最有代表性的东西，对客观实际描述得越清楚、越简练、越符合实际，科学性就越强。

2）系统优化原则

评估对象必须采用系统化的指标进行衡量，这些指标必须相互联系和相互制约，较客观、全面、系统地反映被评估对象的内容。

3）目的性原则

任何指标体系的构建都是具有一定目的的。突发事件应急演练指标体系的建立，目标在于对演练过程各个环节的运行情况做出合理、科学的评估，反映演练的真实程度，为决策者提供科学有效的方法，规范当前突发事件应急演练的实施。

4）可操作性原则

可操作性是指标体系的生命，没有可操作性的指标就等于形同虚设。一方面指标体系要为各部门制定各种具体的演习评估指标体系提供指导；另一方面，指标体系要立足运营公司现状，能切实可行，便于实际操作实施。

5）指导性原则

评估的一个重要目的就是引导和鼓励被评估对象向正确的方向和目标发展。城市轨道交通突发事件应急演练评估指标的设计，可为加强和提高运营人员应对城市轨道交通突发事件的能力提供导向性作用。表5-9为演练执行力评估表的设计。

演练执行力评估表 表5-9

序号	评估人	评估地点	评估对象	评估内容	是否正确执行
				执行总评分	
	评估内容共计 A 项				
	正确执行共计 B 项				
	执行力总得分（B/A×100）				
	说明	①个别评估内容如在演练中不需要发生或执行的，可不做评估，不计入评分中的评估项数；②"是否正确执行"一栏，正确打"√"，错误打"×"，不做评估打"—"			

3. 观察演练和收集资料

评估人员提前安排在可以收集有用信息的位置，跟踪和记录演练参与者的关键行为。在演练以后，根据评估者记录的信息，分析活动和任务是否顺利执行，目标是否顺利实现。关键行为一般都提前做好报表格式，引导评估人员记录。观察清单见表5-10。

演练方案××岗位观察清单　　　　　　　　　　　　　　表5-10

评估人员姓名	
乘务演练项目	××演练
日期	年月日
地点	
负责观察岗位	
乘务演练安全措施	（1）演练的整个过程由演练现场总指挥控制。贯彻"统一指挥、逐级负责"的原则，参加演练人员必须在现场总指挥的统一指挥下，按照演练方案进行，并须听从现场总指挥对演练进行的控制； （2）演练过程中，现场人员如发现违章行车、影响人员安全、设备安全的事件，应立即停止演练，并迅速汇报；发生其他问题应及时报告OCC和现场总指挥，按应急处理程序进行处理； （3）演练由×××担任演练时正常的调度组织工作，负责监督演练，实施安全、有序的调度和安全把控； （4）演练中的通信联络及使用方法应明亮下达、信息传递均应按《××突发事件应急预案》《××行车组织规则》《××信息通报流程》等相关规定执行，各岗位在运行过程中应保持密切联系。

观察项目	时间记录	观察员意见

4. 分析资料

分析资料是评估人员对演练期间收集的资料进行分析并将其转换成叙述演练过程、人员表现的优势和问题、怎么改善等的叙述摘要。分析资料包括以下几项要求：

（1）对目标是如何被展开的进行详述；
（2）客观地陈述事实和观察结果；
（3）突出积极的方面，同时鉴别任何可能存在的问题；
（4）避免主观意见；
（5）记录存在的问题并且提出解决问题的方法等。

5. 完成评估

演练最终要形成评估报告。评估报告包括：评估过程中所使用的评估方法、具体的评估表格、最后的评估结论等。演练评估报告见表5-11。

××××乘务演练报告　　　　　　　　　　　表5-11

演练项目		× 号线 ××××× 演练			
演练组织部门		演练级别		演练形式	
演练时间			演练地点		

演练概况：

演练过程记录					
序号	时间	过程描述		存在的问题	
1					
2					
3					

重要时间段统计					
序号	过程		起止时间	预计耗时	实际耗时
1					
2					
3					

评估总结					
内容	评价				意见
员工表现	□优秀	□良好	□合格	□不合格	
预案执行情况	□优秀	□良好	□合格	□不合格	
预案可执行性	□优秀	□良好	□合格	□不合格	
演练方案及步骤的可操作性	□优秀	□良好	□合格	□不合格	
设备功能表现	□优秀	□良好	□合格	□不合格	

演练设备恢复情况		
设备名称	恢复情况	责任人

总评价意见：

演练总体评价	□优秀	□良好	□合格	□不合格

演练工作组评价及改进建议				
序号	存在的问题	改进措施	责任部门	完成时间

演练工作组专家（签名）：　　　　　　　　演练总指挥（签名）：
日期：　　年　　月　　日　　　　　　　　日期：　　年　　月　　日

第五章 技术管理与技能培训

第四节 运营事故分析报告的编写

知识目标

1. 了解运营事故分析报告编写的规范（高级技师）；
2. 了解运营事故技术分析的方法（高级技师）。

技能要求

能够编写运营事故分析报告（高级技师）。

城市轨道交通运营企业对已经发生的行车事故进行统计分析和总结是事故处理过程的重要环节，对教育员工、制定整改措施、防止同类事故的再次发生具有非常重要的意义。城市轨道交通运营企业一般都会建立事故记录台账，详细记录运营事故发生的起因、经过及处理情况，定期分析总结。编制运营事故分析报告是列车司机高级技师必备的基本技能。

一、运营事故分析报告的编写规范

1. 事故基本情况

事故基本情况包含事故发生单位概况、事故发生时间、地点、事故性质、事故原因、事故严重级别及伤亡情况、造成的经济损失。

2. 事故详细经过

事故详细经过是指根据事故发生时间、地点、事故人员以及事情发生经过展开阐述，并指明事故救援情况以及事故造成的人员伤亡和直接经济损失。

3. 事故原因分析

事故原因分为直接原因和间接原因。直接原因包括工作人员操作失误和设施设备故障问题；间接原因则有运营企业安全管理制度不健全、运营企业对员工的岗位培训和安全教育不到位、责任制不明确等。

4. 事故责任的认定以及对事故责任者的处理意见

事故责任的认定以及对事故责任者的处理意见主要包括：安全教育、批评通报、扣薪罚款、行政降级等。

5. 事故防范及整改措施

事故防范及整改措施主要包括两方面：

（1）建立健全各项安全生产管理制度、安全操作规程，夯实安全基础工作，提高企业的安全管理水平。

（2）要加强各班组的安全建设和安全管理，明确责任，加强对全体员工的安全教育，提高全体员工的安全意识和安全知识水平。

二、运营事故技术分析的方法

事故树分析法是常用的运营事故技术分析方法，它是应用于安全系统工程中的一种归纳推理分析方法，起源于决策树分析；是一种按事故发展的时间顺序由初始事件开始推论可能的后果，从而进行危险源辨识的方法。

事件树分析法（ETA）将系统可能发生的某种事故与导致事故发生的各种原因之间的逻辑关系用一种称为事件树的树形图表示，通过对事件树的定性与定量分析，找出事故发生的主要原因，为确定安全对策提供可靠依据，以达到猜测与预防事故发生的目的。

1. 功能

（1）ETA可以事前预测事故及不安全因素，估计事故的可能后果，寻求最经济的预防方法。

（2）事后用ETA分析事故原因，十分方便明确。

（3）ETA的分析资料既可作为直观的安全教育资料，也有助于推测类似事故的预防对策。

（4）当积累了大量事故资料时，可采用计算机模拟，使ETA对事故的预测更为有效。

（5）在安全管理上用ETA对重大问题进行决策，具有其他方法所不具备的优势。

2. 编制程序

1）确定初始事件

正确选择初始事件十分重要。初始事件是事故在未发生时，其发展过程中的危害事件或危险事件，如机器故障、设备损坏、能量外逸或失控、人的误动作等。可以用两种方法确定初始事件：一是根据系统设计、系统危险性评价、系统运行经验或事故经验等确定；二是根据系统重大故障或事故树分析，从其中间事件或初始事件中选择。

2）判断安全功能

系统中包含许多安全功能，在初始事件发生时消除或减轻其影响以维持系统的安全运行。常见的安全功能列举如下：对初始事件自动采取控制措施的系统，如自动停车系统等；提醒操作者初始事件发生了的报警系统；根据报警或工作程序要求操作者采取的措施；缓冲装置，如减振、压力泄放系统或排放系统等；局限或屏蔽措施等。

3）绘制事件树

从初始事件开始，按事件发展过程自左向右绘制事件树，用树枝代表事件发展途径。首先考察初始事件一旦发生时最先起作用的安全功能，把可以发挥功能的状态画在上面的分枝，不能发挥功能的状态画在下面的分枝。然后依次考察各种安全功能的两种可能状态,把发挥功能的状态(又称成功状态)画在上面的分枝,把不能发挥功能的状态(又称失败状态)画在下面的分枝,直到到达系统故障或事故为止。

4)简化事件树

在绘制事件树的过程中,可能会遇到一些与初始事件或与事故无关的安全功能,或者其功能关系相互矛盾、不协调的情况,需用工程知识和系统设计的知识予以辨别,然后从树枝中去掉,即构成简化的事件树。

3. 定性分析

事件树画好之后的工作,就是找出发生事故的途径和类型以及预防事故的对策。

1)找出事故联锁

事件树的各分枝代表初始事件一旦发生其可能的发展途径。其中,最终导致事故的途径即为事故联锁。一般地,导致系统事故的途径有很多,即有许多事故联锁。事故联锁中包含的初始事件和安全功能故障的后续事件之间具有逻辑"与"的关系,显然,事故联锁越多,系统越危险;事故联锁中事件树越少,系统越危险。

2)找出预防事故的途径

事件树中最终达到安全的途径能指导我们如何采取措施预防事故。在达到安全的途径中,发挥安全功能的事件构成事件树的成功联锁。如果能保证这些安全功能发挥作用,则可以防止事故。一般地,事件树中包含的成功联锁可能有多个,即可以通过若干途径来防止事故发生。显然,成功联锁越多,系统越安全,成功联锁中事件树越少,系统越安全。事件树反映了事件之间的时间顺序,所以应该尽可能地从最先发挥功能的安全功能着手。

4. 定量分析

事件树定量分析是指根据每一事件的发生概率,计算各种途径的事故发生概率,比较各个途径概率值的大小,作出事故发生可能性序列,确定最易发生事故的途径。

1)各发展途径的概率

各发展途径的概率等于自初始事件开始的各事件发生概率的乘积。

2)事故发生概率

事件树定量分析中,事故发生概率等于导致事故的各发展途径的概率和。定量分析要有事件概率数据作为计算的依据,而且事件过程的状态又是多种多样的,一般都因缺少概率数据而不能实现定量分析。

3)事故预防

事件树分析把事故的发生发展过程表述得清楚而有条理,对设计事故预防方案、制定事故预防措施提供了有力的依据。从事件树上可以看出,最后的事故是一系列危害和危险的发展结果,如果中断这种发展过程就可以避免事故发生。因此,在事故发展过程的各阶段,应采取各种可能措施,控制事件的可能性状态,减少危害状态出现概率,增大安全状态出现概率,把事件发展过程引向安全的发展途径。

三、运营事故分析报告范文解析

运营事件的技术分析普遍采用定性分析,即分析事故原因(事故联锁)并提出整改措施要求,下面以A城市"7·17"×号线R车辆基地出库列车挤岔事故报告为例,利用事件树分析法对其进行定性分析。案例分析报告包括以下内容:事故概况、事故原因和教训、事故定性定责、整改措施要求。

1. 案例部分

关于"7·17"×号线R车辆基地出库列车挤岔事故的通报

各运营单位:

2019年7月17日下午,×号线R车辆基地发生一起出库列车挤岔的运营安全事故。事故情况通报如下:

一、事故概况

7月17日14时12分,×号线列车司机薛某在R车辆基地根据派班计划至DCC办理晚高峰列车出库手续。其间,薛某未按列车司机出乘作业规定要求关闭手机,而是在与他人通话过程中,在DCC值班员处领取了列车司机报单、列车钥匙、对讲机等行车物品,并登记后于14时14分离开DCC出勤室。按计划,薛某应驾驶停于2道A端的1144号列车出库,但薛某却登乘上了停于3道A端的1135号列车。在检车作业过程中,列车司机多次违反规定使用手机与他人通话。14时30分,信号楼值班员呼叫列车司机,确认检车情况,同时办理了2道A端至调1线的出库调车进路。14时33分,信号楼值班员与列车司机进行出库联控。14时34分,列车司机未确认信号,在3道出库信号机未开放的情况下,驾驶1135号车出库,冒进信号并挤过处于反位的19号道岔,行驶到调1线后折返到C站载客运营。此时,信号楼值班员通过MMI显示器看到2道和3道出库信号机附近区域出现无法解锁的白光带,19号道岔显示红色故障,3道红光带消失,即报告车辆基地值班长和DCC值班员。14时35分,车辆基地值班长至现场发现19号道岔为四开状态,随即通知报抢修单位,DCC值班员将情况报告运营调度。14时53分,通号抢修人员到达现场发现主副挤切销全部断裂,确认已造成挤岔。15时20分,通号抢修人员在更换主副挤切销后,现场设备恢复正常。

二、事故原因和教训

此次事故是列车司机严重违反作业管理规定,盲目违章操作构成的,性质非常严重,列车在冒进信号挤岔并持续运行的情况下极有可能造成列车冲突、追尾、脱轨等一系列严重后果。事故同时也反映出E公司车辆基地管理、作业管控和列车司机队伍管理上的问题。

(1)列车司机作业严重违规,盲目臆测行车。列车司机在车辆基地出库作业过程中,岗位安全责任意识严重缺失,多次违反岗位作业管理规定要求违规使用手机;岗位作业确认和安全联控制度流于形式,未认真核实车体号、停车股道信息,作业执标简化；盲目臆测行车，在未确认信号及道岔位置情况下动车，安全意识极度薄弱；在冒进信号和挤岔后仍持续运行，给行车安全带来极大隐患。

（2）行车人员安全联控形同虚设，风险意识薄弱。DCC值班员作为列车司机车辆基地出乘管理人员，未履行对列车司机出乘的安全交底、提示和监督管理，对列车司机违规使用手机的行为没有予以制止。信号楼值班员在MMI列车动车过程监控中发现进路显示异常并判断发生挤岔的情况下，未及时截停列车，致使挤岔列车在可能带有安全隐患情况下上线运行。

（3）现场管理混乱，车辆基地安全管控存在严重缺失。在现场管理上，车辆基地列车司机出乘交接的关键环节处于真空，对列车司机使用手机、跑错股道上错车的违章行为缺乏有效管理的方法，现场安全联控制度得不到贯彻执行，形同虚设。列车司机、DCC值班员、信号楼值班员等作业岗位一系列的违章，反映了车辆基地安全管理松懈混乱。

三、事故定性定责

根据××集团公司《运营事故调查处理管理规定》××条第1款"车辆基地线路及非载客列车车辆挤岔"的规定，本次事故定性为责任一般E类事故。×号线列车司机作业违规，盲目臆测行车导致事故，由E运营公司承担全部责任。

四、整改措施要求

（1）深入查找管理问题，确保安全有效管控。此次事故中行车作业多岗位人员一系列违章，反映的是现场管理问题。E公司要进一步深入分析事故原因教训，以行车岗位为重点，在全体员工中开展"违章就是事故之源"的安全生产大讨论，教育引导员工强化安全责任意识。即日起，××集团公司结合安全生产教育和专项安全检查整治行动开展车辆基地安全管理专项整治活动，各运营公司要举一反三，以车辆基地管理为重点，全面梳理查找日常管理中思想不重视、督查不深入、考核不严格的问题和薄弱环节，切实抓好隐患整治，确保各项作业管控落地有效。要将行车安全工作中列车司机队伍作为重中之重，强化行车作业各环节的安全管理，特别是对列车司机手机使用管控措施的落实情况和制度执行的有效性进行一次评估，通过公司间的交流，相互借鉴管理经验做法，提升管理成效。

（2）完善制度和管理方法，加强车辆基地现场作业管控。以列车司机出乘出库作业为重点，完善制度、加强车辆基地管理。××集团公司运营管理部门要会同各运营公司进一步梳理列车司机出乘出库作业流程，明确DCC值班员对出乘列车司机值乘车号股道的交接提示、安全交底、监督要求和方式方法，建立乘务管理人员或车辆基地值班人员对出乘列车司机上线上车的监督盯控确认制度。加强信号楼值班员与列车司机出库作业"要道还道"安全联控。进一步运用视频监控方法强化对列车司机出乘出库作业的动态监控，同时研究相应的技术防范措施。

（3）提升行车风险管控的敏感意识，完善抢修处置流程。各相关单位要对事故处置过程中暴露出来的问题，从体系上进行梳理，进一步强化行车风险敏感意识。一是要加强行车监护。车站、车辆基地、调度等作业人员在发生列车冒进、挤岔等事故时必须立即截停列车，防止扩大事故后果和影响。二是要确保列车运行的安全性。运营设施设备管理部门要进一步明确发生事故或故障后的抢修处置要求，做到组织有序、责任清晰、流程明确，完善因事故或故障对行车设备损伤和功能影响的专业确认制度，特别是涉及列车运行的要明确放行条件，防止发生次生事故。三是要及时畅通信息渠道。现场人员要及时准确上报事故信息，杜绝瞒报、漏报、错报、迟报行为。运营调度要密切关注现场事态变化，准确预判和处置，增强信息发布的时效性和真实性，及时将信息报送给相关的专业部门，确保快速有效处置。

2. 案例分析部分

第一部分为事故概况，案例首先依据运营事件技术分析的编写规范，根据事故发生的时间、地点、事故人员以及事情发生经过展开阐述，并描述事故造成的后果以及整改措施，用词精准、扼要，表述专业、规范。

第二部分为事故原因和教训，根据事故概况编制事件树对该事件进行原因分析。本案例主要是由于列车司机违规操作，缺乏安全意识导致，因此将初始事件设为出乘作业规定，找出与初始事件有关的环节事件编制事件树，找出事故联锁。挤岔事故事件树如图5-3所示。

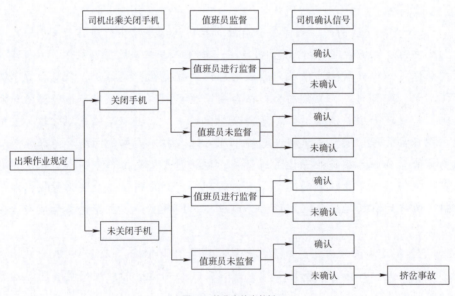

图5-3 挤岔事故事件树

初始事件为出乘作业规定，将相关作业环节设置为列车司机出乘关闭手机、值班员监督、列车司机确认信号。本次挤岔事故是由于列车司机违反岗位作业管理规定要求违规使用手机，且在未确认信号及道岔位置情况下动车导致；另外，DCC值班员作为列车司机车辆基地出乘管理人员，对列车司机违规使用手机的行为没有予以制止也是很重要的原因之一。因此，该事故联锁可以概括为：出乘作业规定→列车司机未关闭手机→值班员未监督→列车司机未确认信号→挤岔事故的事件链。

第三部分为事故定性定责和整改措施要求。根据事件树，对于每一环节出现的事故隐患提出具有针对性的整改意见。对于列车司机缺乏安全意识、违规操作的行为要开展车辆基地安全管理专项整治活动，全面梳理查找日常管理中思想不重视、督查不深入、考核不严格的问题和薄弱环节；对于值班员未履行监督义务的行为，要求建立乘务管理人员或车辆基地值班人员对出乘列车司机上线上车的监督盯控确认制度；对于事故发生之后的处置，运营设施设备管理部门要进一步明确发生事故或故障后的抢修处置要求，做到组织有序、责任清晰、流程明确。

以上就是一个完整的以事件树定性分析为基础的运营事件分析报告案例。

对于运营事故分析的结构，各地运营企业略有差异，但最终的目的是要分析事故产生的真实原因，落实责任，找出不足，提出整改措施，避免类似的事故再次发生。

不构成事故的，按照事件进行分析和处理，事件分析一般包括事件情况、造成影响、事件分析、改进建议等要素。

第五节 技术总结和技术论文的撰写

知识目标

1. 掌握技术总结的基本结构（技师）；
2. 掌握技术总结的撰写技巧（技师）；
3. 掌握技术总结和技术论文的差异性（技师）；
4. 掌握技术总结撰写的注意事项（技师）；
5. 掌握技术论文的结构及撰写技巧（高级技师）；
6. 掌握技术论文的答辩技巧（高级技师）。

技能要求

1. 能结合工作实践撰写技术总结（技师）；
2. 能结合工作实践撰写技术论文（高级技师）；
3. 能结合技术论完成评审专家的答辩（高级技师）。

一、撰写技术总结

技术总结属于总结类的文章，与一般的总结类文章类似。它是自己专业水平、能力、成果的展示，同时也是任职以来重要的经验总结。

技术总结就是把某一时期已经做过的工作，进行一次全面系统的总检查、总评价，进行一次具体的总分析、总研究；也就是看看取得了哪些成绩，存在哪些缺点和不足，有什么经验、可以提升之处。

1. 技术总结的基本结构与要素

撰写专业技术总结一是先简要介绍自己的基本情况，如现任职称、任职时间、毕业学校、政治面貌、现从事的专业技术工作、担任哪些社会职务。二是自己的政治思想、工作态度、履行岗位职责情况。三是详细地叙述自己任职以来从事的专业技术工作，即主持哪些课题、课题进展如何、有哪些创新、取得哪些突破、通过哪类鉴定、获得什么奖励、专家对此评价如何。四是发表过哪些论文。五是获得的奖励。

2. 基本情况的撰写

对于技术总结的基本情况，一般需要撰写以下内容：

（1）总结必须有情况的概述和叙述，有的比较简单，有的比较详细。这部分内容主要是对工作的主客观条件、有利和不利条件以及工作的环境和基础等进行分析。

（2）成绩和缺点。这是总结的中心，总结的目的就是要肯定成绩，找出缺点。成绩有哪些，有多大，表现在哪些方面，是怎样取得的；缺点有多少，表现在哪些方面，是什么性质的，怎样产生的，都应讲清楚。

（3）经验和教训。做过一件事，总会有经验和教训。为便于今后的工作，须对以往工作的经验和教训进行分析、研究、概括、总结，并上升到理论的高度来认识。

（4）今后的打算。根据今后的工作任务和要求，吸取前一时期工作的经验和教训，明确努力方向，提出改进措施等。

3. 技术总结和技术论文的差异性

技术总结与技术论文在内容和形式上有相同点，但是它们之间也有不同之处。

1）两者的相同点

（1）两者均为技术性的文章。

（2）阐述的内容基本相同，都是反映技术研究、技术攻关、技术革新、技术创新等方面的情况，都有描述事实的性质。

2）两者的不同点

（1）技术总结侧重于叙述技术研究、技术攻关、技术革新、技术创新的事实和结果；而技术论文则侧重于解释技术性的问题，并针对疑难点和问题从技术分析的角度上进行学术性的探讨。

（2）在内容程度上，技术总结是以叙述课题的操作程序、工艺方法、改造流程及总结成败经验教训为主；而技术论文则是重点记叙、论证其中创新性的部分。

（3）在文章体裁上，技术总结属于说明文类文体；而技术论文则属于论述性文体。

4. 撰写技术总结的注意事项

撰写技术总结应从选材、分析、结构层次和条理性等方面去把控，以确保技术总结的质量。在撰写技术总结时，应注意以下事项：

（1）在撰写技术总结前，要充分占有材料。最好通过不同的形式，听取各方面的意见，了解有关情况，或者把总结的想法、意图提出来，同各方面的干部、群众商量。一定要避免领导出观点，到群众中找事实的写法。

（2）一定要实事求是，成绩不夸大，缺点不缩小，更不能弄虚作假。这是分析、得出教训的基础。

（3）条理要清楚。技术总结是写给人看的，条理不清，人们就看不下去，即使看了也不知其所以然，这样就达不到总结的目的。

（4）要剪裁得体，详略适宜。材料有本质的，有现象的；有重要的，有次要的，写作时要去芜存精，总结中的问题要有主次、详略之分。

（5）总结的具体写作，可先议论，然后由专人写出初稿，再行讨论、修改。最好由主要负责人执笔，或亲自主持讨论、起草、修改。

二、撰写技术论文

专业技术论文是在总结或研究某一工种领域中的有关技术或业务问题时，表达其工作或研究过程的成果的综合实用性文章。专业技术论文属于实用性文章，它所反映的必须是所在的本工种范围内的各种技术或业务问题。专业技术论文是在培训学习期间必须按规定独立完成的文字作业，据此衡量其实际综合工作能力和特殊的高端技术水平。

1. 技术论文撰写目的

通过专业技术论文的筹划和撰写，使申请者养成严谨的治学态度和工作整风，强化对于技术研究的总结和专业论文写作规范的训练，树立科学思维，掌握有关方法，发展创造性思维和创新意识，检验综合运用所学基础理论知识、专业知识和基本技能。分析和解决本专业范围内各种实际问题的能力。这些能力主要包括五个方面的能力：

（1）综合本专业基本理论知识的能力；

（2）运用实际生产知识和综合技能的能力；

（3）理论联系实际地进行科学分析、解释、推导、论证的能力；

（4）制订调查研究、技术改造、实际操作、实验方案和设计计算、绘制图表的能力；

（5）撰写符合标准规范要求的调查报告、实验报告、技术革新和技术改造报告以及设计说明书的能力。

2. 技术论文撰写意义

技术论文是在工程技术实践和科学研究的基础上，对人类工程技术、自然及社会现象进行科学探索的书面体现形式。技术论文是由感性认识升华到理性认识的必要过程，是在实践基础上对客观世界本质规律的认识和把握，是对事物、事理的本质及其内在规律在更深层面上所进行的进一步发掘。

3. 技术论文的类型

按职业特点来划分，技术论文包括经验总结性论文、试验研究性论文、技术革新性论文和综合性论文这四种选题格式，可根据具体情况灵活运用。

经验总结性论文结构主要包括现状、分析、措施和结论。在进行分析时要兼顾社会效益和经济效益。

试验研究性论文结构主要包括材料与方法、结论与分析、讨论。材料与方法主要描述自然条件、技术要求、设备装置、试验过程和处理方法。

技术革新性论文结构主要包括现状、原理、主要结构及其工作程序、主要参数、使用与操作、试验分析和评价。

综合性论文结构主要包括提出问题、发展动态与现状、归纳整理、预测与展望和改进建议。

4. 技术论文的格式

一篇完整的技术论文主要包括标题、作者及单位、摘要、关键词、前言、正文、结束语、致谢、参考文献、附录等内容。

5. 准备工作和撰写程序

技术论文的准备过程实质是科学研究的过程,是运用所学的理论知识解决实际生产技术问题,再上升为理论文章的过程。撰写论文,需要收集有关资料、数据,同时要分析哪些资料、数据可用,哪些则需完善、补充、充实。在此过程中,积累素材、资料、收集数据、现象等形成论点,才能着手写作。一般程序如下:

1) 选题

不少员工工作实践多年,曾参与不少技术项目的工作,也取得不少成果、甚至获得各种奖励,但在撰写论文时不知写哪些内容,也就是如何选题,这是普遍存在的问题。

2) 查阅资料

收集内容近似的他人资料,选择其中以说明论文目的材料,要有一定的典型性和代表性,做到心中有底。

3) 积极咨询,虚心求教,吸收他人经验

技术工作有它的连续性和继承性,特别在科技迅速发展的今天,借鉴和吸收别人的成功经验或失败教训,从中受到启发,以扩大自己的视野。对某些技术问题一时理解不了,一定要不耻下问,以补充自身不足。

4) 整理原始数据和资料

在原始数据、资料的收集和整理时如必要可以进行实地观察,记录试验全过程。为论文的撰写提供更有力的依据。

5) 绘制表格、插图、选择照片

利用图形代替文字表述,往往会使其机理和工作过程更形象,阐述更深刻。

6) 拟好论文题目和写作提纲

撰写论文的大标题、小标题,为论文的具体写作奠定基础,确保论文条例清晰、层次分明。

7) 撰写论文

撰写论文时最好先起草稿,然后整理补充,最后再做文字修饰。

6. 技术论文的选题

1) 题材来源

技术论文题材取自于技工的生产与工作实践,适合自己实际,撰写起来才心中有数、得心应手。其技术含量，不但反映了作者发现问题、分析问题和解决问题的能力，也体现了作者的认识水平。选题一定要经过深思熟虑，反复研究，不要摇摆不定，更不可中途改题。选题要求真实且具有实际意义。

2）选择内容

技术论文要送专家评审，送审者要通过论文展示自己的专业知识、专业能力和专业水平；而考评专家评审论文是鉴定考生能否达到高级技师资格的重要依据。因此，高级技师论文应是考生的知识能力和技术水平的代表作。可以选取工作经验总结、试验研究、调查报告、技术革新和创造发明、技术管理与运用、学术讨论、综合分析等方面的内容来撰写。

3）技术论文选题应注意的事项

论文选题应注意以下事项：

（1）选本人熟悉或曾参与过实践的课题。从技巧上说应选择个人最熟悉、拥有最丰富资料的课题。所选课题应是本人直接参与过的，本人是项目的主持人，起码是主要的参与者。

（2）选题要具体，范围不宜太宽。课题小，范围窄，意义不一定就小，只要能抓住一个重要的小题，找出解决方法和步骤，把问题写深写透，即可以得到以小见大的效果。宁可解决小问题，切忌泛泛而谈。

（3）本人知识和能力胜任的问题。所谓"不熟不做"，一定要考虑自己的特长和能力，切忌好高骛远，赶时髦。

（4）对生产具有实用价值。能急生产之需，解决生产过程出现的问题，提高劳动生产率，为企业创造财富，具有良好的经济效益。

（5）有一定科学性、创造性。要体现本人的独立见解，能突出新的观点、新的方法、新的发现和新的结果。可用公式、图表进一步说明。

（6）与本工种课题结合。就评审的要求来说，不同工种的技师有不同内容要求，各工种的论文课题必须在本工种专业范围内选定，选定的课题一定要与所报技师的工种相符，不要跑题。

7. 撰写论文

1）标题

标题要准确地反映技术论文的中心内容，它是论文的窗口，起到画龙点睛的作用。为了准确，标题有时宁可长一些。但并非越长越好，相反，在不影响准确的情况下，应力求简练。

（1）标题类型一般有以下几种：

①以研究对象、研究目的为题；

②以研究结果为题。

（2）根据内容需要，有时可用副标题。其作用：

①改造太长的标题：把长标题的一部分抽出为副标题，使主标题醒目；

②对主标题补充、解释和说明。

技术论文标题应写成名词性短语，不应写成完整的陈述句。中文题目一般不宜超过20个汉字。例如：列车关门良好与信号题型装置的设计、列车自动驾驶模式下警惕装置的改造、基于CGI技术的列车故障仿真培训与考核研究等。

2）署名

技术论文的署名者要对论文的内容和论点承担学术责任，作者必须熟知论文的全部资料，并能够随时回答评审专家的质疑。若论文编写不是本人独立完成，而是有合作者，那么须署上合作者的姓名。署名按贡献大小为序，每个名字的下方须用括号注明作者工作的单位。

为了晋升职称或者考取技能等级，本人必须是第一作者，若不是第一作者，那么必须请第一作者出具证明，以证明你在这篇技术论文中的作用。如科研成果的文章，要注意知识产权保护，尤其是与高校合作的课题，要注意他们已经撰写的技术论文内容是否冲突，尤其是要公开发表的文章，必须注意这一点。另外要注意技术论文发表的周期（审稿、录用、出版）很长，尽可能留足时间。

3）摘要

摘要又称提要。摘要比较简短，它是全文的高度浓缩，内容可包括本技术论文的目的、意义、对象、方法、结果、结论和应用范围等，其中对象、结论是不可缺少的。

摘要应具有独立性和自含性，即不阅读技术论文全文，就能获得必要的信息。摘要中可有数据、有结论，是一篇完整的短文，但不应包括图、表、符号和术语。

摘要一般应说明研究目的、实验方法、结果和结论等，重点是结果和结论。

摘要是技术论文内容不加注释和评论的简短陈述，不应出现："本文可供……部门参考"或"本文在……方面进行了有益的探讨"等字句。

摘要要求结构严谨，表达简明，语义确切，要用第三人称写法，控制在200个汉字左右。公开发表的论文，还应将摘要翻译成英语。

4）关键词

关键词又称主题词或标题词。它是从技术论文中选出最能代表技术论文中心内容特征的词或词组，是论文最高的概括，以利于读者检索。关键词列于摘要之后，另起一行书写。一般可选出3~5个关键词。例如：轨道交通、列车司机、列车车门、驾驶模式等。

5）前言

前言要简要说明研究工作的目的、范围、相关领域的前人工作和知识空白、理论基础和分析、研究设想、研究方法和实验设计、预期结果和意义等，避免成为摘要的注释。

前言应能反映作者确已掌握了扎实的基础理论和系统的专门知识，具有开阔的科学视野，对研究方案作了充分认证。因此，有关历史回顾、前景展望或预测以及前人工作的综合评述等，可用简短精炼的文字叙述，一般为100~200字。

6）正文

正文是技术论文的核心部分，占主要篇幅，可以包括：调查对象、理论研究和分析、实验和观测方法、仪器设备、原料材料、实验和观测结果、计算方法和编程原理、数据资料、经过加工整理的图表、形成的论点和导出的结论等。

结论是技术论文最终的、总体的结论，结论应该准确、完整、明确、精练。

由于工作涉及的专业、选题、研究方法、工作进程、结果表达方式等有很大差异，对正文内容不作统一规定。但必须实事求是，客观真切，准确完备，合乎逻辑，层次分明，简练可读。引用他人观点、数据需标明出处（参考文献），严禁伪造数据和抄袭。

7）正文内容

正文内容是技术论文的主体，占论文篇幅的绝大部分，它反映论文达到的学术水平，是作者的技术水平和创新才能的体现。虽有几种格式的论文，尽管各有特点，但一般正文都包括以下内容：

（1）提出问题。首先提出需要解决的故障问题，说明存在的危害，解决问题的理由和必要性。

（2）分析研究问题。根据所掌握的专业技术知识进行分析，用基本原理去说明采取各种技术措施的理由，解释因果关系，从理论上说明其必然性和偶然性。

（3）解决问题。根据分析现状、条件和技术要求，说明解决此问题的方法和技术措施，所选择的技术路线，具体的操作步骤。

（4）结果。要充分阐明本项目结果与他人结果的异同，突出本人在工作实践中的新发现、新发明或新的见解，充分说明论文的价值。

8）正文编写的要求

（1）中心明确。撰写技术论文要有一个明确的目的，要重点突出，即须明确为什么要撰写，想达到什么目的，这也是明确主题的关键。中心明确利于对收集的材料进行挑选、安排。根据中心论点的需要，将各种素材、数据、资料进行筛选，弃掉不可靠的内容，选出准确、可靠又有说服力的材料。

（2）论证充分。正文仅仅做到有材料、有观点是不够的。编写过程中，需有严密的逻辑性，把观点和材料有机地组织起来，运用所学过的知识，用有关的定律、公式、推论等作为依据进行分析，综合概括，最后自然引出结论。故在写作中，先编写出层次分明的提纲，再不断地加工修改，直到满意为止。

（3）具有科学性。科学性是技术论文的生命，没有科学性，就没有可行性，也就没有技术论文存在的价值。所以必须端正态度，实事求是。技术论文论述的内容要真实，切忌弄虚作假。文中运用的素材要反复核实，对那些与观点不一致的材料要做适当说明，所引用的数据、结论要准确。解释不清或不能解释的材料应该有所交代，内容真实可靠，观点要中肯，对技术实践中确实发生过并经核证的事实，不能夸大，也不该缩小，正视存在的问题，并给予实事求是的说明。

（4）具有实用性。所写内容要有实用价值，要能说明和解决某一实际技术问题，切忌无根据凭空猜想。从实践中来，又回到实践中去指导实践，这样的技术论文无论技术价值还是经济价值都会更大。

（5）具有创造性。技术论文要有创意，使工艺设备都得到改造和更新。创新是衡量论文价值的重要标准，小改小革也能反映创新精神。当然，创造性、创新精神并不是空前绝后，也不是重大发明创造，对技术工人来说，只要求在本专业范围内所写的技术论文有自己的特色，不人云亦云，不简单重复，不机械模仿或全盘抄袭。切忌泛泛而谈，缺乏个性。

（6）有理性。技术论文要有分析，有说服力，要用所掌握的专业知识，对实践中出现的问题进行分析和讨论。技术论文在内容和形式上都要符合各种工种的专业要求，所使用的图形、照片、表格、公式、符号都要符合本工种专业范围国家标准要求，以提高论文技术水平。

（7）有序性。全篇论文结构要阐述清楚，层次分明，让人一目了然。论述方式应根据内容要求予以确定。技术论文书写时，要做到深入浅出、布局清晰、条理分明、思路明确，简洁可读；做到有目的、有分析、有措施、有结果，这样写出来的论文才能起到传播、交流技术信息的作用。

技术论文与文学创作不同。文学创作最忌雷同和千人一面的公式化，而技术论文有一定规范的程式、要求和基本格式。所以在撰写技术论文的过程中，一定要遵循技术论文的基本格式和规范，有序地进行编写。

9）结束语

结束语一般包括结论和建议两部分内容。

（1）结论。全文的总结，是论文的精髓，写作要十分严谨，了解了什么问题，得出了什么经验，应一针见血地说清楚。

（2）建议和说明。建议部分提出进一步的设想、改进方案或解决遗留问题的方法，说明部分包括结论推广的范围和可能性。

10）致谢

致谢的对象是除作者以外所有对技术论文写作有帮助的人，如技术论文审阅者、论文编写的指导者。可以用这样的格式："×××对全文的修改提供了宝贵意见，谨此致谢"；"×××与作者进行了十分有益的讨论，特此致谢"。

11）参考文献

凡文中引用他人论文、报告、总结中的观点、材料、数据和成果等，都应按引用的资料出现的先后顺序连续编码，依次列出参考文献的序号、作者姓名、题目、出版单位、出版年份。它的作用是：

（1）作者引出他人观点和成果之处，反映论文的依据、严肃性；

（2）便于评审员据此追踪查阅原文；

（3）反映作者对本论文研究的深度和广度。

参考文献的规范格式如下：

[序号] 主要作者. 文献题名（书名）[文献类型标志] . 版本. 出版地：出版者，出版年.

参考文献类型的标志见表5-12。

参考文献类型的标志　　　　　　　　　　　表5-12

参考文献类型	专著	汇编	报刊文章	期刊文章	标准	专利
文献类型标志	M	G	N	J	S	P

12）附录

附录是不便列入正文的有关资料或图纸。有时论文写好后又有新的资料需补充，则可作为附录附上。

三、技术论文的答辩

1. 技术论文答辩的一般程序

（1）提交高级技师论文。高级技师申请者必须在高级技师论文答辩会举行之前规定的时间内，将论文一式三份交给综合评审委员会。综合评审委员会的主答辩专家会在规定的时间里，仔细研读论文，然后再举行论文答辩会。

（2）自述高级技师论文。在论文答辩会上，一般先由高级技师申请者用8~10min的时间，简述本人论文的核心内容以及选择该选题的原因，较详细地介绍论文的主要论点、创新点及解决问题的要点。

（3）综合评审专家提问。主答辩专家先向高级技师申请者提问，一般是提3~5个问题，然后由其他答辩专家再提问。

（4）高级技师申请者回答问题。主答辩专家提问后，部分论文答辩会规定可以让高级技师申请者独立准备15~20min后，再回到答辩现场回答问题。而大部分论文答辩会则规定，主答辩专家提出问题后，要求高级技师申请者要当场、立即作出回答（没有准备时间），随问随答。既可以是一问一答，也可以是主答辩专家一次性提出3~5个问题，高级技师申请者在听清问题并记录下来后，再按顺序逐一做出回答。根据高级技师申请者回答问题的具体情况，主答辩专家和其他专家也可以随时插问，或提出新的问题。论文答辩时间一般控制在15~20min之间。

综合评审委员会专家针对高级技师申请者的论文主要从论文的撰写真实性、岗位实用性、运用安全性、技术的前瞻性等方面进行提问。从而来考量高级技师申请者在论文主题实施过程中的参与度、发挥的作用以及自己对论文主题的独到见解。

（5）答辩结束。高级技师申请者在逐一回答完所有问题后，听到主答辩专家宣布答辩结束即可离场。高级技师论文答辩委员会的专家会根据每一位高级技师申请者提交的论文的价值、撰写的质量和答辩情况，按高级技师论文评定、答辩评定细则表的规定，进行各自的评定，再召开高级技师论文评审专家的工作会议，确定所有高级技师申请者论文和答辩的成绩。

2. 答辩前的准备

（1）在思想上做好充分准备。要十分重视高级技师论文的答辩，明确答辩目的，端正答辩态度。把高级技师论文的答辩看成是对自己多年来工作、学习、解决技术问题能力的全面检验，也是获得高级技师职业资格的最后一次综合考核，以此来树立信心。

（2）事先写好高级技师论文的简介。论文的简介应包括论文的选题背景及选题意义，写作论文的目的，论文解决了生产上什么技术问题或什么技术关键，在技术上有哪些创新点，论文对推动所在企业的技术创新、技术进步、技术发展有什么意义，并将上述内容做成PPT或Word文件，以便在答辩时使用。

（3）全面熟悉自己的高级技师论文。重点把握论文的主体部分和结论部分，弄懂所引用的基本概念、基本理论和专业理论，反复推敲论文是否有自相矛盾、错误、问题以及薄弱的地方。力争把论文的主体部分背下来，以便在答辩会宣讲时能做到脱稿讲解，这样从上场开始就能给评审专家留下好的印象。

（4）掌握与高级技师论文相关的知识。主要包括相关职业、工种的专业基础知识和相关的企业管理知识等，要点还是围绕自己写的论文所涉及的领域。

（5）准备好必要的辅助用品。要事先准备好必要的图样、实物、模型、参考资料、专业书和工具书，这些辅助用品有助于提高答辩时的效果。

（6）进行试答辩。在高级技师论文答辩前的2~3天，最好几名高级技师申请者能在一起轮流试讲，并模拟论文答辩的程序，进行试答辩，这样可以有效地提高自己的临场应对能力，提高参加技师论文答辩的信心。

3. 答辩时容易出现的失误

绝大多数高级技师申请者都是第一次参加论文答辩，出现各种失误在所难免。只要自己十分重视，准备充分、到位，并且了解、熟悉以往高级技师申请者在论文答辩中出现失误的原因，就可以有效地防止或减少失误或问题。

高级技师论文答辩时，高级技师申请者容易出现的失误通常有以下几点：

1）宣讲不够清楚

（1）平时锻炼不够。上场就出现紧张情绪，宣讲高级技师论文时显得十分呆板，只会照本宣科，按论文的原文轻描淡写地读上一遍，重点不突出，难以使评审专家立即把握论文的要点和主要内容。

（2）准备不够充分。事前准备不充分，对高级技师论文的内容不够熟悉，把握不住重点或重心，在宣讲、介绍论文时，要么介绍得太简单，要么讲得天花乱坠、过于复杂，让人很难理解重心和要点。

2）记录提问不够全面准确

（1）提问记录不全面。高级技师申请者在记录主答辩专家的提问时，如果反应能力和速记能力较弱，出现记得不全、丢三落四的现象，无形中就给回答问题增加了很大的难度。

（2）提问记录不准确。记录提问不准确也是一个致命的问题。部分高级技师申请者对主答辩专家提出的问题记录得不准确，没有向主答辩专家提出求助、对问题进行核对，就自作主张、断章取义进行问答，其结果只能是答非所问。

3）回答问题有困难

（1）理论知识基础差。基础理论知识和专业理论知识掌握得不牢固，造成对实际技术问题解释不清。

（2）表达能力差。口语或语言表述能力差，知道怎么做却不知道怎么说，表达不出来或表述得不够正确和规范。这主要是准备不充分、平时缺少口语方面的锻炼造成的。

（3）说话声音太小。回答问题时声音太小，吞吞吐吐，考评员很难听清楚。这主要是高级技师申请者在论文答辩时缺少自信心、过于紧张导致的。

（4）准确度低。高级技师申请者回答提问时或答非所问，或离题太远，或答不到要点。这主要反映了高级技师申请者在这方面的能力和基本功比较薄弱，有待加强。

4. 答辩注意事项

高级技师申请者若要顺利通过论文的答辩，并在答辩时真正发挥出自己应有的水平，除了在答辩前要做好充分准备外，还需要了解和掌握答辩要领和答辩艺术。

（1）参加高级技师论文答辩会，高级技师申请者一定要记得携带自己撰写的论文底稿，最好还能带上论文的幻灯片和主要参考资料。在部分论文答辩会上，主答辩专家向高级技师申请者提出技术性问题后，允许申请者有一定的准备时间，准备完毕后再回答问题。在这种情况下，携带底稿和参考资料的必要性和作用就十分明显了。即使是提出技术问题后不给申请者一定的准备时间，要求当场回答问题时，也是允许翻看论文和有关参考资料的。答辩时，高级技师申请者虽然不能完全依赖或指望这些参考资料，但当遇到某些技术问题记不起来时，稍微翻阅一下资料，可能就会收到意想不到的效果，避免出现答不上来的尴尬和慌乱。

（2）记得带上笔和记录本，以便及时地把主答辩专家或其他专家所提出的技术问题和有价值的见解记录下来。通过这些记录，高级技师申请者可以很好地缓解答辩时的紧张心态，还可以更好地领会评审专家所提出技术问题的要点和实质，而且还可以起到边记录、边思考技术问题的效果，使思考过程变得很自然。

（3）树立信心，避免紧张。在高级技师论文答辩会上，高级技师申请者一定要有充分的自信心，消除和克服可能出现的紧张、慌乱心理。在论文答辩中没有必要紧张，应以自然的心态对待答辩，因为过度紧张会使本来可以问答出来的问题却答不上来。高级技师申请者只有充满自信，沉着冷静，才会在答辩时有良好的表现。而高级技师申请者的自信心主要就来自答辩前的充分准备。

（4）听清问题再回答。主答辩专家或其他专家在提出技术问题时，高级技师申请者就要集中注意力认真地聆听，及时将问题记录在笔记本上，并仔细、反复地推敲问题的要点是什么。切忌在没有真正听清楚技术问题的意思和实质时就匆忙回答。如果高级技师申请者对所提出的问题没有听清，可以礼貌地请提问的专家重复一遍。如果对问题中有些概念或提法还不太理解，也可以礼貌地请提问的专家适当地做些解释，或把自己对问题的理解先说出来，并向专家请示是否理解正确，等得到肯定答复后再回答。只有这样，高级技师申请者才可能有效地避免答非所问，真正回答到技术问题的要点上。

（5）回答应简单扼要、层次分明。在弄清主答辩专家或其他专家所提出技术问题的确切含义后，高级技师申请者要在较短的时间内作出反应。在回答问题时要简单明了，提纲挈领，把要点表述出来，不必展开细说。千万不要犹犹豫豫，东扯西拉，文不对题，使人听后不得要领。总之，高级技师申请者在回答技术问题时要注意：抓住要害，简明扼要；力求全面、正确；条理要清晰，层次要分明；吐词要清晰，声音要适中。

（6）对回答不出的问题不可强辩。若主答辩专家或其他专家对高级技师申请者所做的回答不太满意，还会进一步提出新的问题，以求了解高级技师申请者是否切实搞清和掌握了这个技术问题。遇到这种情况，高级技师申请者如果有把握讲清楚，就可以申明理由，进行答辩；如果把握性不大，可以审慎地试着回答，能回答多少就回答多少，即使回答得不很确切也没关系，只要跟问题有关，专家就会引导或启发高级技师申请者切入正题；如果确实是自己没有搞清楚，就应该实事求是地讲明自己对该问题还没有搞清楚，并表示今后一定要认真地研究。切不可强词夺理，进行狡辩。因为主答辩专家或其他专家对该问题可能已有专门的研究，不懂装懂会给考评员留下不好的印象。其实高级技师申请者在答辩会上被某个技术问题难住并不奇怪，因为主答辩专家和其他专家一般都是本职业、本工种、本专业的专家，他们提出来的技术问题均有一定的水平，高级技师申请者答不上来也是很自然的。当然，如果高级技师申请者对所有提出的问题都答不上来，甚至是一问三不知，那就极不正常了，也就很难过关了。

（7）合理地运用目光和手势。在高级技师论文答辩时，主要是以口语回答为主。但是，如果高级技师申请者能主动、合理地运用目光与论文答辩专家们进行交流，或者用手势语言来解释，效果肯定会比只用口语来回答问题好得多。

（8）有争议时要适当辩论。当高级技师论文中的主要观点与主答辩专家的观点相左时，应与之展开适当的辩论。在高级技师论文答辩中，有时主答辩专家会提出与论文中的基本观点不相同，甚至是观点相反的问题，然后请申请者谈谈看法。此时应适当地为自己的观点进行辩护，阐明自己观点的依据。

如果高级技师论文的基本观点是经过自己深思熟虑的，又是言之有理、持之有据、经自己实践过的，并能自圆其说，就不要因为主答辩专家提出不同的看法或见解，就随声附和，放弃自己的观点。这样等于是自己在否定自己，也否定了自己辛辛苦苦写成的高级技师论文。要知道，有的主答辩专家提出与论文相左的观点，并不一定就是他本人的观点，他提出来也许是想听听申请者对这种观点的评价和看法，或者是考察其答辩能力或对自己观点的坚持程度。

即使是主答辩专家自己的观点，你也可以与之展开辩论。不过，与主答辩专家展开辩论时就要十分注意掌握分寸，适当地运用辩术。一般来说，应以维护自己的观点为主，反驳对方的论点为辅。要尽可能采用委婉的语言、请教的口气，并尽量采用侧击、暗说、绕着说的办法，不露痕迹地把自己的正确观点传达给主答辩专家，让他信服。值得注意的是，在所提出的问题中，有的问题可能是基础知识性的技术问题，有的问题可能是专业技术性的问题。对于前一类，是要高级技师申请者作出正确、全面的回答，不具有商讨性。而对于后一类，是、非和正、误，有时并没有定论，持有不同观点都可以互相切磋、商讨。

5. 答辩后反思总结

高级技师论文答辩结束以后，高级技师申请者不仅要关心自己的答辩成绩，更重要的是及时总结本次高级技师论文答辩的经验教训，以利于自己今后的提高和发展。

1）认真分析

在高级技师论文答辩结束后，应及时、认真地分析论文和论文答辩的整体情况，对答辩专家在答辩中提出的问题和质疑进行仔细研究。弄清楚其中的可取之处，寻找其中的缺陷和不足之处，进而完善论文的内容及结构。全面深入地修改论文，使之更加完善，并探索自己下一步的学习、研究和发展方向。

2）反思成败

（1）掌握方法方面。反思通过高级技师论文写作，自己学习和掌握了哪些科学研究的方法，论文写作的"三步曲"（提出问题、分析问题、解决问题）方法是否已经掌握，写作水平是否已经得到了提高，是否还需要加强。

（2）答辩表述方面。回顾在高级技师论文答辩过程中的以下几点：一是介绍自己的高级技师论文时是否重点突出、图文并茂、宣讲生动；二是回答问题时是否简单明了、层次分明、表述清楚、回答快速、流畅清晰；三是是否正确、合理地运用了肢体语言，在运用上有什么不足，还需要怎样改进。

第六节　列车司机技能培训

知识目标

1. 掌握培训教学的基本方法（技师）；
2. 掌握培训计划编制方法（技师）；
3. 掌握授课技巧（技师）；
4. 掌握课程开发的方法（高级技师）。

技能要求

1. 能制定列车司机培训计划，并组织实施与总结评估（技师）；
2. 能编写培训教材，开发培训课件（技师）；
3. 能对初、中、高级列车司机进行系统培训（技师）；
4. 能对值乘列车司机进行现场安全检查和作业指导（技师）；
5. 能对技师及以下人员进行培训和技术指导（高级技师）；

6. 能对外开展各类乘务技术培训（高级技师）；
7. 能对技师开展各类乘务技术工作进行指导（高级技师）；
8. 能对乘务培训师日常培训工作进行技术指导（高级技师）。

　　员工培训是企业人力资源管理的重要组成部分和关键职能之一。它是指企业通过不同的培训方式促使员工在岗位专业知识、技能、职业道德等方面不断改进和提高，保证员工能够按照预期的标准和水平完成所承担或将要承担的工作与任务，以及促进职业生涯发展。从企业管理层面上说，它是企业人力资本增值的重要途径，也是企业效益提高的重要方法。

　　城市轨道交通列车司机是从事地铁、轻轨等城市轨道交通列车驾驶的人员，其主要担负正线上驾驶电动列车；车辆基地内驾驶电动列车；电动列车故障应急处置；检查、维修、调试等过程中驾驶电动列车。列车司机岗位是城市轨道交通运营核心岗位，高素质的列车司机队伍是安全运营的有力保障。因此，在列车司机高技能人才的培养过程中，应注重培养适应城市轨道交通快速发展，具有高素质、高技能的列车司机培训师资队伍。

一、城市轨道交通企业培训概述

1. 企业培训的概念

　　企业培训是指企业或针对企业开展的一种提高岗位专业人员素质、能力、工作绩效和对组织的贡献，而实施的有计划、有系统的培养和训练活动。目标就在于使得企业员工的知识、技能、工作方法、工作态度以及工作的价值观得到改善和提高，从而发挥出最大的潜力提高个人和组织的业绩，推动组织和个人的不断进步，实现组织和个人的双重发展。

2. 企业培训的原则

1）学以致用原则

　　城市轨道交通专业性强，员工培训要注意针对性和实践性，并以工作的实际需要为出发点，与岗位的特点紧密结合，与培训对象的年龄、知识结构紧密结合。员工培训的内容要与培训的目的相一致，把对员工的培训与培训后的工作及使用有效结合起来。

2）全员培训和重点提高原则

　　全员培训是有计划、有步骤地对在职的各级各类人员所进行的培训，是提高组织全员素质的必由之路。同时也应重点地培训一批技术、管理骨干。

3）因人施教原则

　　由于城市轨道交通企业的岗位繁多，专业差异很大，而且同一岗位不同员工的水平不同，因此要针对每个员工的实际水平和所处岗位的要求开展培训。

4）讲求实效原则

　　效果和质量是员工培训成败的关键。员工培训必须讲求实效，重点做好两项工作：

一是制定全面周密的培训计划，二是采用先进、科学的培训方法。

5）激励原则

只有得到某些程度的鼓励时，受训员工才会愿意接受培训，才会积极进取而不是被动消极地参与培训。因此，企业必须把员工培训与员工任职、晋升、奖惩、工资福利等衔接起来，充分调动员工的积极性、主动性和创造性。

6）结果评价原则

企业应尽可能使受训员工对所学的内容做出反馈，通过定时检查学习结果，了解培训进度，不断完善培训课程。评价培训方法应注意反应、学习、工作表现及组织业绩等内容。

总之，以上原则是整个培训过程中必须遵循的原则，涉及人员培训的方法、内容、目的和效果等各个方面，在实际应用中各项原则之间是相互联系、相互影响的。

3. 城市轨道交通企业员工培训的特点

城市轨道交通企业员工培训具有如下特点：

1）鲜明的时效性

城市轨道交通培训具有鲜明的时效性，在不同时期应采用不同的培训策略。

（1）运营初期的培训策略：以"外派培训"方式对技术管理人员开展培训；以"自主培训"方式对生产服务类人员开展培训。

（2）开通后至线路运营稳定期的培训策略：以提高管理及创新能力为核心，对技术管理人员开展培训；以提高岗位应知应会能力为核心，对生产服务人员开展培训。

（3）网络化规模下的培训策略：基于管理者的胜任能力开展管理培训；基于"一专多能"对生产服务类人员开展培训，以培养岗位复合型人才。

2）广泛的带教制度

在各个专业岗位普遍实施师徒带教，采用以老带新的方式来完成技术和技能的传承。尤其是城市轨道交通专业工种，相对理论知识而言，用人部门更为关注实际动手操作的能力，所以对实操培训基本上都采用师徒带教的形式开展，用一个较长的时期来确保技能的掌握和运用。

3）培训对象的复杂性

考虑到城市轨道交通系统联动性的特点，员工培训也面临着系统多、专业多、工种多的局面，因此在培训政策和制度的制订过程中必须充分考虑到各专业和工种的特殊性，尽力做到因地制宜，因材施教。

4）较高的知识更新速度

城市轨道交通的技术更新快，相应规章制度的修订也非常频繁，所以在岗员工业务培训的内容很多，频率很高，而且这些培训必须在保证日常工作的前提下完成，所有员工必须树立"活到老，学到老"的学习理念。

总之，城市轨道交通企业员工培训具备重时效、重带教、重实操、多系统、多专业、内容多、变化快等特点，在培训体系设计和实施中应加以充分考虑。

4.城市轨道交通企业培训的分类

1）按专业岗位

按城市轨道交通专业来划分主要有：调度员、列车司机、客运服务员（含行车值班员和站务员）、车辆检修工、信号工、通信工、变电检修工、接触网检修工、线路工、桥隧工、车站机电设备检修工等。在全自动运行系统中包括多职能队伍的专业工种，例如多职能队员（站控）、多职能队员（列控）、多职能队员（巡视）、多职能队长等。

2）按培训方式

按培训的方式主要分为：企业内训、企业公开课、网络在线培训。

（1）企业内训。企业内训是根据企业培训需求，为每个专业量身定做的专业岗位课程，具有培训时间、培训地点方面的充分灵活性。企业内训可以分为公司培训、部门培训、岗位培训、外派培训。

①公司培训：公司培训管理部门根据培训总计划组织的，全公司公共部分的培训，如企业文化、企业战略发展、公司级安全教育等。

②部门培训：各部门根据公司培训总计划组织的，与本部门有关的各类知识的培训，如岗位职责、岗位作业标准、岗位服务规范等。

③岗位培训：对员工进行针对具体岗位的实际操作技能的培训与岗位内的相互学习。

④外派培训：利用企业外部资源，提高员工专业知识、技能；更新观念，提高员工思想综合素质，提高员工绩效；促进员工个人全面发展以及公司的可持续发展。外派培训是企业对核心人才的一种培训方式。

（2）企业公开课。企业公开课是以公开授课形式为企业单位或个人提供工作技能提升的培训服务，适合参加公开课培训的人群涵盖了社会的各个阶层，如新入职人员的销售知识培训，或具有资深从职经验的高级总裁培训。

（3）网络在线培训。信息革命对社会各个领域产生了深刻的影响，社会的发展需要人们拥有更新的知识体系，更快地把握瞬息万变的时代变化。但是传统教育模式显然无法跟上知识更替和信息爆炸的步伐。如今的教育正在向"终身化"方向发展。网络作为信息的天然载体，必将通过其在教育领域所特有的功能来回应信息化潮流。

3）按培训职责

按培训职责主要分为：岗位培训、职业技能鉴定培训、管理培训、拓展培训。

（1）岗位培训。岗位培训目的是让员工达到上岗的要求。岗位培训中包括入职培训、上岗证资质培训、日常培训。在列车司机上岗证资质培训中，依据《城市轨道交通初期运营前安全评估技术规范　第1部分：地铁和轻轨》的要求，应进行以下培训：

①初次安全培训时间应不少于32学时；

②应通过心理测试；

③接受不少于300学时的理论知识培训和不少于2个月的岗位技能培训；

④在经验丰富的列车司机指导和监督下驾驶，驾驶里程不少于5000km，其中在本线

上的里程不少于1000km；

⑤通过理论知识考试和岗位技能考试。

日常培训按培训的内容主要可分为：日常业务培训、新技术培训、岗位资质复证培训、转岗培训、复岗培训等，培训始终贯穿员工职业生涯的全过程。

（2）职业技能鉴定培训。职业技能鉴定培训是指按照国家职业分类和职业技能标准进行的规范性培训。职业技能培训能提升岗位技能和业绩，拓宽员工职业生涯上升空间。

目前，列车司机职业技能鉴定等级分为五、四、三、二、一共五个等级，分别对应初级、中级、高级、技师、高级技师，申报技能鉴定人员必须符合《城市轨道交通列车司机职业标准（2019版）》相关要求，满足申报条件并通过资格审查。

（3）管理培训。管理培训主要是指各种以提高企业管理者组织管理技能为目的的教育活动。企业管理岗位人员的培训，分为基层管理人员、中层管理人员和高层管理人员培训。

（4）拓展培训。拓展培训是一种户外体验式培训。体验式培训强调员工去"感受"学习，而不是单纯在课堂上听讲。在体验式培训中，员工是过程的主宰。拓展培训也是现代企业更加喜欢和务实的一种类型。

二、列车司机培训项目管理技能

城市轨道交通运营企业培训具有参训人员多，培训工作量大的特点，一般均会采用扁平化的培训分级管理、逐级负责的培训工作模式。具体包括培训需求分析、培训实施的控制与跟进、培训评估以及培训档案管理工作等。

1. 培训需求分析

培训需求分析是指在规划与设计每项培训活动之前，由培训部门采取各种办法和技术，对组织及成员的目标、知识、技能等方面进行系统的鉴别与分析，从而确定培训必要性及培训内容的过程。培训需求分析是培训活动全流程的首要环节，是制定培训计划、设计培训方案、培训活动实施和培训效果评估的基础。因此，正确的培训需求分析十分重要，如果这一步忽略了或出了差错，随后进行的所有的工作都可能是错误的，至少效果会大打折扣。

培训需求分析的最终目的是确保企业培训的针对性和实用性。因此，进行需求分析时，主要步骤如下：

（1）准确、客观地收集培训需求信息；

（2）对企业组织分析、任务分析、人员分析、战略分析等的内容和结果进行分析，得出需求分析结果；

（3）对培训需求分析结果进行确认；

（4）对培训需求分析结果进行适度调整和修订。

将所有的信息收集完整以后，就进入了信息的整理和分析阶段。在整理和分析时，要注意对普遍存在的培训需求进行合并。最后在分析的基础上编写培训需求调研报告。培训需求调研报告通常由如下几个部分组成：培训背景说明、培训概况说明、培训需求调查的实施说明、培训需求调查信息的陈述或表达、培训需求调查信息的分析、培训需求调查信息与培训目标的比较、培训项目计划的调整、工作是否实施及建议的提出。

在城市轨道交通企业培训分级管理、逐级负责的培训工作模式下，每年末集团级（或公司级）培训管理机构会根据集团（或公司）战略发展和各部门或各线路班组提出的培训需求，制定次年的集团级（或公司级）培训计划，届时各部门再按照计划具体策划和实施每一项培训计划。

2. 培训实施的控制与跟进

一般地说，计划实施过程分为培训策划与准备、培训组织与控制、培训过程反馈与修正。

1）培训策划与准备

根据年度培训计划对每个培训项目进行培训策划，确定培训对象与来源、课程内容、培训资源、培训课程、考核或考评标准、培训预算等要素。

在培训实施前，应针对培训内容撰写一份培训通知书，并及时发送至员工手中，使其了解本次培训的目的、内容、时间安排、需要准备的事项、预先发给的资料等事项，以便他们在培训前做好充分的准备。

培训场所的布置可为培训的风格和气氛定位，包括如正式的、非正式的、讲座式的、教学式的或小组讨论式的等。接下来应根据培训的内容及形式选择培训场地及房间布置。比较理想的教室应该为正方形或者长宽比为4:3的长方形，房间高度至少为3m。座位的布置可为教室式、会堂式、U字形、三角形、圆形、六角形或会议桌形等。此外，应关上所有临街的窗户，以避免嘈杂声分散注意力。

2）培训组织与控制

在培训组织实施过程中，要设置班务管理人员对班务工作按规范实施，同时充分发挥培训班班委的自主管理能力来进行班务运作。培训过程中要注重过程资料的收集和整理，例如：员工信息表（汇总表和个人表）、员工考勤表、理论培训效果评估表、实训培训效果评估表、班主任每日情况反馈表、任课教师反馈表、岗位带教效果评估表、考场情况记录表、成绩汇总表、办班小结等，这些资料将是培训项目评估的依据和归档的原始资料。

要实现对培训实施的控制需要掌握一定的方法，如进行专业、细致的分工，即将培训实施过程所有涉及的工作按照类别进行分工，然后安排具备某一方面专长的人员具体负责相关工作的落实，培训管理者随后及时跟进和沟通，以便及时发现问题并采取纠偏。控制培训项目是加强培训管理的重要内容之一。

3）培训过程反馈与修正

培训过程中跟进工作最重要的作用是增强培训效果，还可以获取员工反馈信息，激发员工参与培训的积极性等。除了跟进和培训有关的后勤工作等相关事项以外，更值得关注的是员工对培训的感受。要听取员工对培训活动的感受或建议，并以此作为改进的依据，在培训过程中及时纠偏。实施过程中需着重考虑的因素有充分准备、授课效率、受训者的参与程度等。

3. 培训效果评估

对于培训评估的定义可以描述为：依据组织目标和需求，运用科学的理论、方法和程序从培训项目中系统地收集描述性和判断性的数据，以确定培训的价值和质量，并进行有效的人力资源开发决策的过程。简单来说，培训评估就是收集培训成果以衡量培训是否有效果的过程。

现在很多城市轨道交通企业培训评估不管方法如何，基本上都可以找到培训四级评估的影子，培训四级评估模型是美国的柯氏四级评估模型，即是反应（一级）、学习（二级）、行为（三级）、结果（四级）。

1）反应层次评估

反应层次评估衡量参与培训项目的员工对培训所做出的反应，也就是"乘客满意度"的衡量。

（1）反应层次评估的重要性。培训反应层次评估的重要性在于：第一，员工对培训的反应可以为我们提供极有价值的意见反馈；第二，通过培训反应评估，可以让参训员工认识到我们提供培训是为了让他们把工作做得更好，以及我们需要得到员工的意见反馈，以确定自己提供的培训是否有效；第三，员工培训反应表能够向培训项目有关的管理人员提供一些量化信息；第四，培训反应评估表所提供的量化信息还能为以后的培训项目制定出培训效果衡量标准提供辅助。

（2）反应层次评估的指导原则：

①确定自己希望了解的事项；

②设计一份能够量化员工反应的表格——反应评估表；

③鼓励员工提交书面的意见和建议；

④及时得到员工100%的意见反馈；

⑤得到诚恳的回答；

⑥确定大家认可的评估标准；

⑦根据标准衡量培训反应，并及时采取相应措施；

⑧对培训反应进行恰当的沟通。

在培训过程中，反应评估是第一个层次的评估。所有培训项目都应该进行这一层次的评估。反应评估表中所有答复都应该予以细致的考虑，并对培训项目作出相应的调整。这仅仅是培训项目评估的第一步，但却是极为重要的一步。

2）学习层次评估

学习层次评估是指参训员工参加培训项目后，能够在多大程度上实现态度转变、知识扩充或技能提升等相应效果。

（1）学习层次评估的任务。在培训项目中，培训师可以传授如下三个方面的内容：知识、技能和态度。因此，就培训学习的衡量来说，其主要任务是确定以下事项：

①员工学到了哪些知识？

②员工掌握或提升了哪些技能？

③员工在哪些态度上发生了转变？

（2）学习层次评估的指导原则：

①如果可能，借助对照组进行分析；

②在培训项目前后对知识、技能或态度进行评估；

③通过笔试对员工学习的知识和技能做出测试；

④通过业绩测评员工学习的技能；

⑤让员工全部参加测试；

⑥采取恰当的措施。

3）行为层次评估

行为层次评估是指参训员工参加培训项目后，能够在多大程度上实现行为的转变。

行为层次评估面临的任务就是弄清员工参加培训后在工作行为上会发生怎样的转变。而行为的评估比前两级面临的挑战更为复杂和艰巨。首先，除非参训员工有机会改变自己的行为，否则他们很难促成自己行为的转变。其次，要想预测参训员工的行为能否发生改变几乎是不可能的。最后，参训员工将自己在培训中学到的内容应用到工作中去时，可能会受各种主客观因素的限制，影响它的发挥。

行为层次评估的指导原则：

①如果可能，借助对照组进行分析；

②留出充足的时间，促使行为转变；

③如果可能，在培训项目前后都要进行评估；

④对那些了解参训人员行为的人进行适度调查；

⑤对所有参训人员进行评估或选择部分人员作为调查样本进行评估；

⑥在适当的时间范围内进行多次评估；

⑦比较评估成本和评估收益。

4）结果层次评估

结果层次评估是指员工参加培训项目后能够实现的结果，通常包括业绩上升、成本下降、员工流动率降低等等。结果层次评估是整个评估程序中最重要，也是最难处理的环节。面临的挑战：第一，培训人员不知道应该如何对培训结果进行测量，也不知道应该怎样将培训取得的结果与培训项目花费的成本进行比较。第二，即使培训人员知道应该怎样做，而且找到了充足的证据，但他们并没有充足的理由证明这些积极有效的结果是通过培训项目取到的。

结果层次评估的指导原则：

①如果可能，借助对照组进行分析；

②留出充足的时间，促成培训结果的实现；

③如果可能，在培训项目前后进行评估；

④在合理的时间范围内进行多次评估；

⑤比较成本和评估收益；

⑥在无法提交培训结果的证据时，应该对培训取得的实际状况表示满意。

5）撰写培训评估报告

一份正式的培训评估报告是培训活动必不可少的。培训评估报告通常包括以下几部分内容：

（1）管理层总结。管理层总结是对整个报告的概述，是做出评估、得出重要结论以及提出建议的根据。管理层总结通常最后撰写，但要放在报告的最前面，以便阅览。

（2）背景资料。背景资料是对培训项目做大致的介绍，包括需求分析，培训项目的目标，培训项目的内容、长度、教材、协调机构、地点以及其他全面介绍培训项目所需的具体资料。

（3）评估的策略和方法。评估策略部分大致介绍组成整个评估过程的所有步骤。

（4）数据的收集和分析。说明数据收集所使用的方法，并介绍和解释分析数据所使用的方法。

（5）培训项目的成本。介绍培训项目的成本，包括需求分析，项目开发、实施和培训的花费。

（6）培训项目的成果。通过各种图标和其他可视设备概括介绍培训项目的成果。

（7）结论和建议。该部分包括由所有成果得出的结论，以及针对培训项目提出的合理建议。

4. 培训档案管理

城市轨道交通企业员工培训应从源头抓起，做到培训的全生命周期管理和培训可追溯性。因此，培训管理部门应为员工培训建立培训记录档案，做到一人一档或者一班一档。档案中包含：员工基础信息、员工取证前理论培训、技能培训；取证后日常培训的理论培训、技能培训；转线培训的理论培训、技能培训；安全培训等方面的成绩和记录。

三、列车司机课程开发

1. 培训课程开发的模式

1）课程开发的基础理论

（1）培训课程开发与设计的概念。培训课程开发是指包括对培训内容本身、培训方式、培训媒介、培训资源等一系列与培训有关的元素的开发。培训课程开发包括确定课程目标、选择和组织课程内容、实施课程和评价课程等阶段。

课程设计是指课程的实质性结构，课程基本要素的性质、组织形式或安排。这些基本要素一般包括目标、内容、学习活动、评价、学习材料、时间、空间、员工、执行者和教学策略。课程设计是课程开发的总体计划，其具体任务是构建一门课程的形式和结构，明确培训目的、培训目标、培训内容、内容的重要性及难易程度、培训方法、案例要求、考核方式、与其他课程的关系等。

（2）培训课程开发与设计的原则。培训课程的开发与设计受社会生产力发展水平、教育水平、培训政策以及各国历史文化传统等因素的制约和影响。在现阶段，培训课程的开发与设计应遵循以下原则：

①系统综合原则。培训课程是一个涉及各方面的大系统，因此，在进行培训课程的开发与设计时，必须考虑系统中各要素及其相互间的关系，要综合培训问题对立统一的各个方面，对培训课程的各个环节既不能以偏概全，也不能无所侧重。

②针对性原则。培训是继续教育的组成部分，它不同于单纯的学历教育。因此，培训活动也应针对培训工作的性质、特点和各种培训对象的不同，设计出不同的教学计划，安排不同的教学进度，选择不同的教学方法和教学媒介。

③最优化原则。最优化原则是培训课程开发与设计的中心指导思想，是培训课程开发与设计活动所要解决的核心问题。要达到培训课程最优化，必须考虑在培训过程中抓住最主要、最本质的东西。要做到正确分析培训对象特点、科学设置培训课程、合理安排教学进度、正确选择教学方法与教学媒介等。

2）课程开发的模型简介

课程开发理论与实践发展到今天，出现了很多种课程设计过程的模式，但都是对"目标"本位的基本课程设计模式所做的扩展。

针对不同的培训对象，培训课程开发的具体方法和步骤可能会有所不同，但其基本内容是一致的，主要包括：

（1）期望学习什么内容（即培训目标的确定）？

（2）为达到预期目标，如何进行培训和学习（即培训策略与培训媒介的选择）？

（3）在培训过程中，如何合理安排时间（即培训进度的安排）？

（4）在进行培训时，如何及时反馈信息（即培训评价的实施）？

当代国际课程设计和开发研究中代表性的模型主要有肯普教学设计模型、加涅和布里格斯的教学设计模型、迪克和凯里的教学设计模型。

2. 培训课程开发的流程

1）员工分析

进行员工分析的目的是了解员工的学习基础和学习风格，以便为后续的培训课程开发步骤提供依据。

（1）员工的起点水平分析。培训课程开发者必须了解员工原来具有的知识、技能、态度，也就是起点水平或起点能力。评定员工的起点水平，其目的有两个：明确员工对于面临的学习是否有必备的行为能力，应该提供给员工哪些"补救"活动，称为"预备能力分析"；了解员工对所要学习的东西已经知道了多少，称为"目标能力分析"。

（2）员工学习动机的分析。学习动机又称学习动力，主要指员工学习活动的推动力，它对员工的学习行为和学习活动有着极为重要的影响，决定个体活动的自觉性、积极性、倾向性和选择性。学习动机和人类学习之间的关系是相辅相成的，并非单向的。动机能推动学习，而学习反过来又可以增强学习的动机。

2）学习需求分析

学习需求分析又称前段分析、学习需要的评价，它是通过系统化的调查研究过程，发现教学中存在的问题，通过分析问题产生的原因，确定问题的性质，论证解决该问题的必要性和可行性。其核心是发现问题，而不是寻求解决问题的方法。

3）教学目标的分析与设计

教学是促使员工朝着目标所规定的方向产生变化的过程，因此在培训课程开发中，教学目标是明确、具体、规范，直接影响到教学能否沿着预定的、正确的方向进行。在学习需求分析阶段所确定的目标是教学的总目标，它是贯穿培训活动全局的一种指导思想，是对培训活动的一种原则性规定。要使总的目标落实到整个教学活动体系的各个部分中去，必须对实际的教学活动水平做出具体的规定，即分析与编写具体的教学目标。

4）教学内容的选择与组织

教学内容是指为了实现教学目标，要求员工系统学习的知识、技能和行为规范的总和。教学内容分析以总的教学目标为基础，旨在规定教学内容的范围、深度和揭示教学内容各组成部分的联系，以保证达到教学最优化。教学内容的范围规定了员工必须达到的知识和能力的广度，教学内容的深度规定了员工必须达到的知识深浅程度和能力水平。明确教学内容各组成部分的联系，可以为教学顺序的安排奠定基础。所以，教学内容的安排既与"学什么"有关，又与"如何学"有关。

5）教学方法的选择

培训是培训师和员工为了达到规定的教学目标，在教学理论和学习理论指导下，借助适当的教学方法而进行的交互活动。常用的教学方法有讲授法、演示法、讨论法、训练和实践法、合作学习法、示范模仿法、强化法、情景模拟法等。

6）教学媒体的选择与运用

教学媒体的选择既是课程开发的一个重要环节，也是教学策略的一个重要组成部分。所谓教学媒体是指直接加入培训活动，在培训过程中传输信息的方法。从某种意义上说，有了培训活动，就有了培训方法和工具，只是在不同时期，各种教学媒体在培训上所起的作用不同而已。传统的书本、黑板以及随后出现的幻灯机、投影仪、电视机等教学媒体在培训中主要发挥教学辅助方法的作用，辅助培训师传递信息，而目前迅速发展的多媒体技术、虚拟实现技术、人工智能技术等不再是单纯的教学辅助方法，还可以为员工创设多种学习环境，提高学习效率，可以作为员工的认知和学习工具，培养员工的思维能力和解决问题能力。因此，在现代培训中，教学媒体发挥着越来越重要的作用。

7）培训效果的评估

虽然在一般的培训课程开发中，都将评价放在模式的最后环节，但这并不意味着评价是在培训之后进行的。实际上，培训效果的评价从确定教学目标时已经开始，并贯穿在整个开发过程中。分析学习需要的过程从某种意义上说就是对内部需要或外部需要进行评价的过程，在对学习任务进行了选择、组织和分类之后，还需要对所选内容进行一次初步评估。当建立起教学目标体系后，也应该马上进行目标价值的判断，使之能够成为以后评价培训效果的科学基准。课程开发要以评价反馈为途径，来检验计划，并不断修改、完善计划、方案，使课程开发及其培训效果更趋有效。

3. 数字化教学资源

数字化教学资源是参考行业能力要求开发，以"教学项目库"为主线，包含有课程包、教学资源包和微课包。

1）课程包

课程包是培训师开展教学的框架性解决方案。课程包产品以课程标准为依据、以教材为核心、以教学课件为载体。课程包主要由教材、课件、题库、素材包组成。课程包开发的关键要素包括：

（1）培训项目对接典型工作任务。培训项目来源于企业典型工作任务，参考专业工种培训标准化文件，经过专业教学设计。方便培训师根据专业实际情况灵活选取培训项目，组织一体化培训。

（2）课件支持个性化编辑。PPT课件支持个性化编辑，培训师可自主编辑形成个性化课件。

（3）二维码教材链接云资源。教材中嵌有二维码，通过移动终端扫描二维码可直接调用查看云资源中配套的多媒体培训资源，方便学员进行自主学习。

（4）试题多种形式，调用快捷。试题配套培训项目的知识点与技能点开发，包括单选题、多选题、判断题三种题型，支持文本、图片试题形式，便于快速调用。

（5）丰富的多媒体数字资源支撑。链接动画、视频、3D等格式的多媒体资源，方便培训师进行知识点、技能点的讲解。

2）资源包

资源包是以培训项目库为主线，坚持碎片化、系统化的原则。根据知识点的特点，运用平面动画、三维动画、视频等多种多媒体方法，形象生动地展现专业技术和技能要领。

3）微课包

微课是以视频为主要载体，记录培训师围绕某个知识点或教学环节开展的简短、完整的教学活动。微课正以短小精悍的特征，迎合了时代的要求与学员心理。微课短小精焊与碎片化的特点正弥补了传统培训的不足。在一个培训项目中可以知识点或操作步骤为单位形成独立的微课。一个培训项目包含多个微课，形成微课包。微课包的特点主要有：

（1）个性设计标准制作。脚本个性化设计、标准化流程开发，脚本编写、素材制作、课件开发每个环节均经过专业专家审核。

（2）内容精炼易学实用。课件时长5~10min，内容精炼，每个都有特定的主题。知识点突出重点、难点，要深入浅出，易学实用。

（3）课程可灵活组成。每个微课之间既有联系，又相互独立，可单一使用也可组合使用，满足不同培训需求。

（4）以学员为中心设计。以岗位典型工作内容为基础来设计活动、组织培训，建立工作任务与知识、技能的联系，增强学员的直观体验，激发学员的学习兴趣，符合学员的能力水平和培训需要。

（5）类型丰富，适应不同培训内容特点。既有虚拟仿真动画、培训出镜真实场景拍摄、PPT演示加真人拍摄、数字故事、手写板录制等多种类型，根据不同的知识特点进行设计，采用恰当的表现形式，满足不同知识技能点的培训要求。

（6）匹配专业岗位工作内容。基于一线专业岗位内容进行开发，课程内容与岗位需求匹配。

（7）满足移动学习。微课资源云存储，支持多平台应用，可满足移动学习。

4. 培训教学计划的设计

1）课程简介的编写

课程简介是帮助人们了解整个培训课程全貌的文档，需要将培训的各个方面都介绍到，但每项内容不必过于详细。一般来说，课程简介包括培训目标、培训对象、培训师简介、培训时间四个部分。

（1）培训目标。培训目标是指培训课程对员工在知识与技能、过程与方法、情感态度与价值观等方面的培养上期望达到的程度。如果培训目标制定不合理，会对培训效果造成直接影响。要制定好培训目标需要具备专业知识和技巧。

（2）培训对象。为确保培训目标与效果的顺利实现，在开展培训之前，培训师有必要详细地了解自己的授课对象，如培训对象有多少人、是从事哪方面工作的、素质和经历是怎样的、此次的学习目的是什么等。

了解这些之后，培训师就可以根据员工的特点，用员工容易理解的方式来准备教案和开展课程，以确保课程效果达到预期目标。同时，还要在课程中多关注主要员工及决策性人物，以便让他们认同培训。

在形成书面的"培训对象"文字描述时，不必详细描述培训对象的具体特征，只要概括一下培训对象的范围就可以了。

（3）培训师简介。在培训课上，培训师和员工之间的互相认识是保证课程成功的第一步。因此，培训师简介也是课程简介的一个组成部分。内容主要包括培训师的姓名、学历、工作经历、培训经历等。

（4）培训时间。培训时间是课程简介中不可或缺的部分，要进行介绍。同时，培训时间还关系到培训课的信息量、培训程度及培训费用。

2）课程大纲的编写

课程大纲是在明确了培训主题和培训对象之后，对培训内容和培训方式的初步设想。大纲为授课计划设定了框架，整个授课计划将围绕着这个框架进行充实和延伸。课程大纲还给出了本课程的主要内容和学习方向。

3）授课计划的编写

在培训时间和课程大纲确定后，就要指定培训的授课计划、带教计划、作业指导书等一系列细化的、可操作的培训文本。授课计划一般包括：班级名称、培训人数、日期、时间、课程名称、课程类型、课时、授课培训师、培训地点、培训教室等信息要素。授课计划通常采用表格的形式体现，比较直观、简单明了。

4）岗位带教计划的编写

在城市轨道交通企业的岗位培训中一般还包含带教计划，带教计划是对岗位实践要求的细化。岗位带教计划一般包括带教周期（阶段）、带教内容、带教班制、带教课时、带教地点等要素。

5）岗位带教手册的编制

城市轨道交通企业在岗位带教中一般会有岗位带教手册供员工填写，作为岗位带教过程的依据，明确带教细化内容，记录带教过程中师傅教授的内容以及员工学习体会等。岗位带教手册的编制方式一般有两种，一种是以岗位知识和技能为主线的编写方式；另一种是以岗位培训评估阶段为主线的编写方式。岗位带教手册编制的要素一般包括带教阶段、每阶段的带教要求和指标、员工学习记录、学习小结、带教综合评价等。

6）多媒体课件制作

多媒体课件，简单来说就是培训师用来辅助教学的工具，培训师根据自己的创意，先从总体上对教学内容进行分类组织，然后把文字、图形、图像、声音、动画、影像等多种媒体素材在时间和空间两方面进行集成，使它们融为一体并赋予它们以交互特性，从而制作出各种精彩纷呈的教学课件。常用多媒体课件制作有PowerPoint、Authorware、Director、FLASH等，其中利用PowerPoint做课件比较方便，很容易上手，图片、视频、文字资料的展示制作较为方便，很容易起到资料展示的作用，制作的课件可以在网上播放，是一款具有一定普遍性的软件。

7）案例的设计

案例是指在教学过程中发生的某个方面含有丰富信息和意义的事例。案例比较详细地叙述了一段具体的教学情节、事实等，向人们提供人物、场合、过程、结果等事实，它呈现特定的问题情景，教学过程中可探讨其产生的原因和影响，并做一定的分析和反思。

8）小组讨论的设计

研究表明，许多员工都倾向于选择与其他员工一起学习。这是因为他们一起学习时，可以互帮互助、相互鼓励、交流彼此的意见与经验，并能够从小组讨论组获得各种知识。

小组讨论可以是全体小组讨论，也可以是培训时为了某种目的而划分的小组讨论。这些活动既可以看作独立的有意义的教学过程，也可以看作培训讲授的补充。

四、列车司机培训课程实施

1. 培训方法

1）课堂讲授

（1）课堂讲授法的概念。课堂讲授法也称演讲法，是传统模式的培训方法，是培训师通过口头语言向员工描绘情况、叙述事实、解释概念、论证原理和阐明规律的教学方法。它包括讲述、讲演、讲解、解读四种具体方式。

（2）课堂讲授法的适用范围。课堂讲授法常被用于一些理念性知识的培训，用于向全体员工介绍或传授某一个单一课题的内容，如对本企业一种新政策或新规定的介绍与演讲、引进新设备或技术的普及讲座等理论性内容的培训等。

培训师事先必须对课题有深刻的研究，并对员工的知识、兴趣及经历有所了解。培训场地可选用教室或会场，教学资料可以事先准备妥当，教学时间也由培训师自行控制。

2）多媒体教学

多媒体教学是指在教学过程中，根据教学目标和教学对象的特点，通过教学设计，合理选择和运用现代教学媒体，并与传统教学方法有机组合，共同参与教学全过程，以多种媒体信息作用于员工，形成合理的教学过程结构，达到最优化教学效果的教学方法。

多媒体教学适合员工自我学习，几乎可以涵盖任何专业主题，可满足标准化、长距离或学习地点分散的需求。

3）岗位带教法

（1）岗位带教法的概念。岗位带教法也称工作指导法、实习法，这种方法是由一位有经验的师傅或者直接主管人员在工作岗位上对员工进行培训，如果是一对一的现场培训则成为企业常用的师带徒培训。带教师傅的任务是教给员工如何做，提出如何做好的建议，并对员工进行激励。

（2）岗位带教法的适用范围。岗位带教法应用广泛，可用于基层生产工人，员工通过观察带教师傅工作和实际操作掌握设施设备操作的技能。

2. 培训师的培训技巧

1）培训课程的开场技巧

（1）开门见山法。开门见山法不绕圈子，直接切入主题，告诉员工将与他们分享什么样的课题。这会令员工感觉简洁明快、干净利落。尤其对于一些比较排斥花哨形式的员工，培训师这样的开场形式往往比较受用。

（2）故事法。故事的选择没有明确的界定，既可以选择与讲授课题相关的故事，也可以选择与员工学习心态相关的故事。所引用的故事必须与所要强调的观点或内容有关联，能够启发员工思考，千万不要为讲故事而讲故事，以免讲完故事后，匆忙转入其他的内容，会令员工感觉比较突兀，衔接不够自然。

（3）事实陈述法。事实陈述法一般利用实际的数字、图表、案例、情节，试图用震撼的效果来吸引员工注意，并结合教学目标层层推进。

2）培训课程的互动技巧

（1）提问技巧。教育家叶圣陶先生曾说过："教师之为教，不在于全盘授予，而在于相机诱导。"参加培训的员工一般有着强烈的求知欲和探究心理，培训师的提问若能紧紧抓住他们的这一心理，定能极大地激发他们的学习兴趣，启迪他们的思维，同时还能增进师生交流。

在课堂教学中，培训师要提的问题一定要经过精心筛选，避免随意性。问题选择得当，能激发员工思维共鸣，激发员工求知的兴趣。但是，如果选择不恰当，则容易使员工逐渐失去学习兴趣，从而难以达到教学目的。提问要紧扣培训内容的重点和难点进行，同时，提问要疑而不难，引人入胜。

（2）讨论技巧。在互动中，首先要激发起员工的参与兴趣，让他们"入题"，接下来就进入了"解题"阶段，员工间经过充分的交流、讨论，会对课题有更深入的理解和认识。作为教学组织者，培训师应该给予适度引导，及时总结。为了鼓励员工的参与热情，培训师的总结应尽量引用员工的观点。

（3）案例技巧。案例分析与上面提到的讨论在很多时候是结合在一起使用的。案例可以是真实的新闻事件、可以是员工身边发生的真人真事、可以是培训师有针对性挑选的事件、可以是一些案例分析所需要的元素拼凑起来的纯虚拟的事件。

3）培训课堂的控场技巧

（1）有效提问。在培训过程中，提问是一个常用的工具，是培训师与员工沟通的桥梁。由于培训时可以有针对性地根据某件事、某项内容，向某员工探寻希望知道的答案，所以提问实际上是一种培训师主动了解员工的方式，比观察员工的身体语言更为准确和有效。

（2）巧妙测试。测试是提问的另一种形式。测试就是通过提供一系列的问题要求员工回答，以检查员工学习的情况和行为的变化等有用的反馈信息。测试更多是以书面的形式出现。常用的测试包括：知识点测试、心理测试、技能测试等。

在培训过程中，经常使用测试是很有必要的，特别是有一定难度的内容。在培训前对员工进行测试能加深对员工的了解，并根据测试发现问题，进而适当地调整培训的细节；在培训后使用测试，则起到评估培训效果的目的。测试要有明确的评分标准，并将这些评分标准告知员工。测试后最好能给予点评。

（3）观察细节"信号"。这里所说的信号是指员工的身体语言所发出的信号，因为人的身体总会有意无意地泄露他们内心的秘密。所以培训师不但应该充分利用自己的身体语言来提升个人的现场感染力，也应该观察员工的身体语言，了解员工的一些想法。

第五章　技术管理与技能培训

作为培训师，在课程上需要兼顾的事情很多，不可能将员工的一举一动都观察得一清二楚，所以培训师应该有选择地分析员工的身体语言，判断到底哪些是积极的信号，哪些是消极的信号。

（4）问题员工的应对。作为职业培训师，在授课中若出现配合度很差甚至是捣乱的员工，有三方面的原因：一是培训师的培训准备不充分，授课技能较低，培训前缺乏与员工的沟通，培训中沟通和交流不够，没有充分照顾到每个员工；二是培训师没有将自己的位置摆正，从一开始就把自己当作老师，有时候还会盛气凌人地进行说教，员工很容易产生敌意，如果授课中触犯了员工自尊，培训师和员工就难免要针锋相对了；三是极个别的异类分子喜欢搞恶作剧，故意做点儿有碍培训的事。不管是什么原因，培训师都要以平常心来看待这件事情，不能激化矛盾，为了保证培训目标的实现，要学会如何应对这些特殊员工。

4）培训课程的结尾

（1）故事法。即使培训师将培训的内容讲得再兴趣盎然，在最后阶段员工仍不可避免地会感到一丝的疲倦，毕竟在整个培训过程中，员工在不断地接纳新的知识、新的技能。这时，通过讲授一些富有哲理的寓意小故事，可以使员工在放松之余，加深对培训内容的理解和记忆。在结尾阶段采用的小故事，更多的是为了放开员工的心态，促使员工采取行动，将培训内容学以致用。

（2）要点回顾法。在课程结束的阶段，重申内容提要并强调要点，从而帮助员工掌握授课的重点，加深员工对主题与主要授课内容的记忆。这种方法虽然司空见惯，但可以圆满地完成整个培训，不至于出现离题的现象。

（3）行动促进法。培训的最终目的是促使员工学以致用，能够将培训当中学到的新知识、新技能运用到工作中去，因此应用行动促进法结束培训是增强培训效果的有效方法。

五、列车司机岗位培训指导

随着当前社会城市轨道交通线网的不断扩大，在提升服务品质的同时，对于乘务管理的标准化、系统化和精细化也提出了更高的要求。针对乘务管理点多、面广的特点，以"有系统则不乱、有计划则不慌、有分工则不忙、有纪律则不殆"的管理理念，建立安全、技术、培训三大链式体系，来保障乘务运作的安全。同时，加强三大体系的联动运转，形成"指引→培训→落实→反馈"的闭环过程，从人员监控、设备控制和技能保障三个方面来提升工作效率，降低安全事件发生的概率，其中的指引、培训在乘务管理中起着重要的作用。

1. 乘务培训的主要方式与资源

1）体验式培训

建立列车司机个人培训数据库，从新列车司机进入公司后就开始记录员工在日常培训和正线行车中的设备操作习惯、处理故障能力，业务薄弱环节和应急反应能力，根据

各方面数据的统计进行评分,形成列车司机个人素质评价体系。

2)链式培训

以"学员培训→回炉培训→应急演练→应知应会评估→晋级培训"为一个链式周期,重点做好关键时间节点列车司机的业务培训和效果评估,确保业务技能扎实过关。对于业务技能出色、心理素质过硬的列车司机,作为骨干人才储备和培养。

3)培训资源整合

按照"一规章、一课件、一视频、一练习"的要求分规章文本、故障处理、应急组织、操作流程和降级行车五大模块,完善、整合培训资源,丰富授课资源,涵盖知识全面,提高培训质量。

2. 列车司机岗位作业指导书

作业指导书是为了完成某一项或同一类型的乘务作业而专门编写的指导性文件。作业指导书是质量管理体系文件的组成部分,它既是质量手册、程序文件的支持性文件,也是对质量手册和程序文件的进一步细化与补充。作业指导书主要用于阐明过程或活动的具体要求和方法,可以说作业指导书也是一种程序。不过,它比程序文件规定的程序更详细、更具体、更单一,而且更便于操作。简言之,作业指导书是用来指导员工为某一具体过程或某项具体活动如何进行作业的文件。

作业指导书的内容要求,通常应表达出工作的目的、范围及目标,应该按照操作的秩序或顺序,正确地反映要求和相关活动,尽量避免(减少)混淆和不确定度。作业指导书可引用质量手册、程序文件和本单位的工作标准,如设计规范、试验规范和工艺规范等适用的内容。作业指导书的内容一般包括但不限于下列要求:

(1)作业所需的资源条件及工作环境;

(2)作业应达到的标准,如质量标准及工作质量检查标准等;

(3)作业的具体步骤与方法;

(4)作业应注意事项及管理要求;

(5)作业中的安全提示等。

3. 列车司机岗位作业培训指导

列车司机岗位应遵循"应知、应会、应急"岗位业务技能培训原则,根据列车司机岗位作业特性和职业标准,在列车司机培养过程中将培训指导分为:列车操纵作业指导、列车故障处理作业指导、非正常行车及突发事件应急处置作业指导、列车救援作业指导等四大类。

1)列车操纵作业指导

对新列车司机的培训可利用列车模拟驾驶器等进行驾驶台结构认知、各部件功能培训,在此基础上进行列车司机一次出乘作业的培训,注重培训列车司机在各种场景下的作业流程、标准化手指呼唤、规范用语以及安全意识,通过一定时间的培训使新列车司机养成良好的安全意识和作业习惯。

对于有经验的列车司机,注重培养他们的预防性驾驶、手动驾驶运行的时间控制、驾驶过程的平稳度控制、停车对位的精准度等关键操作，有利于有效预防事故和提升运营服务质量。

2）列车故障处理作业指导

列车故障处置作业培训指导建议利用具有故障仿真功能的列车模拟驾驶器进行培训，同时也提倡在有条件的情况下利用实物列车进行列车故障处理培训，特别是高级及以上的技能等级培训和考核。

根据列车司机职业标准的技能要求层次不同，在培训时从故障难易程度角度可以按简单故障处理→疑难故障处理→叠加故障处理三级递进层次进行培训，在疑难故障处理和叠加故障处理时注重原理分析、缺陷分析和缺陷改造。从风险防控的角度可以按照处理：会处理→会处理分析→会辨识处理过程的风险点→会提出风险点把控措施并实施进行培训。

在培训时注重考察和培养员工的排除故障思路、安全意识以及故障分析能力。

3）非正常行车及突发事件应急处置作业指导

非正常行车及突发事件应急处置作业指导可以利用具有场景仿真功能的模拟驾驶器和运营现场进行培训。在不具备现场模拟非正常行车及突发事件场景的情况下，具有场景仿真功能的模拟驾驶器能充分发挥其培训优势。

非正常行车及突发事件应急处置作业指导类似于列车故障处理作业指导，按照会处置→会辨识处置过程中的风险点→会提出风险点把控措施并实施进行培训。

在培训时注重考察和培养员工的非正常行车及突发事件心理素质、动作协调性、风险意识、处置过程流程正确性和与其他岗位的合作协同性。

4）列车救援作业指导

列车救援作业指导可以利用两台及以上具有联动功能的列车模拟驾驶器进行培训，或者利用车辆基地试车线、运营结束后的正线进行培训。

列车救援作业培训注重培养员工列车救援熟练程度、操作的规范性、通信工具的正确使用、风险辨识和把控以及在救援过程中出现的突发情况的应对，如列车连挂后无法动车、连挂车脱钩、推进运行时通信中断等。

4. 列车司机岗位乘务管理培训指导

1）安全与风险防控能力培养

要做到增强整体的安全意识，加强危机解决能力。定期进行安全培训，要做到一辈子都用不上安全问题的解决方案，但是要有随时解决问题的能力，才能让乘客安心、放心。

列车司机岗位安全与风险防控能力培养可以从设施设备、作业流程、员工特性、时间特性等方面着手。

（1）设施设备。由于车辆、信号等设备的不稳定，给运营组织造成一定的风险。在乘务范围内，可以通过了解列车故障特性，做好分析预测、事故案例解析和员工的技能培训。

（2）作业流程。定期对乘务各岗位的作业流程进行梳理，对于优化和更改的作业流程需下发各岗位组织学习，综技组成员根据员工的学习情况进行评估和检查，对于在检查中存在问题的员工，监督班组进行整改，并定期复查，确保全员过关。实现梳理→掌握→检查→整改的闭环过程。

（3）员工特性。密切关注员工思想动态，在平时的工作中，员工会受到家庭、感情等多方面因素的影响，党群和班组长需要及时跟进员工近期的工作和生活状况，发现情绪波动较大的员工要及时做好疏导和调整，避免员工带着思想包袱上班。

（4）时间特性。员工的违章情况会根据季节或者时间段的变化呈现出一定的规律。按季节分为：春、夏、秋、冬，按作业时间段分为：白天、晚上、饭后、下班前和交接班过程中。根据这种人员违章的特性，分重点地进行劳动纪律、作业纪律、标准化作业和业务技能的检查，使安全生产保持在可控的范围内。

2）岗位业务能力培养

列车司机的业务能力也是尤为重要的，专业培训一定要做到位且不能忽视，一定要进行培训再进行上岗，现在新线建造和开通的频率再提升，对列车司机的要求也在提升。培训要做到多样化、专业化，不流于形式，让每一次的培训能够真正得到收获，因为培训是列车司机综合素质提升的关键，所以专业的培训师、落地的培训内容，才是重点。

3）注重工匠精神的培养

《交通强国建设纲要》中提出要弘扬劳模精神和工匠精神，造就一支素质优良的知识型、技能型、创新型的劳动者大军；政府工作报告中也多次提到要大力弘扬工匠精神，厚植工匠文化，培育众多"中国工匠"，推动中国经济发展进入质量时代。

在列车司机人才培养时把握好列车司机职业生涯与人才培养之间的关系，做好工匠精神与列车司机专业岗位技能的有机融合。具体主要包括以下方面：

（1）制定科学合理的列车司机人才培养方案。应充分考虑到城市轨道交通行业的特殊性和行业需求，以工匠精神为导向，以列车司机岗位能力培养为核心，明确列车司机专业人才的培养目标，将工匠精神与客运服务标准、岗位规范、安全操作规范等贯穿于培训全过程。

（2）课程体系设置应突出列车司机岗位特色。课程体系设置应以列车司机职业素养和服务能力为主线，课程及内容与列车司机职业岗位标准对接，构建基于列车司机职业岗位的模块化课程体系，确保工匠精神与课程内容的有机融合。

（3）加强列车司机课程培训体系设计与工匠精神的有机融合。列车司机人才培养应进一步明确企业对列车司机人才的岗位需求，培训过程与岗位工作过程对接，将工匠精神融入到培训的每一个环节，形成"分段培养、能力渐进"的理论和实践培训体系。

（4）将职业标准和规范与列车司机岗位评价体系充分融合。将列车司机职业技能标准和岗位规范引入列车司机人才评价体系，实施多元化评价，注重对列车司机"工匠精神"的考察，考察列车司机认真负责的态度、爱岗敬业、甘于奉献的品德，主动热情、吃苦耐劳的工作作风以及精益求精、追求卓越的品质精神。

六、列车司机岗位培训评估

城市轨道交通列车司机岗位是城市轨道交通关键岗位之一，列车司机岗位评估贯穿于员工整个职业生涯。列车司机岗位培训评估一般包括心理评估、岗前培训评估和在岗培训评估。

1. 心理评估

列车司机心理评估除了岗前心理测评外，在列车司机上岗后每个一定周期，一般为2~3年进行一次在岗心理疏导和评估。在有突发事件时，如对列车司机心理造成较大冲击或影响的，应安排专项心理疏导和评估，以确保列车司机的身心健康和运营安全。

2. 岗前培训评估

岗前培训评估常规的课程知识考试评估和技能操作考试评估外，对培训周期长的，如校企合作的培养项目等，一般可采用"柯式四级评估法"来进行评估。

"柯式四级评估法"的四级评估为：

1) 第一级：反应评估（Reaction）

反应评估是衡量参与培训项目的员工对培训所做出的反应。

2) 第二级：学习评估（Learning）

学习是指参训员工参加培训项目后，能够在多大程度上实现态度转变、知识扩充或技能提升等相应结果。在柯式四级评估法中，如果出现下列一项或多项结果，就可以说员工实现了学习：

（1）员工学习态度转变；

（2）员工的知识得到扩展；

（3）员工的技能得到提升。

3) 第三级：行为评估（Behavior）

行为是指参训员工参加培训项目后，能够在多大程度上实现行为方面的转变。为了促使员工学习行为发生转变，必须具备以下4个条件：

（1）员工必须有行为转变的欲望；

（2）员工必须知道应该做什么，应该怎么做；

（3）员工必须有恰当的工作氛围；

（4）员工必须能够从转变中获得相应的回报。

4) 第四级：成果评估（Results）

成果结果是指参训员工参加培训项目后能够实现的最终结果。培训取得的最终成果包括以下几项：

（1）产量增加；

（2）质量提高；

（3）成本下降；

（4）事故的发生率下降；
（5）事故的严重程度减轻；
（6）销售收入增加；
（7）员工流动率下降；
（8）企业利润增加。

3. 在岗培训评估

列车司机在岗培训评估包括：专项培训评估、岗位资质培训评估、技能提升培训评估。

1）专项培训评估

列车司机岗位的专项培训评估是指对于新技术、新设备、新规章制订或修订规章制度等的应知应会培训和考核。

2）岗位资质培训评估

岗位资质培训评估是指列车司机对于适应该岗位的适应程度和业务能力的培训和评估。

3）技能培训提升评估

技能培训提升评估是指为提升员工岗位技能而进行的培训，并且通过考核或评定确定员工技能等级的培训和评估。

思考题

1. 简述乘务交路表的编制过程以及注意事项。
2. 乘务演练方案框架要素有哪些？
3. 简述运营事故分析报告的基本结构。
4. 简述技术总结和技术论文的差异性。
5. 完整的技术论文的格式结构包括哪些要素？
6. 简述课程开发的流程主要流程。
7. 授课计划的要素包括哪些？
8. 列车司机岗位作业培训指导主要包括哪些方面？

附录 1
常用术语对照表

序号	英文简称	中文全称	英文全称
1	ACM	辅助逆变器	Auxiliary Converter Module
2	ACS	门禁系统	Access Control System
3	AED	自动体外除颤器	Automated External Defibrillator
4	AFC	自动售检票系统	Automatic Fare Collection
5	AGM	自动检票机	Automatic Gate Machine
6	AM	列车自动驾驶模式	Automatic Train Operating Mode
7	AMC	自适应调制编码	Adaptive Modulation and Coding
8	ATC	列车运行自动控制	Automatic Train Control
9	ATO	列车自动驾驶	Automatic Train Operation
10	ATP	列车自动防护	Automatic Train Protection
11	ATS	列车自动监控	Automatic Train Supervision
12	AW	平均重量	Average Weight
13	BAS	环境与设备监控系统	Building Automation System
14	BC	制动缸	Brake Cylinder
15	BCU	制动控制单元	Brake Control Unit
16	BICC	与承载无关的传输控制协议	Bearer Independent Call Control protocol Bearer Independent Call Control protocol
17	BOM	人工售票机	Booking Office Machine
18	CBI	计算机联锁系统	Computer Based Interlocking
19	CBTC	基于无线通信的列车运行控制系统	Communication Based Train Control System
20	CCTV	视频监控系统	Closed Circuit Television System
21	CI	计算机联锁	Computer Interlocking
22	CM	列车自动防护模式	Coded Train Operating Mode
23	CMMS	设备维修管理系统	Computer Maintenance Management System
24	COCC	协调与运行控制中心（路网控制中心）	Coordination Operating Control Center
25	CTC	调度集中	Centralized Traffic Control
26	DCS	数据通信系统	Data Communications Subsystem
27	DI	数字输入	Digital in

续上表

序号	英文简称	中文全称	英文全称
28	DMI	车载显示屏	Driver Machine Interface
29	DTO	有人值守的全自动运行	Driverless Train Operation
30	EB	紧急制动	Emergency Braking
31	EDCU	电子门控单元	Electrical Door Control Unit
32	EMCS	车站设备监控系统	Electrical Mechanical Control System
33	EMP	紧急停车按钮	Emergency Plunge
34	FAO	全自动运行	Fully Automatic Operation
35	FAS	火灾自动报警系统	Automatic Fire Alarm System
36	GoA	自动化等级	Grade of Automation
37	GPS	全球卫星定位系统	Global Positioning System
38	HARQ	混合自动请求重传	Hybrid Automatic Repeat Request
39	HB	牵引主电路高速断路器	High Speed Circuit Breaker
40	HMI	人机接口	Human Machine Interface
41	HSCB	高速断路器	High Speed Circuit Breaker
42	IBP	综合后备盘	Integrated Backup Panel
43	ICIC	小区间干扰协调	Inter-Cell Interference Coordination
44	IES	绝缘接地开关	Isolation and Earth Switch
45	IGBT	绝缘栅双极晶体管	Insulated Gate Bipolar Transistor
46	IP	网际互联协议	Internet Protocol
47	ISCS	综合监控系统	Integrated Supervisory and Control System
48	ISDN	综合业务数字网	Integrated Services Digital Network
49	ITC	点式列车控制	Intermittent Train Control
50	LC	线路控制器	Line Controller
51	LCP	局域控制板	Local Control Panel
52	LTE	长期演进技术（无线数据通信技术与标准）	Long Term Evolution
53	M	动车	Moto car
54	MCM	主牵引逆变器	Main Converter Module
55	MCM/HV	主牵引逆变器/高压	Main Converter Module/High Voltage
56	MIMO	多输入多输出	Multiple-Input Multiple-Output
57	M_p	带有受电弓的动车	Moto car with Pantograph
58	MPLS	多协议标签交换	Multi-Protocol Label Switching
59	MSS	信号维护监测系统	Maintenance Support System
60	MSTP	多生成树协议	Multi-Service Transfer Platform
61	MTB	绞线式列车总线	Wire Train Bus
62	MVB	多功能车辆总线	Multifunction Vehicle Bus
63	OA	办公自动化	Office Automation

续上表

序号	英文简称	中文全称	英文全称
64	OCC	运行控制中心	Operating Control Center
65	OFDM	正交频分复用	Orthogonal Frequency Division Multiplexing
66	PA	牵引辅助箱	Propulsion and Auxiliary box
67	PAC	预验收证书	Previous Acceptance Certificate
68	PH	牵引与高压电器设备箱	Propulsion and High Voltage Box
69	PICO	安装后检查	Post Installation Checkout
70	PIS	乘客信息系统	Passenger Information System
71	DIDS	乘客信息显示系统	Passenger Information Pisplay System
72	PLC	可编程逻辑控制器	Programmable Logic Controller
73	POTS	普通老式电话业务	Plain Old Telephone Service
74	PSCADA	电力监控系统	Power Supervisory Control And Data Acquisition
75	PSD	站台门系统	Platform Screen Door System
76	PSDC	站台门控制器系统	Platform Screen Door Controller System
77	PTI	列车定位识别	Positive Train Identification
78	QoS	服务质量	Quality of Service
79	RMF	限制人工向前	Restricted Manual Forward
80	RPR	弹性分组环	Resilient Packet Ring
81	SCADA	电力监控系统	Scan Control Alarm Database
82	SIP-T	会话初始拓展协议	Session Initiation Protocol for Telephones
83	SM	受ATP监控的人工驾驶模式	Supervised Manual Mode
84	SPKS	人员防护开关	Staff Protect Key Switch
85	Tc	带有司机室的拖车	Trailer car with cab
86	TCC	线网控制中心	Traffic Control Center
87	TD-LTE	分时长期演进	Time Division Long Term Evolution
88	TDM	时分复用	Time Division Multiplexing
89	TETRA	陆上集群无线电	Terrestrial Trunked Radio
90	TMS	列车信息管理系统	Train Management System
91	TVM	自动售票机	Ticket Vending Machine
92	UPS	不间断电源	Uninterruptible Power System
93	UTO	无人值守下的列车自动运行	Unattended Train Operation
94	VVVF	变压变频技术	Variable Voltage Variable Frequency
95	WLAN	无线局域网	Wireless Local Area Network
96	WTB	绞线式列车总线	Wire Train Bus
97	ZC	区域控制器	Zone Controller

附录 2
思考题参考答案

第二章

参考答案

1）供电系统改造后列车调试

（1）确认调试任务书：列车司机到DCC领取调试任务书，确认调试车底号、调试区域、驾驶模式、最高限速等要素。

（2）整备调试列车：检查调试任务书上的调试车底号与实际整备的车底号是否一致；调试列车上挂有禁动标志以及确认其他安全要素。

（3）驾驶列车到试车线：确认动车条件（调试任务书、调试负责人、信号楼动车指令）及行车凭证。

（4）试车线驾驶作业：调试列车第一趟需限速（低速）进行压道；对调试负责人提出试车线运行速度指令进行研判，是否符合试车安全规定。

2）风险点防范措施

（1）风险点：列车动车试验安全距离不足。

防范措施：该项调试需要在高速情况下进行，要保证足够的试验安全距离，应尽可能采取单线双方向运行方式进行试验。列车司机在调试前明确调试区域；在列车制动距离不足时严禁进行该项目试验，防止进入非封锁区。

（2）风险点：该项试验因需安装受电弓测试设备，为便于试验设备布线，会切除车门，容易导致开门走车或设备侵限的事件发生。

防范措施：该项试验因需安装受电弓测试设备，为便于试验设备布线，会切除车门，列车司机在整备过程中需确认车门切除状态良好，防止开门走车事件的发生。

（3）风险点：设备安装不良，调试整备在升降弓时，会导致刮弓、翻弓、脱弓的事件发生。

防范措施：调试整备在升降弓时，确认受电弓升降功能正常，防止刮弓、翻弓、脱弓的事件发生。

（4）风险点：调试过程因供电设备状态不良，导致列车设备或供电设备损坏。

防范措施：调试过程中，加强对线路和设备的监控，发现供电设备异常时立即按下紧急停车按钮停车。

需注意：调试列车动车条件不满足动车出库；在试车线超速运行；未得到调试负责人指令擅自动车。

第三章

1.参考答案

（1）要清楚各旁路开关所短接的故障点；

（2）要明确闭合这些旁路开关后有可能带来的安全隐患。

2.参考答案

由于列车通过列车总线实行网络控制方式，因列车总线故障而引发列车网络故障。

3.参考答案

（1）确认不致危及行车安全时，要按规定设置限速标，列车限速通过故障地点，并报告行车调度员。

（2）线路路基下沉量较大时，应立即设置停车信号牌，对故障地点进行防护。并立即报告行车调度员。

4.参考答案

（1）接触轨（网）断电为牵引供电系统自身的设备、设施故障引起；

（2）接触轨（网）断电为外部原因引起的大面积停电引起；

（3）接触轨（网）断电为非车辆故障引起的接触轨无电，如：接触轨（网）结冰、异物侵限等；

（4）接触轨（网）断电为车辆故障引起，如列车高压母线、受流器接地等。

5.参考答案

先处理主电路的故障，再处理低压控制电路的故障，以减少无效的操作步骤。主电路是列车动力的主要来源，如主电路故障时，先处理低压控制电路，会造成重复无效处理，增加处理时间。

6.参考答案

列车的车辆质量、各系统部件的疲劳程度、列车司机室布局等方面是故障的风险因素。

7.参考答案

车门系统故障、制动系统故障、牵引系统故障、控制系统故障、辅助系统故障、PIS系统故障等。

8.参考答案

采取旁路法、重启法等处理故障，损失列车部分功能、需要限速、需要立即清客等等。

9.参考答案

对主电路中的受流器、牵引电机的安装及状态，走行部分的转向架、轮对、齿轮箱及联轴节等进行检查，以目测检查为主，以保证电动列车走行部分的安全和电气控制性能的良好。

10.参考答案

日检内容主要涉及车内电气、车下电气、转向架、车体车门和车钩、制动系统及气路、PIS系统六个方面。

月检内容主要涉及车顶电气、车内电气、车下电气、转向架、车体车门和车钩、制动系统及气路、PIS系统、静动态调试八个方面。

第四章

参考答案

1）列车发生撞人、轧人事件的处置

（1）发现情况：列车司机发现有人跳/掉下轨道，立即拍下紧急停车按钮停车，报告行车调度员，通知车站。

（2）乘客服务：做好客室广播，安抚乘客。

（3）做好清客：如列车对准站台，打开车门/站台门清客；若未对准站台，则与车站人员沟通后，先播放清客广播，再进入客室手动开门清客。

（4）配合处理：按照车站人员要求执行，如需要稍微移动列车时，确认好现场人员处于安全位置后再动车。

（5）后续操作：车站处理完毕，线路出清，确认两侧无人或异物，报行车调度员并按其命令处理。

2）风险点以及防控措施

（1）风险点：发现前方有人跳下/掉下轨道时，未及时采取停车措施，造成人员伤亡。

防控措施：运行时加强瞭望，发现前方有人跳下/掉下轨道时，及时拍下紧急停车按钮，使列车紧急停车。

（2）风险点：在站未对准站台，按压开门按钮开门清客，造成乘客掉下轨道。

防控措施：清客时，如列车对准站台，可通过按压开门按钮打开车门/站台门清客；若未对准站台，则与车站人员沟通后，进入客室手动开门清客。

（3）风险点：车站通知稍微移动列车时，未确认人员位置，造成人车冲突。

防控措施：车站通知稍微移动列车时，确认现场人员处于安全位置后，方可动车。

（4）风险点：事故处理完毕后，未确认线路情况，造成列车冲突。

防控措施：事故处理主任通知列车动车前，应确认列车前方进路及列车两侧无人和异物，防止人、物出清不彻底造成人员伤害或列车冲突。

需注意的点：未及时拍下紧急停车按钮；未得到车站人员指令擅自动车；违反其他相关规定。

第五章

1. 参考答案

1）绘制列车车底交路图

根据列车运营时刻表确定每天上线列车数，同时了解每天所需运营的列车基本情况，绘制每一列车在运营一整天内的运动轨迹。

2）制作列车出入库计划

根据运营时刻表和列车车底交路图，制作列车在不同车辆基地的出车计划表，根据出入库计划安排人员出勤、退勤及接车情况。

3）制定乘务交路表

根据列车车底交路图及出入库计划表制定出乘务交路表初稿，兼顾终点站所需折返人员数及合理的休息、用餐时间，结合列车车底交底图截取交路表，同时考虑高峰时段车辆基地出车情况完善乘务交路表初稿。

4）编制乘务交路图的注意事项

（1）将完成的乘务交路表初稿进行拆分，形成早晚班乘务交路表，同时平均人员劳动综合情况，用餐地点及时间完善乘务交路表。

（2）结合列车出入库计划，安排人员值乘，到达规定接车地点，使乘务交路表正常运转。

（3）乘务交路表编制完成后须对注意的交路及情况进行注解说明。

2. 参考答案

乘务演练方案框架要素一般涵盖：演练的具体目的；演练类型、规模与响应级别；假设演练背景和模拟突发事件及其演练时间；演练组织分工及参演人员构成及其职责；演练准备与演练过程；演练步骤；演练检查清单或演练执行效果评估清单；演练记录与总结表格相关说明等。

3. 参考答案

运营事故分析报告的基本结构分为：事故基本情况、事故详细经过、事故原因分析、事故责任的认定以及对事故责任者的处理意见、事故防范及整改措施等。

4. 参考答案

技术总结与技术论文在内容和形式上有相同点，但是它们之间也有不同之处。

1）两者的相同点

（1）两者均为技术性的文章。

（2）阐述的内容基本相同，都是反映技术研究、技术攻关、技术革新、技术创新等方面的情况，都有描述事实的性质。

2）两者的不同点

（1）技术总结侧重于叙述技术研究、技术攻关、技术革新、技术创新的事实和结果，而技术论文则侧重于解释技术性的问题，并针对疑难点和问题从技术分析的角度上进行学术性的探讨。

（2）在内容程度上，技术总结是以叙述课题的操作程序、工艺方法、改造流程及总结成败经验教训为主，而技术论文则是重点记叙、论证其中创新性的部分。

（3）在文章体裁上，技术总结属于说明文类文体，而技术论文则属于论述性文体。

5. 参考答案

一篇完整的技术论文主要包括标题、作者及单位、摘要、关键词、前言、正文、结束语、致谢、参考文献、附录等内容。

6. 参考答案

课程开发的流程主要流程包括了：员工分析、学习需求分析、教学目标的分析与设计、教学内容的选择与组织、教学方法的选择、教学媒体的选择与运用、培训效果的评估。

7. 参考答案

授课计划一般包括：班级名称、培训人数、日期、时间、课程名称、课程类型、课时、授课培训师、培训地点、培训教室等信息要素。授课计划通常采用表格的形式体现，比较直观、简单明了。

8. 参考答案

列车司机岗位作业培训指导主要包括：列车操纵作业指导、列车故障处理作业指导、非正常行车及突发事件应急处置作业指导、列车救援作业指导。

参考文献

[1] 上海申通轨道交通集团有限公司轨道交通培训中心. 城市轨道交通概论[M]. 北京：中国铁道出版社有限公司，2019.

[2] 上海申通轨道交通集团有限公司轨道交通培训中心. 城市轨道交通车辆技术[M]. 北京：中国铁道出版社有限公司，2019.

[3] 人力资源和社会保障部教材办公室. 城轨电动列车司机（一级）[M]. 北京：中国劳动社会保障出版社，2016.

[4] 人力资源和社会保障部教材办公室. 城轨信号工（二级、一级）[M]. 北京：中国劳动社会保障出版社，2016.

[5] 任泽春，严明燕. 轨道交通工程联合调试[M]. 北京：中国劳动社会保障出版社，2016.

[6] 薛锋，朱志国，陈钉均. 城市轨道交通新技术[M]. 成都：西南交通大学出版社，2016.

[7] 邹迎. 先进轨道交通装备[M]. 济南：山东科学技术出版社，2018.

[8] 薛锋，朱志国，陈钉均. 城市轨道交通新技术[M]. 成都：西南交通大学出版社，2016.

[9] 中国城市轨道交通行业协会. 城市轨道交通列车司机[M]. 成都：西南交通大学出版社，2018.

[10] 中国城市轨道交通行业协会. 城市轨道交通列车检修工[M]. 成都：西南交通大学出版社，2018.

[11] 中国城市轨道交通行业协会. 城市轨道交通全自动运行系统规范 第1部分 需求：T/CAMET 04017.1—2019[S]. 北京：中国铁道出版社有限公司，2019.

[12] 中国城市轨道交通行业协会. 城市轨道交通全自动运行系统规范 第4部分 测试及验证：T/CAMET 04017.4—2019[S]. 北京：中国铁道出版社有限公司，2019.

[13] 中国城市轨道交通行业协会. 城市轨道交通全自动运行系统规范 第6部分 初期运营基本条件：T/CAMET 04017.6—2019[S]. 北京：中国铁道出版社有限公司，2019.